核心素养导向的数学课程改革注重数学的整体性,强调课程内容的结构化.在课程内容选择上,注重保持相对稳定的学科体系,体现数学学科特征;强调课程内容反映现代科学技术与社会发展的需要;重视课程内容与学生认知规律相适应,以帮助学生在获得"四基"、提升"四能"的过程中发展核心素养.在课程内容组织上,注重对内容进行结构化整合,重视结果的形成过程,处理好过程与结果的关系;重视内容的直观表述,处理好直观与逻辑的关系;重视直接经验的形成,处理好直接经验与间接经验的关系.在课程内容呈现上,注重数学知识与方法的层次性和多样性,强调综合实践活动,重视数学建模活动和数学探究活动;根据学生的年龄特征和认知规律,适当采取螺旋式上升的教学方式,体现选择性和发展性,逐渐拓展和加深课程内容,适应学生的发展需求.

如何才能将整体性、结构化的课程理念落实到日常教学中呢?

虞涛老师以上海市第四期"双名工程"攻关计划虞涛数学基地的攻关课题"中学数学结构化教学设计与实施的行动研究"为依托,带领上海市近 30 所学校的 70 多位一线优秀教师进行了系统的实践研究,给出了自己的回答.某种意义上,本套书就是他们的"答案".

虞涛老师邀我作序,让我有幸对课题成果先睹为快.下面谈点粗浅阅读的心得体会.

课题组结合实践,在梳理课改困难与问题的基础上积极探索"破局"之道,从联系观、整体观、演绎观出发,提出了"结构化教学"的基本观点;以结构化观点分析"学科课程目标"、理解"数学课程内容",并以此为指导进行"结构化教学设计"与"结构化教学评价",最终确立结构化教学设计的体系.课题组从教学内容的结构化、教学目标的结构化和教学过程的结构化这三个方面对结构化教学展开了研究,其中教学内容的结构化解决了教什么的问题,教学目标的结构化解决了为什么学的问题,教学过程的结构化解决了为什么这样教的问题.由此可见,课题组研究和解决的是教改"真问题".

实际上,我对虞涛数学基地攻关课题的研究过程也是有深入了解的.我发现,课题组对结构化教学设计的研究非常深入.例如,课题组给出的"结构化教学设计课例框架",以"学科分支思想"为指导,基于学科整体认识,把握学科知识的思想和核心概念表现的本质,组建单元主题,建立单元知识结构,确定单元教学目标,并结合单元知识内容,划分单元课时,根据不同知识类型所需教学策略和方法,分类构建不同课型的教学主线.这是一个非常有创意的、可操作性很强的教学设计框架,是那些游离于课堂教学一线的教学设计理论所无法比拟的.因此,我非常愿意向广大一线教师推荐这个教学设计框架.

另外,非常宝贵的是本套书中的教学设计案例,这是课题组在实践研究基础上,经历编写、修改、完善的规范化过程,几易其稿才完成的,含金量颇高.这些案例覆盖了普通高中数学课程中所有板块的重点内容,可借鉴性较强.

当前,单元整体教学设计与实践研究方兴未艾,人们从整体架构、教学目标的确定、教学方式的选择、创设情境和提出问题、教学过程中的学习评价、小结、信息技术与数学教学融合等方面对单元教学开展了全方位研究.广大一线教师对单元教学设计研究有如此的热情和投入,说明大家已经充分认识到,"碎片化知识点教学+套路化解题教学+题海式刷题"的教学方式已不能适应聚焦学生发展核心素养,培养学生适应未来发展的正确价值观、必备品格和关键能力的要求.我认为,有效促进学生发展的数学教学必须注重数学的整体性、结构化,要以一般观念为统领,以研究一个数学对象的基本模式[背景—概念(本质)—性质(关系、规律)—结构(联系)—应用)]为线索,创设符合数学知识发生、发展的规律和学生认知规律及数学思维特点的问题链,引导学生开展系列化数学活动,促使学生经历发现和提出问题、分析和解决问题的过程,并在获得"四基"、提升"四能"的同时,逐步学会用数学眼光观察现实世界,用数学思维思考现实世界,用数学语言表达现实世界.实现这样的教学理想需要我们做出持续不懈的努力.虞涛老师和他的团队做出了榜样,愿广大中学数学教师能像他们一样,以研究者的自我定位积极投身到核心素养导向的课改之中,真心诚意地热爱教学研究,专心致志地研究教学,在把立德树人的育人蓝图变为现实,培育有理想、有本领、有担当的时代新人的过程中,做出我们应有的贡献.

是为序!

章建跃

2022 年国庆节于人民教育出版社

(本序作者系中国教育学会中学数学教学专业委员会理事长兼学术委员会主任,人民教育出版社资深编审、中学数学室原主任,《普通高中教科书(数学)(人教 A 版)》主编)

高中数学结构化教学设计

33例课内经典案例，深入指导教师教学

丛书编著／虞涛
本册编著／王瑛　卫福山　白军鹏

新教材选择性必修部分

华东理工大学出版社
·上海·

图书在版编目(CIP)数据

高中数学结构化教学设计：新教材选择性必修部分／虞涛丛书编著；王瑛，卫福山，白军鹏本册编著. —上海：华东理工大学出版社，2022.11
ISBN 978-7-5628-6924-5

Ⅰ.①高… Ⅱ.①虞…②王…③卫…④白… Ⅲ.①中学数学课-教学设计-高中 Ⅳ.①G633.602

中国版本图书馆 CIP 数据核字(2022)第 170917 号

策划编辑／	郭　艳
责任编辑／	陈婉毓
责任校对／	石　曼
装帧设计／	视界创意
出版发行／	华东理工大学出版社有限公司
	地　址：上海市梅陇路 130 号，200237
	电　话：021—64250306
	网　址：www.ecustpress.cn
	邮　箱：zongbianban@ecustpress.cn
印　刷／	江苏句容市排印厂
开　本／	787mm×1092mm　1/16
印　张／	15.75
字　数／	318 千字
版　次／	2022 年 11 月第 1 版
印　次／	2022 年 11 月第 1 次
定　价／	69.80 元

版权所有　侵权必究

近读虞涛老师编著的《高中数学结构化教学设计》,欣喜之情油然而生.本套书有以下显著特点.

其一,关注知识联系,建立知识结构.在高中,学生对于数学知识的理解通常是点状的、碎片化的,并未形成系统网状的结构,因此常常处于"知其然"而"不知其所以然","知其所以然"而"不知何由以知其所以然"的状态,而这与教师的教学观有着密切的联系.本套书从横向的联系观、纵向的整体观和发展的演绎观构建数学知识的结构,高屋建瓴地通过教学设计将其具象化.在每篇结构化教学设计中,都可以看见知识与知识之间的关联,知识在单元中的作用以及知识发生、发展的过程等.书中大量的图表不但简洁美观,而且条理清晰,将知识之间的集合关系、逻辑关系和序列关系一目了然地呈现了出来.

其二,把握教学规律,有机融合"双序".知识的学习是一个复杂的交互过程,与学习者的认知基础、认知方式、认知过程和认知时间等均有着密切的关系,因此如何展开教学是一门巨大的学问.根据数学学科的特性,本套书基于数学知识的逻辑序和学生认知的心理序,对教学过程进行了逻辑化的演绎.在每篇结构化教学设计中,都充分考虑了知识的认知难度和学生的认知起点,采用不同的教学逻辑对数学知识进行演绎.值得关注的是,在使用这样的教学设计的课堂中,学生不仅能学到数学学科的知识和思想,还能掌握数学学习的要领和方法,从而提升自主学习数学的能力.

其三,呈现完整设计,兼顾教学评价.随着高中数学课程标准的修订和新教材的编写,以往的数学教学设计体例显然已经无法适配,本套书提供了一套体系化的设计蓝本,既保留了常规教学设计的精髓,又融入了新课程的理念.本套书中的每篇结构化教学设计都涵盖教学分析、教学设计和教学评价三个板块,教学分析为教学设计提供依据和参考,教学评价对教学设计进行检测和反馈.体系化的教学设计使得教师在确定教学目标时面面俱到,设计教学过程时环环相扣,评价教学效果时昭昭在目.形成闭环的设计体系明确了数学课堂的教学环节,突出了数学课堂的教学主线,对于职前和职初教师具有很好的指导意义.

其四,彰显模块特色,体现"干枝"结合.与许多常见的数学教学设计案例集不同,本套书中的每篇结构化教学设计都被划分为若干个模块,使用本套书的教师既可以全盘参照,也可以模块实践.以教学设计板块为例,教师既可以采用设计中的教学主线展开教学,也可以采用设计中的教学活动组织教学.模块化的呈现方式使得教师在实践数学结构化教学设计时可以实现个性化和校本化.除此之外,教学的环节、例题的解答、设计的意图和教学的检测等在教学设计中均有明确的标注,便于教师查找和使用.

作为沪上名师,虞涛老师在忙碌的教学之余,始终不忘教学研究,每有心得,辄著述成篇,经年累月,成果丰硕,嘉惠后学,令人钦佩.数学结构化教学设计使得高中数学的教学变得有理可据,有法可依,有章可循.本套书的问世无疑是"双新"背景下数学教学研究的佳作,期待书中每篇浓缩精华的教学设计,配以不同教师个性化的演绎,可以促成一个又一个精彩课例的诞生.

在本套书付梓之际,应虞涛老师之约,聊志数语,权以为序.

汪晓勤

2022 年 9 月

(本序作者系华东师范大学教师教育学院副院长、教授、博士生导师,全国数学史学会副理事长,全国数学教育研究会副理事长)

前言

最新的《普通高中数学课程标准(2017年版2020年修订)》强调数学的整体观,凝练了学科核心素养,要求实施单元主题化教学,这是具有时代意义的教育改革之声.数学课程的教学研究亟须在揭示数学本质的基础上,讨论如何用整体观、联系观和发展观建立结构化教学观,从而实现理解数学、理解学生和理解教学.数学学科的典型特征是在严密的逻辑基础之上,研究客观、一般的规律,因此要认识和研究数学的元素及其结构、相互关系的一般特性和规律,就需要运用一系列的逻辑方法.事实上,只有以学习逻辑为基础的结构化教学,才是实现整体观教学的有效途径,才能真正落实核心素养的培育.

"中学数学结构化教学设计"的理论与实践是"上海市普教系统名校长名师培养工程"(以下简称"双名工程")攻关计划虞涛课题组长期研究的项目课题.课题组通过丰富的案例,阐释了如何用结构化思想分析教学内容、教学目标和教学过程,归纳出结构化教学设计的流程,建立以学科思想为核心、学科知识为主线、核心问题为引导的结构化设计方案的基本范式,形成了系列的结构化教学设计经典案例.

这套书是上海市第四期"双名工程"攻关计划虞涛数学基地攻关课题"中学数学结构化教学设计与实施的行动研究"(编号:SMGC-201904-B55)的研究成果之一,由上海市特级教师、正高级教师、华东师范大学教师教育学院特聘专家虞涛老师领衔编著,并由"双名工程"攻关计划虞涛数学基地、上海市浦东新区虞涛数学教师培训基地、上海市浦东新区骨干教师团队联合编写.参编教师来自上海市近30所学校,共汇集70余位一线优秀教师.其中"新教材选择性必修部分"由卫福山、王文皓、王军、王晴、王鑫鑫、卢丙清、白军鹏、孙冬梅、杜金金、李志、李雯、李瑾、李璐璐、时杰、吴臻、何帅、张乐瑛、陈小莉、苗静、金珉、姚雪、顾冬磊、顾彦琼、董善林、程蕾、雷诗雨、颜国连参与编写.

课题研究及本套书编写过程中一直得到中国教育学会数学专业委员会章建跃理事长、华东师范大学教师教育学院汪晓勤教授等专家的指导,充分保证了本套书的水准和质量.

本套书依据《普通高中数学课程标准(2017年版2020年修订)》的理念和要求,覆盖新课程的必修和选择性必修的主要内容,适合全国各地使用新教材的地区.它将助力广大数学教师运用整体观设计教学,运用结构化教学观组织教学,更好地落实新课程和新教材的理念.

目 录

第一章　直线和圆的方程

本章导读 / 1

1.1　几种特殊形式的直线方程　/ 3

1.2　两条直线的位置关系　/ 10

1.3　点到直线的距离　/ 16

1.4　圆的标准方程　/ 22

1.5　直线与圆的位置关系　/ 28

第二章　圆锥曲线的方程

本章导读 / 35

2.1　椭圆的标准方程　/ 37

2.2　双曲线的性质　/ 44

2.3　抛物线的标准方程　/ 50

2.4　曲线方程的概念　/ 57

2.5　参数方程　/ 62

第三章　空间向量及其应用

本章导读 / 70

3.1　空间向量及其线性运算　/ 72

3.2　空间向量基本定理　/ 79

3.3　判断空间直线、平面的位置关系　/ 87

3.4　利用空间向量求距离　/ 95

3.5　利用空间向量求角的大小　/ 101

第四章　数列

本章导读 / 109

4.1　等差数列的前 n 项和　/ 111

4.2　等比数列及其通项公式　/ 115

4.3　数列的概念及其性质　/ 120

4.4　数列的单调性与最值　/ 127

第五章 一元函数的导数及其应用

本章导读 / 133

5.1 导数的概念 / 135

5.2 导数的四则运算法则 / 141

5.3 利用导数研究函数的单调性 / 148

第六章 计数原理

本章导读 / 154

6.1 分类加法计数原理与分步乘法计数原理 / 156

6.2 排列 / 163

6.3 二项式系数的性质 / 169

第七章 随机变量及其分布

本章导读 / 178

7.1 条件概率 / 179

7.2 随机变量与分布 / 187

7.3 随机变量的数字特征 / 194

7.4 超几何分布 / 200

7.5 正态分布 / 206

第八章 成对数据的统计分析

本章导读 / 214

8.1 相关系数 / 215

8.2 一元线性回归分析的基本思想 / 225

8.3 2×2 列联表独立性检验 / 232

第一章　直线和圆的方程

本章导读

一、知识导读

① 知识起点

在初中的平面几何中,我们已经学习了直线与圆的相关性质.通过数轴可以将实数和点建立一一对应关系,继而建立平面直角坐标系,将有序数对和平面上的位置(点)建立一一对应关系,且一次函数的图像是直线,这样我们就能够用坐标研究图形.

② 知识核心

通过建立坐标系,借助直线与圆的几何特征,导出相应方程,用代数方法研究它们的几何性质,体现形与数的结合.

③ 知识系统

本章将在平面直角坐标系中,探索确定直线位置的几何要素,建立直线的方程,并通过直线的方程研究两条直线的位置关系、交点坐标及点到直线的距离等;类似地,通过确定圆的几何要素,建立圆的方程,再通过圆的方程研究与圆相关的问题;最后应用直线和圆的方程解决一些实际问题.

④ 知识背景

直线与圆是重要的几何图形,历史悠久且应用广泛.历史上著名的"将军饮马"问题就与直线有关.圆是数学中最基本的一个概念,却蕴含了极其丰富的内涵.古代人最早是从太阳、圆月中得到圆的概念.六千多年前,美索不达米亚人做出了世界上第一个轮子——圆的木轮.两千多年前,我国的墨子给出了圆的概念:"一中同长也".意思是说,圆有一个圆心,圆心到圆周的长都相等.

⑤ 知识应用

千百年来,人们一直在了解圆、制造圆、应用圆.古埃及战车的轮子,建造金字塔的滚筒,物体落进水里泛起的水波纹,甚至你随手就能拿起一个圆形物件……天上地下,处处都有圆.

⑥ 知识外部联系

本章通过坐标法讨论直线与圆的相关内容,感悟平面解析几何中蕴含的数学思想,为进一步学习圆锥曲线的方程、导数和微积分等知识打下思想和方法的基础.

二、主题及其课时划分

主题	课时划分
直线的倾斜程度刻画：直线的倾斜角与斜率	直线的倾斜程度：直线的倾斜角与斜率（1课时）
直线的代数方程表示：直线的方程	直线的特殊方程：几种特殊形式的直线方程（2课时） 直线的一般方程：直线的一般式方程（1课时）
直线的定性关系研究：两条直线的位置关系	位置关系：两条直线的位置关系（1课时）
直线的定量关系计算：两条直线的夹角与距离	夹角问题：两条直线的夹角（1课时） 距离问题：点到直线的距离（1课时）
圆的代数方程研究：圆的方程	标准方程：圆的标准方程（1课时） 一般方程：圆的一般方程（1课时）
圆的定性关系研究：直线与圆、圆与圆的位置关系	位置关系：直线与圆的位置关系（1课时） 位置关系：圆与圆的位置关系（2课时）

三、知识内容结构

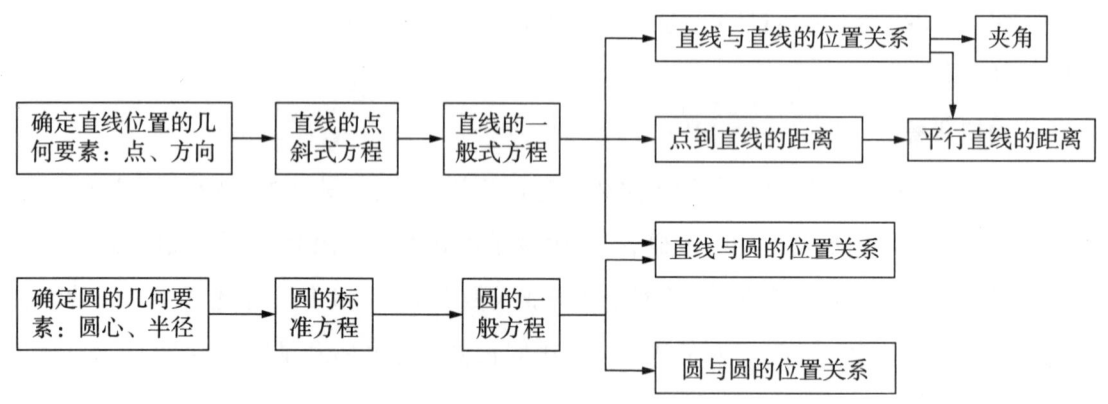

四、教学设计案例

  本章将针对"几种特殊形式的直线方程""两条直线的位置关系""点到直线的距离""圆的标准方程""直线与圆的位置关系"这五个重点课时的内容进行教学设计的案例建构.

1.1 几种特殊形式的直线方程

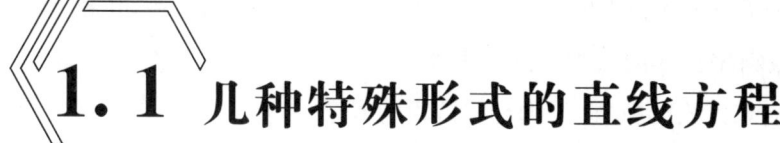

教学分析

1. 学科分支思想

解析几何思想:用代数方法研究几何问题

2. 单元主题划分

单元主题:直线的方程

单元划分:几种特殊形式的直线方程(共 2 课时,第 1 课时主要讲解直线的点斜式方程,第 2 课时主要讲解直线的两点式方程.本教学设计针对第 1 课时,时长为 60 min)

3. 教学主线分析

定义—集合表示—建系—坐标表示—应用

4. 知识内容结构

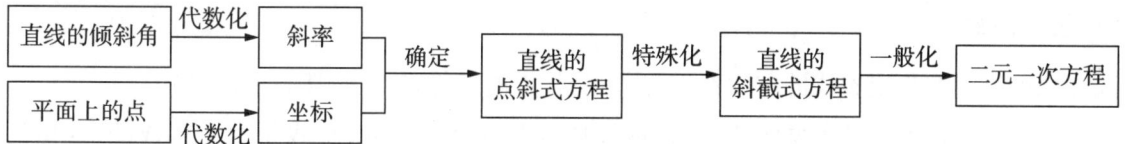

5. 核心问题思考

核心问题:如何理解直线方程?

问题 1:什么是直线的点斜式方程和斜截式方程?

问题 2:为什么要将直线(几何量)用方程(代数量)刻画?

问题 3:如何说明坐标平面上的直线与二元一次方程的等价性?

6. 学生特征分析

(1) 学生在初中阶段已经学习了一次函数,而一次函数的图像是直线,已有了数形结合的意识;前一节中学习了倾斜角和斜率的概念以及斜率公式,经历了用代数方法刻画直线几何特征的过程.

(2) 解析几何是研究几何的全新方法,是用坐标法研究几何图形的性质的一门几何学分支;学生对"什么是直线的方程""什么是方程的直线""如何建立直线方程"等问题缺乏认知,对"直线方程"概念的理解是难点.

7. 教学目标确定

(1) 正确说出平面直角坐标系中直线的几何特征及其代数表示.

(2) 经历由确定直线的几何要素(点和方向)来建立直线的点斜式方程的过程,正确理解点斜式方程是经过两点的直线斜率公式的一种"变式"表达.

(3) 知道斜截式方程是点斜式方程的特例,正确理解截距的概念.

(4) 基于直线的点斜式方程,初步理解直线方程的概念和概念中"纯粹性"与"完备性"两方面表述的含义.

(5) 感悟用代数方法研究几何问题的坐标法思想,体会从数与形两个角度对研究对象进行研究的思维方法,形成"利用坐标法将平面图形代数化并用动态的眼光看待静态图形"的思维习惯,感受数学中对图形研究的方法和规律.

8. 数学课程类型

数学概念课

教学环节 1 概念引入阶段——设置问题、创设情境、建立关系

教学问题 1 在平面直角坐标系中,直线的几何要素可以用代数表示,如何用代数方法刻画坐标平面上的直线?

① 设置问题

问题 1 有哪些确定直线的方法?(两点、点斜、点向量等,让学生凭直觉回答)

"确定"一方面说明直线是唯一的(不包括重合);另一方面,直线是由点构成的,这里的"确定"可以理解为不论直线上的点在什么位置,它们都有共同的几何特征,因此它们的坐标也具有一定的特征,符合某种变化中不变的"准则".

设计意图:提示学生将图形看成点运动的轨迹,这是解析几何坐标法的思维方式.点是构成图形的基本元素,对直线的代数刻画的本质就是对点的坐标的刻画.

② 创设情境

情境 1 设直线经过点 $A(-1,2)$,$B(3,4)$,如何确定直线 AB 的位置?

直线是由点构成的,而点的代数形式是坐标,要研究点的性质,即研究直线上任意一点的坐标所满足的关系式,故设直线 AB 上任意一点 $C(x,y)$.

因为点 A,B 的横坐标不同,所以直线 AB 的斜率 $k=\dfrac{1}{2}$.又因为直线 AB 与直线 AC 是同一条直线:当点 C,A 不重合时,$k=\dfrac{y-2}{x+1}$,故坐标满足 $\dfrac{y-2}{x+1}=\dfrac{1}{2}$,变形得 $y-2=\dfrac{1}{2}(x+1)$;当点 C,A 重合时,点 C 的坐标也满足上式.所以直线 AB 上任意一点的坐标所满足的关系式为 $y-2=\dfrac{1}{2}(x+1)$.

说明:也可以联系向量,根据 A,B,C 三点共线,利用坐标法进行运算.

设计意图:在具体情境中探究直线的代数表示,从点的直观几何特征(A,B,C 三点共线)转化为坐标的代数特征,发现所探寻的"准则"是一个二元一次方程.

③ 建立关系

> 问题2 从上述过程中可以发现,由点 $C(x,y)$ 在直线 AB 上可以得到点 C 的坐标 x 与 y 满足关系式 $y-2=\dfrac{1}{2}(x+1)$. 是否可以验证,以满足关系式 $y-2=\dfrac{1}{2}(x+1)$ 的二维实数对 (x,y) 为坐标的点在直线 AB 上呢?

当 $x+1\neq 0$ 时,$\dfrac{y-2}{x+1}=\dfrac{1}{2}$,即点 (x,y) 与点 $A(-1,2)$ 连线的斜率为 $\dfrac{1}{2}$,又 $k_{AB}=\dfrac{1}{2}$,故点 (x,y) 在直线 AB 上. 当 $x+1=0$ 时,$x=-1$,由关系式解得 $y=2$,即点 (x,y) 与点 $A(-1,2)$ 重合,故点 (x,y) 也在直线 AB 上. 综上,以 (x,y) 为坐标的点在直线 AB 上.

$y-2=\dfrac{1}{2}(x+1)$ 这个关系式是一个二元一次方程,我们可以称之为直线的方程.

> 一般地,如果点 $P(x,y)$ 在给定的直线上当且仅当点的坐标 x 与 y 满足给定的方程 $f(x,y)=0$,那么称该方程是所给直线的方程.

设计意图:在建立直线方程的过程中认识直线与方程的关系.

> 教学环节2 概念分析阶段——思辨分析、本质分析、意义分析

> 教学问题2 如何理解"直线的方程"的概念?

① 思辨分析

> 问题3 "如果点 $P(x,y)$ 在给定的直线上当且仅当点的坐标 x 与 y 满足给定的方程 $f(x,y)=0$,那么称该方程是所给直线的方程",这个命题的条件是什么? 结论是什么?

记"点 $P(x,y)$ 在给定的直线上"为①,"点的坐标 x 与 y 满足给定的方程 $f(x,y)=0$"为②.

条件:①⇒②且②⇒①.

结论:直线是方程的直线,方程是直线的方程.

设计意图:厘清概念的条件和结论.

② 本质分析

(1) 条件分析

> 问题4 如何理解条件里的"当且仅当"? ("当且仅当"是充要条件的意思)

> 追问 上述的"①⇒②"与"②⇒①"两句话是否表述一致? (不一致,"①⇒②"是指从直线到

方程,"②⇒①"是指从方程到直线)

问题5 直线是由无数个点构成的集合,二元一次方程有无数个解,点集与解集之间有什么关系?

设计意图:先从字面角度理解条件中两句话的意思,再提示学生从几何与代数的基本构成(集合角度)理解两句话的内涵.

(2)结论分析

问题6 结论中的两句话"直线是方程的直线"与"方程是直线的方程"是什么关系?(两句话等价)

设计意图:理解概念的成立条件,以及概念的本质是直线与方程一一对应的关系.

具体关系如下表所示.

条件	推出关系	文字表述	集合关系
纯粹性	①⇒②	直线上每个点的坐标(x,y)都满足方程$f(x,y)=0$	点集⊆解集
完备性	②⇒①	以方程$f(x,y)=0$的解(x,y)为坐标的点都在直线上	解集⊆点集
纯粹性 完备性	①⇔②	直线(曲线)是方程的直线(曲线),方程是直线(曲线)的方程	点集=解集

一般地,在解析几何中,我们把要研究的图形称为曲线(直线),曲线用方程表示,曲线与方程一一对应的关系是解析几何的基石.在上述直线方程的概念中,有"①⇒②"与"②⇒①"两句话,这是"直线是方程的直线"与"方程是直线的方程"中所说的纯粹性和完备性,也只有同时满足纯粹性和完备性,才能说直线与方程等价.以后直线与方程两者不严格区分,可以用"直线$l:y-2=\dfrac{1}{2}(x+1)$"表示.

③ 意义分析

思考1 求直线方程的本质是什么?

直线方程是在直角坐标系中对直线的代数刻画.建立直线方程,就是利用确定直线位置的几何要素来建立直线上任意一点的横坐标x和纵坐标y所满足的关系式,即二元一次方程,同时以方程的解为坐标的点也在直线上.

思考2 为何要引入直线方程的概念?

直线与方程的一一对应反映了数量关系与空间形式之间的关系.直线与方程一一对应,就可以用方程表示直线,对直线进行"运算",通过研究方程(代数)的性质来获得直线(几何)的性质;也可以建立方程的几何直观表达,把方程"形象化",进一步体会数形结合的思想.

直线是最简单的曲线,直线方程的提出,为进一步研究圆、椭圆、双曲线、抛物线等复杂的图形提供了新的思路,为今后的图形研究提供了经验.

设计意图:理解学习直线方程的意义,理解解析几何的基本思想.

> **教学环节 3** 概念应用阶段——巩固应用、反思完善、总结联系

> **教学问题 3** 如何推导直线的点斜式方程?

⟨1⟩ 巩固应用

情境 2 在之前的情境 1 中,我们利用斜率推导出经过两点的直线方程,从中可以发现,给定一个点和一个方向,可以确定唯一的一条直线.若是给出一般的几何要素,即在平面直角坐标系中,给定一个点 $M(x_0,y_0)$ 和斜率 k,则是否可以推导出直线方程呢?

设点 $P(x,y)$ 是过点 $M(x_0,y_0)$、斜率为 k 的直线 l 上的任意一点.

当点 $P(x,y)$ 与点 $M(x_0,y_0)$ 不重合时,由 $k=\dfrac{y-y_0}{x-x_0}$ 可得 $l:y-y_0=k(x-x_0)$.

当点 $P(x,y)$ 与点 $M(x_0,y_0)$ 重合时,点 P 的坐标就是 (x_0,y_0),同样满足方程 $l:y-y_0=k(x-x_0)$.

问题 7 能否验证上述方程 $l:y-y_0=k(x-x_0)$ 是满足条件的直线方程?

由上述过程可知,直线 l 上任意一点的坐标 (x,y) 都满足方程 $y-y_0=k(x-x_0)$,故①成立.反之,可以证明坐标 (x,y) 满足方程 $y-y_0=k(x-x_0)$ 的点一定在直线 l 上.事实上,若点 Q 的坐标 (x',y') 满足方程,即 $y'-y_0=k(x'-x_0)$ 成立:当 $x'\neq x_0$ 时,直线 MQ 经过点 M 且斜率 $k_{MQ}=\dfrac{y'-y_0}{x'-x_0}=k$,于是直线 MQ 与直线 l 重合,从而点 Q 在直线 l 上;当 $x'=x_0$ 时,$y'=y_0$,点 Q 与点 M 重合,点 Q 也在直线 l 上.故②成立.

上述直线是由一个点和斜率这两个几何要素确定的,因此可以引出点斜式方程的概念.

> 方程 $y-y_0=k(x-x_0)$ 是过点 $M(x_0,y_0)$、斜率为 k 的直线的方程,这种形式的直线方程叫做直线的点斜式方程.

设计意图:通过对直线上任意一点横、纵坐标关系式的建立,经历直线方程的建立过程,再次感悟直线方程的概念.

⟨2⟩ 反思完善

例题 直线 l 经过点 $P_0(-2,3)$,且倾斜角 $\alpha=60°$,求直线 l 的点斜式方程.

解析 因为直线 l 的倾斜角 $\alpha=60°$,所以直线 l 的斜率 $k=\sqrt{3}$,又因为直线 l 经过点 $P_0(-2,3)$,于是可得直线 l 的点斜式方程为 $y-3=\sqrt{3}(x+2)$.

变式 1 如果倾斜角为 $0°$,那么直线 l 的方程是什么?$90°$ 时呢?

结合图形,计算斜率,求得直线方程,并通过将相关条件一般化,得到直线的特殊形式.

设计意图:通过例题求方程的过程,进一步加深对直线的点斜式方程的认识,体会用点斜式方程表示直线的局限性.

变式2 如果点的坐标变为(0,3),倾斜角不变,那么直线 l 的方程是什么?与该直线的点斜式方程相比,有什么特殊性?

结合图形,计算斜率,求得直线的点斜式方程为 $y-3=\sqrt{3}(x-0)$,化简得到 $y=\sqrt{3}x+3$.

思考3 变式2中直线方程的一般形式是什么?($y=kx+b$)

思考4 这里的 b 的几何意义是什么?

> 方程 $y=kx+b$ 是斜率为 k、纵截距为 b 的直线的方程,这种形式的直线方程叫做直线的斜截式方程.

思考5 斜截式方程在形式上等同于一次函数的解析式,能否分别从函数和方程的角度分析这个形式?(从函数角度来看,它表示自变量 x 与因变量 y 之间的对应关系;从方程角度来看,它表示平面直角坐标系中一条直线上的点的坐标所满足的代数关系.两者讨论的问题不一样)

设计意图:通过变式,让学生经历从一般到特殊的过程,得到直线的斜截式方程;同时,从不同角度、用联系的眼光看 $y=kx+b$,了解一次函数与斜截式方程的联系与区别.

③ 总结联系

知识维度	直线上点的坐标所满足的关系式(具体)—直线的方程(抽象)—直线的点斜式方程(演绎)—直线的斜截式方程(变式)
方法维度	坐标法
思想维度	体验用代数方法研究几何问题的解析几何思想;揭示直线方程数与形一一对应的本质内涵;形成用联系的观点看待事物的习惯

教学评价

① 核心特色

本教学设计围绕"直线的方程"这一概念逐层展开,首先立足于学生的认知基础,引导学生从动点轨迹的代数特征感悟解析几何的基本思想;然后由特例引出直线方程的概念,从多角度剖析概念的本质内涵、意义价值;接着从特殊到一般,推导直线的点斜式方程,通过变式,加深学生对方程形式的理解;最后变形得到直线的斜截式方程,从函数角度和方程角度分别

对关系式 $y=kx+b$ 加以分析,在学生原有认知结构上构建新的知识,再一次揭示直线方程数与形一一对应的本质特征.

② 难点突破

解析几何是学生第一次接触用代数方法研究几何问题,这与之前几何学的学习有着本质上的差异.对"直线的方程"概念的理解无疑是教学的难点.学生对"二元一次方程表示一条直线、一条直线可以用二元一次方程表示"没有认知基础,在教学中通过问题搭建思维就非常有必要.第一步,根据直线的几何要素判断平面上任意一点是否是直线上的点,以此引发探究"准则"的思考.第二步,根据几何特征探求直线上点的坐标(代数)特征,以此发现直线上点的横坐标和纵坐标符合某关系式.第三步,验证坐标符合关系式("准则")的点也在直线上,以此说明直线与方程一一对应的关系.第四步,在之前探究的基础上形成直线方程的概念,并多角度对概念进行阐释以帮助理解.

③ 效果检测

检测 1:已知直线 l 的方程是 $x+y+1=0$,下列关于该直线的说法中,正确的是_____.

①斜率为 -1;②倾斜角为 $135°$;③过点 $(-2,1),(0,-1)$;④不经过第一象限.

检测点:倾斜角与斜率的关系、截距的概念、直线的点斜式方程与斜截式方程的应用.

检测 2:过两点 $(1,2),(0,-1)$ 的直线的斜截式方程为( ).

A. $y=3x-1$ B. $y=3x+1$ C. $y=-3x-1$ D. $y=-3x+1$

检测点:截距的概念,直线的点斜式方程与斜截式方程的转化.

检测 3:过点 $P(3,-2)$ 且倾斜角为 $\dfrac{\pi}{2}$ 的直线方程是( ).

A. $x=-2$ B. $x=3$ C. $y=-2$ D. $y=3$

检测点:特殊形式的直线方程.

检测 4:下列关于直线的说法中,错误的是_____.

① 任意一条直线一定是某个一次函数的图像;

② 关于 x 的一次函数 $y=kx+6(x\geqslant 0)$ 的图像是一条直线;

③ 若以一个二元一次方程的解为坐标的点都在某条直线上,则这个方程叫做这条直线的方程;

④ 若一条直线上所有点的坐标都是某个方程的解,则这条直线叫做这个方程的直线.

检测点:直线方程的概念.

检测 5:已知 $2x_1-3y_1=4,2x_2-3y_2=4$,且 $x_1\neq x_2$,求过点 $A(x_1,y_1),B(x_2,y_2)$ 的直线 l 的方程.

检测点:直线方程的概念的应用.

参考答案

检测 1：①②③④.　　检测 2：A.　　检测 3：B.　　检测 4：①②③④.　　检测 5：$2x-3y=4$.

(华东师范大学附属东昌中学　苗静)

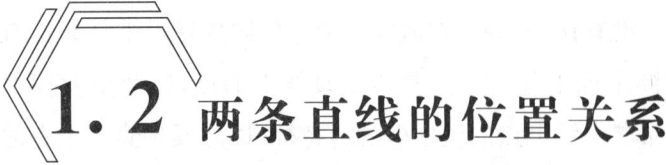

1.2 两条直线的位置关系

教学分析

1. 学科分支思想

用代数方法研究几何图形：用直线方程研究两条直线的位置关系

2. 单元主题划分

单元主题：两条直线的位置关系

单元划分：两条直线的位置关系(1 课时,时长为 40 min)

3. 知识主线设计

情境—方法—应用—总结

4. 知识内容结构

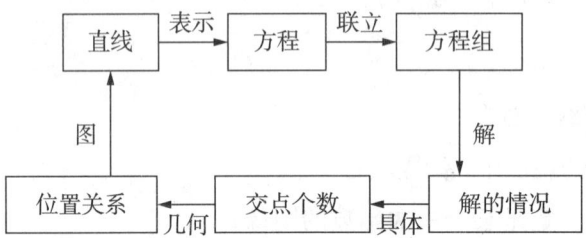

5. 核心问题思考

核心问题：如何利用直线方程研究两条直线的位置关系？

问题 1：用怎样的代数形式表示两条直线的位置关系？

问题 2：如何利用两条直线的方程判断两条直线的位置关系？

问题 3：两条直线的位置关系有哪些应用？我们还可以用直线方程研究哪些几何问题？

6. 学生特征分析

(1) 学生在初中阶段已经掌握平面几何中直线的基本知识,具备一定的演绎推理能力；且熟悉平面直角坐标系、掌握二元一次方程组的求解和平面向量的性质,具备一定的分析、转化问题能力.

(2) 学生对如何选择合适的直线方程进行位置关系判断,以及含参的直线位置关系的讨论有一定困难.

7. 教学目标确定

(1) 回顾两条直线的位置关系可以由其交点个数确定的事实,以及交点可以由二元一次方程组求解的基本方法.

(2) 理解两条直线的位置关系与对应的二元一次方程组解的情况之间的等价性.

(3) 根据两条直线的不同的方程形式,掌握判断直线位置关系的方法.

(4) 经历几何问题代数化的探究过程,逐渐形成运用直线方程定量研究其位置关系等性质的思路,感受数量关系与几何形式之间的关系,体会数形结合的数学思想,提升数学运算、直观想象、逻辑推理等素养.

8. 数学课程类型

数学方法课

教学设计

教学环节 1 方法引入阶段——情境感知、知识联系、思路探究

教学问题 1 平面上两条直线的位置关系有哪些?如何判断?

① 情境感知

引入:从初中平面几何知识中我们已经知道,对于两条不重合的直线 l_1 与 l_2,如果它们没有公共点,那么 l_1 与 l_2 平行,否则 l_1 与 l_2 相交,而且有唯一的交点.在平面直角坐标系中,直线可以用直线方程表示.

探究:如何根据两条直线的方程来判断它们的位置关系?如何确定两条直线的交点坐标?

② 知识联系

例题 1 判断下列三组直线是否相交.若相交,求出交点坐标;若不相交,说明理由.

(1) $l_1: 3x+4y-2=0, l_2: 2x+y+2=0$;

(2) $l_1: 3x-y+4=0, l_2: 6x-2y-1=0$;

(3) $l_1: 3x+4y-5=0, l_2: 6x+8y-10=0$.

解析 (1) 解方程组 $\begin{cases} 3x+4y-2=0, \\ 2x+y+2=0, \end{cases}$ 得 $\begin{cases} x=-2, \\ y=2, \end{cases}$ 所以两条直线相交,交点坐标为 $(-2,2)$.

(2) 解方程组 $\begin{cases} 3x-y+4=0 & ① \\ 6x-2y-1=0 & ② \end{cases}$,其中 ①×2-② ⇒ 9=0 矛盾,方程组无解,所以两条直线平行.

（3）解方程组 $\begin{cases} 3x+4y-5=0 & ①, \\ 6x+8y-10=0 & ②, \end{cases}$ 其中①×2＝②,①与②表示同一条直线,所以两条直线重合.

设计意图：虽然可以通过画图来观察两条直线的位置关系,但如何求交点呢？通过这个问题引导学生理解既然是交点,应该同时在两条直线上,其实方程组的解就是交点坐标,从而去思考两条直线的位置关系和交点个数、对应方程组解的情况这三者之间的关系.

③ 思路探究

一般化：研究两条直线的交点坐标对应的有序实数对与二元一次方程组的解之间的关系.

分析：在平面直角坐标系中,若两条直线 $l_1:a_1x+b_1y+c_1=0$ (a_1,b_1 不同时为 0) 与 $l_2:a_2x+b_2y+c_2=0$ (a_2,b_2 不同时为 0) 有交点 $M(x_0,y_0)$,即点 $M(x_0,y_0)$ 的坐标同时满足这两个方程,则 $\begin{cases} x=x_0, \\ y=y_0 \end{cases}$ 是方程组 $\begin{cases} a_1x+b_1y+c_1=0, \\ a_2x+b_2y+c_2=0 \end{cases}$ 的解；反之,以该方程组的解为坐标的点也必是两条直线的公共点.

两条直线的位置关系	两条直线的交点情况	对应的二元一次方程组的解
相交	唯一交点	唯一解
平行	无交点	无解
重合	无数个交点	无数解

结论：坐标平面上任意两条直线的交点个数都可以用它们对应的方程组的解来进行判断.

设计意图：运用解析几何法将几何问题转化为代数问题,给出平面直角坐标系中任意两条直线的交点问题的一般性解决方法,即先求解对应的二元一次方程组,然后根据解的情况判断交点的个数,从而确定两条直线的位置关系.

▶ **教学环节 2** 方法理解阶段——思路梳理、分析流程、基本应用

▶ **教学问题 2** 如何判断两条直线的位置关系？

① 思路梳理

问题 研究两条直线的位置关系,还有其他方法吗？

设计意图：在用代数方法解决几何问题的过程中,如何将代数运算量降低,也是我们要思考的一个重要问题.

2 分析流程

	直线的一般式方程(通法)	直线的斜截式方程	备注
方程	$l_1:a_1x+b_1y+c_1=0(a_1,b_1$ 不同时为 $0)$ $l_2:a_2x+b_2y+c_2=0(a_2,b_2$ 不同时为 $0)$	$l_1:y=k_1x+b_1$ $l_2:y=k_2x+b_2$	点斜式:$l:y-y_0=k_1(x-x_0)$ 两点式:$l:\dfrac{y-y_1}{y_2-y_1}=\dfrac{x-x_1}{x_2-x_1}$
方法	观察系数 a_1,a_2,b_1,b_2,c_1,c_2 是否成比例	观察系数 k_1,k_2,b_1,b_2 是否相等	都可化为斜截式方程或一般式方程,斜截式方程也可化为一般式方程
结论	平行:$\begin{cases}a_1b_2=a_2b_1\\ a_1c_2\neq a_2c_1\end{cases}$ 或 $b_1c_2\neq b_2c_1$ 重合:$\begin{cases}a_1b_2=a_2b_1\\ a_1c_2=a_2c_1\end{cases}$ 且 $b_1c_2=b_2c_1$ 相交:$a_1b_2\neq a_2b_1$	平行:$k_1=k_2,b_1\neq b_2$ 重合:$k_1=k_2,b_1=b_2$ 相交:$k_1\neq k_2$	

3 基本应用

例题2 判断下列两条直线的位置关系.若相交,求出交点坐标.

(1) $l_1:0.5x-y+1=0,l_2:3x-6y+8=0$;

(2) $l_1:y=2x+3,l_2:y=-2x+1$.

解析 (1)[方法1]化为直线的斜截式方程,即 $l_1:y=0.5x+1,l_2:y=\dfrac{1}{2}x+\dfrac{4}{3}$,因为斜率相同、截距不同,所以 l_1 与 l_2 平行.

[方法2]根据系数来分析,因为 $\dfrac{0.5}{3}=\dfrac{-1}{-6}\neq\dfrac{1}{8}$,所以 l_1 与 l_2 平行.

[方法3]联立方程,消元得 $2=0$,无解,所以 l_1 与 l_2 平行.

(2)[方法1]因为斜率不同,所以 l_1 与 l_2 相交,联立方程,求得交点坐标为 $\left(-\dfrac{1}{2},2\right)$.

[方法2]因为 $\dfrac{2}{-2}\neq\dfrac{1}{1}$,所以 l_1 与 l_2 相交,联立方程,求得交点坐标为 $\left(-\dfrac{1}{2},2\right)$.

[方法3]联立方程,消元得 $\begin{cases}x=-\dfrac{1}{2}\\ y=2\end{cases}$,所以 l_1 与 l_2 相交,交点坐标为 $\left(-\dfrac{1}{2},2\right)$.

设计意图:在明确可以用方程组的解的情况来判断直线位置关系的基础上,进一步探究通过分析方程的系数来判断直线的位置关系的方法.

教学环节3 方法应用阶段——实际应用、思路总结、拓展升华

教学问题3 用方程组的解的情况来判断两条直线的位置关系时要注意什么、有什么用？

1 实际应用

例题3 判断两条直线 $l_1:mx-2y+1=0$ 与 $l_2:x-(m+1)y+1=0$ 的位置关系.

解析 [方法1] 都转化为直线的斜截式方程，但要讨论 $m=0,m=-1$.

[方法2] 研究系数是否成比例，但要讨论 $m=0,m=-1$.

① 当 $m=0$ 时，$l_1:-2y+1=0, l_2:x-y+1=0$，相交.

② 当 $m=-1$ 时，$l_1:x+2y-1=0, l_2:x+1=0$，相交.

③ 当 $m\neq 0, m\neq -1$ 时，$m(m+1)=2 \Rightarrow m=1$ 或 $m=-2$：

当 $m=1$ 时，$l_1:x-2y+1=0, l_2:x-2y+1=0$，重合；

当 $m=-2$ 时，$l_1:-2x-2y+1=0, l_2:x+y+1=0$，平行；

当 $m\neq 1, m\neq -2$ 时，相交.

[方法3] 联立方程，消去 x 得 $(m+2)(m-1)y=m-1$，但要讨论 $m=-2, m=1$，结论同上.

设计意图：判断含参的两条直线的位置关系，应注意选择合适的直线方程，并对参数进行必要的讨论.

2 思路总结

结合例题3的分析，判断两条直线的位置关系的基本步骤如下：

第1步，将直线方程化为直线的斜截式方程或一般式方程；

第2步，通过对方程组中系数的关系进行分析和代数运算，得到方程组解的情况（唯一解、无解、无穷组解）；

第3步，把方程组解的情况"翻译"成两条直线的位置关系.

3 拓展升华

例题4 求过点 $(1,-1)$ 且与下列直线平行的直线方程：

(1) $y=2$；(2) $y=x$；(3) $2x-y+2=0$.

解析 (1) 因为直线与 $y=2$ 平行，所以方程形式为 $y=a$，代入点 $(1,-1)$，得 $a=-1$，因此所求直线方程为 $y=-1$.

(2) 因为直线与 $y=x$ 平行，所以方程形式为 $y=x+b$，代入点 $(1,-1)$，得 $b=-2$，因此所求直线方程为 $y=x-2$.

(3) 因为直线与 $2x-y+2=0$ 平行，所以方程形式为 $2x-y+c=0$，代入点 $(1,-1)$，得 $c=-3$，因此所求直线方程为 $2x-y-3=0$.

例题5 证明三角形的三条高交于一点.

证明 如图 1.2-1 所示,以直线 BC 为 x 轴、高 AD 所在直线为 y 轴建立直角坐标系,设 $A(0,a),B(b,0),C(c,0)$,由两条直线垂直的条件

$$k_{BE}=-\frac{1}{k_{AC}}=\frac{c}{a}, k_{CF}=-\frac{1}{k_{AB}}=\frac{b}{a},$$

得三条高的直线方程分别为 $AD:x=0$ ①,$BE:y=\frac{c}{a}(x-b)$ ②,

$CF:y=\frac{b}{a}(x-c)$ ③.

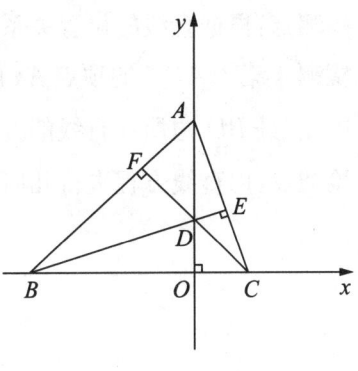

图 1.2-1

联立②③,消去 y 得 $\frac{c}{a}(x-b)=\frac{b}{a}(x-c)$,化简得 $(b-c)x=0$.

因为 $b \neq c(b<0,c>0)$,所以 $x=0$,这说明直线 BE 和直线 CF 的交点在高 AD 上,由此证明三角形的三条高交于一点.

设计意图:通过一个常见的平面几何问题,学生感受到运用坐标法及直线方程解决平面几何问题的便利.

教学评价

① 设计特色

本教学设计围绕方法论逐层展开,研究为何要用直线方程,说明量化的重要性,以及如何用直线方程进行位置的确定,在代数运算中有序展开.而代数运算结果对应着几何性质,可以让研究更加细致入微.

② 难点突破

通过求两条直线交点,引导学生形成用方程组的解研究直线的位置关系的思路,在一题多解中帮助学生熟练掌握用代数运算研究直线的位置关系的方法,在多题一解中引导学生感悟解析几何是一门建立在方法论基础上的学科.

③ 效果检测

检测 1:两条直线方程联立方程组有实数解是两条直线相交的( )条件.

A. 充分非必要　　B. 必要非充分　　C. 充要条件　　D. 非充分非必要

检测点:根据二元一次方程组的解判断两条直线的位置关系.

检测 2:若两条直线 $l_1:(3+a)x+4y=5-4a$ 与 $l_2:2x+(5+a)y=9$ 平行,则 a 等于( ).

A. -7 或 -1　　B. 7 或 -1　　C. -7　　D. -1

检测点:根据直线的位置关系分析直线方程组中系数的关系.

检测 3:若直线 $l_1:4x+y=4,l_2:mx+y=0,l_3:2x-3my=4$,当 $m=$ _____ 时,则这三条直线无法围成三角形.

检测点:根据直线的位置关系分析直线方程组中系数的关系.

检测 4:若△ABC 的顶点 A(4,3),AB 边上的高所在直线的方程为 $x-y-3=0$,D 为 AC 边中点,且 BD 边所在直线的方程为 $3x+y-7=0$,则 BC 边所在直线的方程为_____.

检测点:用直线方程进行几何问题研究.

参考答案

检测 1:B. **检测 2**:C. **检测 3**:$4,-\dfrac{1}{6},-1,\dfrac{2}{3}$. **检测 4**:$19x+y-7=0$.

(上海市进才中学　张乐瑛)

1.3 点到直线的距离

教学分析

1. 学科分支思想

解析几何思想:用代数方法研究几何问题

2. 单元主题划分

单元主题:两条直线的夹角与距离

单元划分:点到直线的距离(1 课时,时长为 60 min)

3. 教学主线分析

问题引入—公式推导—公式运用—拓展应用

4. 知识内容结构

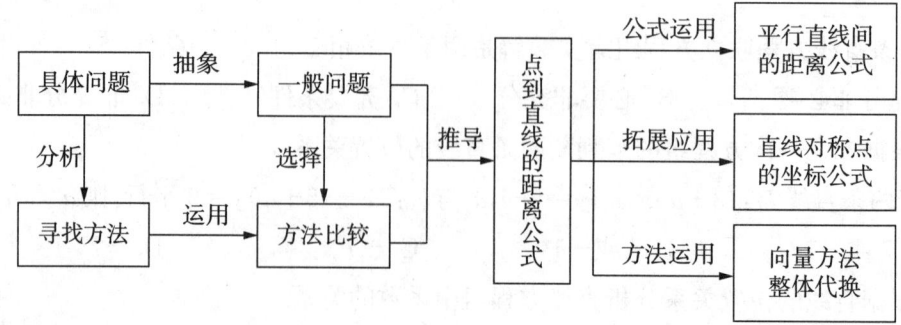

5. 核心问题思考

核心问题:怎样用代数式表示点到直线的距离?

问题1:什么是点到直线的距离?

问题2:怎样推导点到直线的距离公式?

问题3:怎么应用点到直线的距离公式?

6. 学生特征分析

(1) 学生已经学习了向量的数量投影、直线方程等知识和内容,还学习了一元二次方程的求根公式的代数推导过程,有一定的公式推导经验.

(2) 学生运用向量的数量投影计算距离的经验不足,而怎样把点到直线距离公式推导出来,运算难度较大,推理要求较高,思考比较抽象.

7. 教学目标确定

(1) 结合生活实践情境,理解点到直线的距离的概念,初步运用点到直线的距离公式.

(2) 经历点到直线的距离公式的推导过程,初步体验设而不求、整体代换的方法.

(3) 经历两条平行直线之间的距离公式的探究过程,感悟化归的思想.

(4) 基于对点到直线的距离公式的结构认识,灵活运用公式求点到直线的距离.

(5) 通过点到直线的距离公式的推导和运用,体验用代数运算解决几何问题的方法,深刻体会解析几何的代数思想.

8. 数学课程类型

数学公式课

教学环节1 问题引入阶段——情境引入、建立模型、寻找思路

教学问题1 什么是点到直线的距离?

①情境引入

情境 唐僧到西天取经,途经沙漠迷了路,好几天都没水喝. 他走啊走啊,突然,他眼前一亮,发现前面有一条笔直的河流. 他应该以怎样的路线跑去喝水?

> 过点向直线作垂线,垂线段的长就是点到直线的距离,也是直线上的点到这个点距离的最小值.

设计意图:以长度最短的路线跑去喝水,垂线段最短,引出点到直线的距离的概念,揭示距离的本质.

②建立模型

问题1 假设河流所在直线 $l:2x+y+2=0$,唐僧的位置在点 $P(3,2)$,你能用几种方法求

点 P 到直线 l 的距离？试试看.

设计意图：通过简单建模，用实际问题引出相关数学问题.

▶③ **寻找思路**

方法1：方程思想，写出过点 P 且与直线 l 垂直的直线方程，先求出垂足的坐标，再求出两点之间的距离.

方法2：函数思想，在直线 l 上任取一点 $Q(x,-2x-2)$，$x \in \mathbf{R}$，$|PQ| = \sqrt{(x-3)^2 + (-2x-2-2)^2}$，$x \in \mathbf{R}$，求 $|PQ|$ 的最小值.

方法3：向量法，在直线 l 取点 $Q(0,-2)$，求 $\overrightarrow{PQ}$ 在直线 l 法向量 $(2,1)$ 方向上的数量投影.

> **提示**：还可以用构造三角形的方法，应用三角比或等面积法求解.

设计意图：从具体问题研究，寻找一般问题的解法.

▶ **教学环节 2** 公式推导阶段——方法比较、推导公式、公式理解

▶ **教学问题 2** 怎样推导点到直线的距离公式？

▶① **方法比较**

问题2 已知直线 $l: ax + by + c = 0$ 和直线外一点 $P(x_0, y_0)$，求点 P 到直线 l 的距离 d.

引导：思考一下这个距离 d 到底是什么？求解距离 d 的目的是什么？用哪种方法求解距离 d 更容易些？

比较：方法1和方法2在解决一般问题时，让学生感受到运算量都很大，计算过程比较烦琐，但是这两种方法都能求出距离公式. 方法3很难想到，但通过问题1的解决，学生也应该有思路了.

选择：希望函数思想和向量法能够引导学生进行探讨，函数思想揭示了距离概念的本质，向量法作为研究几何问题的强有力的工具已被大家广泛认可.

设计意图：从特殊到一般研究问题，希望得到一个类似于求根公式的结论. 启发学生发现和提出本节课的核心问题，引导学生认清问题，明确解决问题的方向. 距离 d 是一个用点 $P(x_0, y_0)$ 的坐标和直线 $l: ax + by + c = 0$ 的系数表示的代数式.

▶② **推导公式**

引导问题1 能否利用向量的数量投影推导公式？

设 $Q(u, v)$ 是直线 l 上任意一点，则 $au + bv + c = 0$. 向量 $\overrightarrow{QP}$ 在直线 l 的法向量 $\vec{n} = (a, b)$ 方向上的数量投影 $\delta = \dfrac{\overrightarrow{QP} \cdot \vec{n}}{|\vec{n}|} = \dfrac{a(x_0 - u) + b(y_0 - v)}{\sqrt{a^2 + b^2}} = \dfrac{ax_0 + by_0 + c}{\sqrt{a^2 + b^2}}$，因此

$$d = |\delta| = \dfrac{|ax_0 + by_0 + c|}{\sqrt{a^2 + b^2}}.$$

设计意图：运用向量的数量投影，揭示点到直线距离的几何本质，也让运算变得简单可行，彰显了运用向量研究几何的优势，该方法为直线划分平面上的点奠定了理论基础．

引导问题 2 能否利用函数思想推导距离公式？

$$|PQ|^2=\frac{[(u-x_0)^2+(v-y_0)^2](a^2+b^2)}{a^2+b^2}\geqslant\frac{(au-ax_0+bv-by_0)^2}{a^2+b^2}=\frac{(ax_0+by_0+c)^2}{a^2+b^2},$$

当且仅当 $(u-x_0,v-y_0)\parallel(a,b)$ 时取等号，所以 $d=\dfrac{|ax_0+by_0+c|}{\sqrt{a^2+b^2}}$．

设计意图：运用函数思想，揭示距离的代数本质．计算采用柯西不等式，让复杂的运算变得可行，但是技巧性强，不容易想到．

引导问题 3 能否利用方程思想推导距离公式？

过 $P(x_0,y_0)$ 作直线 $l_{PH}\perp l$，垂足为 H，则 $l_{PH}:b(x-x_0)-a(y-y_0)=0$．直线 l 的方程可变形为 $l:a(x-x_0)+b(y-y_0)=-(ax_0+by_0+c)$．

把前面两式平方相加，得 $(a^2+b^2)[(x-x_0)^2+(y-y_0)^2]=(ax_0+by_0+c)^2$，因此 $d=|PH|=\dfrac{|ax_0+by_0+c|}{\sqrt{a^2+b^2}}$．

设计意图：运用方程思想．联立方程求解垂足的坐标，难度比较大；利用方程组解的意义（H 的坐标），巧用设而不求、整体求解，运算大大简化．

引导问题 4 能否用三角比或面积法推导距离公式？

当 $ab\neq 0$ 时，如图 1.3-1 所示，过 $P(x_0,y_0)$ 作直线 $l_{PH}\perp l$，垂足为 H，再分别作 x 轴和 y 轴的垂线，与直线 l 交于 R 和 S 两点，则 $R\left(x_0,-\dfrac{ax_0+c}{b}\right)$，$S\left(-\dfrac{by_0+c}{a},y_0\right)$．

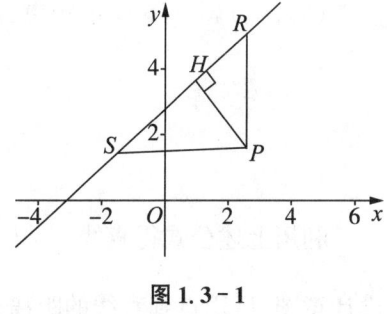

图 1.3-1

设直线 l 的倾斜角为 θ，则 $d=|PH|=|PS|\sin\theta=|PR||\cos\theta|=\dfrac{|PS||PR|}{|SR|}$，三个任意选择一个计算都可以容易得到距离公式，以等面积法为例：

$$d=\frac{|RP||SP|}{|RS|}=\frac{\left|y_0+\dfrac{ax_0+c}{b}\right|\left|x_0+\dfrac{bx_0+c}{a}\right|}{\sqrt{\left(x_0+\dfrac{bx_0+c}{a}\right)^2+\left(y_0+\dfrac{ax_0+c}{b}\right)^2}}=\frac{|ax_0+by_0+c|}{\sqrt{a^2+b^2}}.$$

当 $ab=0$ 时，上式也成立．

设计意图：巧用三角比或面积法求解距离，运算过程也比较简单，该方法思维量小，容易操作，学生好理解，但是知识运用的层次较低．

3 公式理解

(1) 从运动的观点来看,点到直线的距离就是该点与直线上的动点连线的最短距离.

(2) 公式的使用方式要求直线方程是一般式方程,如果直线方程不是一般式方程,应该先把直线方程化成一般式方程.

(3) 如果点在直线上,点到直线的距离为0,距离公式仍然成立.

(4) 直线方程中有一次项系数为零的特殊情况,距离公式仍然成立.

教学环节 3 公式应用阶段——公式运用、拓展应用、总结提升

教学问题 3 怎么应用点到直线的距离公式?

1 公式运用

例题 1 分别计算点 $P(-1,2)$ 到下列直线的距离:

(1) $2x+y-7=0$;(2) $y=7$;(3) $-x+3y-7=0$;(4) $y-2=3(x-1)$.

设计意图:理解公式的结构,强化公式的基本要求,把直线方程化成一般形式.

例题 2 推导两条平行直线之间的距离公式,并应用公式求两条平行直线 $l_1:2x-y+4=0$ 与 $l_2:4x-2y-1=0$ 之间的距离.

解析 已知两条平行直线 $l_1:ax+by+c_1=0$ 和 $l_2:ax+by+c_2=0$.

设 $P(x_0,y_0)$ 是直线 l_1 上一点,则 $ax_0+by_0+c_1=0$. 因为两条平行直线之间的距离等于点 $P(x_0,y_0)$ 到直线 l_2 的距离,所以 $d=\dfrac{|ax_0+by_0+c_2|}{\sqrt{a^2+b^2}}$,把 $ax_0+by_0=-c_1$ 代入得

$$\boxed{d=\dfrac{|c_1-c_2|}{\sqrt{a^2+b^2}}.}$$

利用上述公式得直线 l_1 与 l_2 之间的距离为 $\dfrac{9\sqrt{5}}{10}$.

设计意图:运用点到直线的距离公式推导两条平行直线之间的距离公式,并运用两条平行直线之间的距离公式进行计算.

2 拓展应用

例题 3 探究点 $P(x_0,y_0)$ 关于直线 $l:ax+by+c=0$ 的对称点的公式.

解析 设点 $P(x_0,y_0)$ 关于直线 l 的对称点为 $D(x_2,y_2)$,由 $\overrightarrow{DP}=2\delta\dfrac{\vec{n}}{|\vec{n}|}$ 可得

$$\begin{cases} x_2=x_0-\dfrac{2a}{a^2+b^2}(ax_0+by_0+c), \\ y_2=y_0-\dfrac{2b}{a^2+b^2}(ax_0+by_0+c). \end{cases}$$

设计意图:通过关于直线对称点的坐标的表示,学习运用δ的几何意义来解决问题,再次体会向量法研究解析几何问题的优势.

3 总结提升

知识技能	点到直线的距离的概念—点到直线的距离公式—平行直线之间的距离公式
方法思想	方程思维(设而不求、整体代换);函数思想;向量法
意识观念	从特殊到一般,思考对公式的探究,解决一般问题的意识;用代数方法研究几何问题的意识,解析思维,代数观念

设计意图:从知识技能、方法思想和意识观念三个层面进行不同维度的递进总结,学习的最终目的是改善人的意识观念.

1 核心特色

本教学设计从情境出发,引出点到直线的距离的概念,先思考特殊问题,再探讨怎样推导距离公式;用具体问题引导思考公式推导的方法,经过方法的辨析和比较,选择恰当方法进行推导公式.在公式运用、拓展应用后,学生对知识体系构建逻辑的领悟会更深入,会更深刻理解向量法在解析几何中的应用.本教学设计从特殊到一般、由浅入深、深入浅出地把问题探讨不断推向更深层次,明线是探讨问题、公式推导和公式应用,暗线是寻找方法、方法探讨和方法运用,以知识和技能学习为载体,不断渗透数学思想方法,进而树立解析的意识观念.

2 难点突破

点到直线的距离公式的推导是本节课的教学重点,如何想到用向量的数量投影求距离是教学难点之一.课前可以让学生先复习向量的数量投影,教学的过程中要善于启发,想方设法引导学生应用向量解决问题.当然学生也可以应用函数思想表示距离,但求函数的最值又是一个教学难点,启发、引导学生应用柯西不等式求最值,可以大大简化运算过程、降低运算难度.在推导公式的过程中,我们采取设而不求、整体代换的思想,这也是本节课的难点之一.这个难点在推导平行线之间的距离公式时,经过再次运用后,学生应该更清晰地理解这一想法,这是解析几何最基本的运算技巧.

3 效果检测

检测1:若点 $P(-2,0)$ 到直线 $l_1:4x+3y-2=0$ 的距离与点 $Q(m,2)$ 到直线 $l_2:x-1=0$ 的距离相等,则实数 m 的值为_____.

检测点:运用点到直线的距离公式求距离.

检测2:已知 $A(a,a^2),B(b,b^2)$,且 $a\neq b$,若 a,b 同时满足 $a\cos\theta+a^2\sin\theta=1$ 和 $b\cos\theta+$

$b^2\sin\theta=1$,则原点到直线 AB 的距离为_____.

检测点:运用设而不求、整体代换的方法.

检测 3:若直线 $3x-y+4=0$ 与 $6x-2y-1=0$ 是同一个圆的两条切线,则该圆的面积为_____.

检测点:运用平行线间的距离公式求距离.

检测 4:若 $x+y+1=0$,则 $\sqrt{(x-1)^2+(y-1)^2}$ 的最小值为_____.

检测点:理解曲线的几何意义,运用点到直线的距离的概念.

参考答案

检测 **1**:3 或 -1. 检测 **2**:1. 检测 **3**:$\dfrac{81}{160}\pi$. 检测 **4**:$\dfrac{3\sqrt{2}}{2}$.

(上海市浦东复旦附中分校 李志)

1.4 圆的标准方程

教学分析

1. 学科分支思想

解析几何思想:用代数方法研究几何问题

2. 单元主题划分

单元主题:圆的方程

单元划分:圆的标准方程(1 课时,时长为 40 min)

3. 教学主线分析

定义—集合表示—建系—坐标表示—代数运算—几何性质

4. 知识内容结构

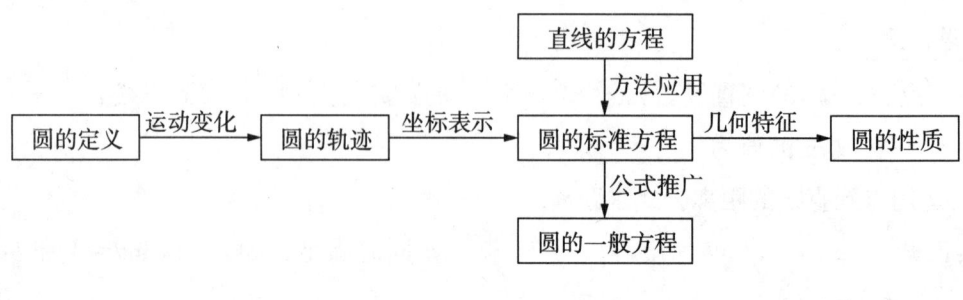

5. 核心问题思考

核心问题：如何用代数方法研究圆的性质？

问题1：圆的标准方程是什么？

问题2：圆的标准方程是如何得到的？

问题3：为何要研究圆的标准方程，它对圆的性质研究起到怎样的作用？

6. 学生特征分析

（1）圆是学生比较熟悉的曲线，生活中有较广泛的应用；学生在初中阶段对圆的几何结构及性质有了较全面的学习，认识较深刻；学生在高中阶段已经学习直线方程，对直线方程的研究路径基本了解．

（2）学生对曲线与方程一一对应的理解较模糊，在研究圆的相关问题时，习惯从圆的几何性质定理出发，不习惯从方程角度看待圆及圆的问题．

7. 教学目标确定

（1）在日常生活的情境和圆的方程中，准确识别圆的几何要素．

（2）借助平面直角坐标系，正确推导并理解圆的标准方程．

（3）通过圆方程求解的例子，充分掌握圆方程的求解方法．

（4）在实际应用中，灵活运用圆的方程解决实际问题，逐步培养用代数方法解决几何问题的能力．

（5）经历由圆的定义建立圆的代数表示、由圆的方程解决圆的问题的过程，初步掌握研究曲线的解析几何方法，体验几何与代数的内在统一．

8. 数学课程类型

数学概念课

教学环节1 概念建构阶段——创设情境、复习引入、概念形成

教学问题1 圆的代数形式表达是什么？如何在坐标平面上表示圆？

①创设情境

情境 回忆直线和直线方程的研究方法——解析法，是否也可以用解析法研究圆的方程，并进一步通过圆的方程研究圆的性质？

②复习引入

活动 如何用一根细绳画出一个圆？

问题1 能给圆下个定义吗？能把定义翻译成数学语言吗？

设计意图:启发学生由图形获取圆的直观认识,界定本节课所研究对象及其定义.

〈3〉概念形成

问题2 进一步,能在平面直角坐标系中用代数形式表示圆吗?

问题3 已知定点$C(a,b)$,对于$P(x,y)$,若$|PC|=r(r>0)$,则$(x-a)^2+(y-b)^2=r^2$是圆C的方程吗?怎么证明?圆心在坐标原点的圆的方程又是怎样的?

如图 1.4-1 所示,我们来考查这个圆上的动点$P(x,y)$的坐标所满足的方程.因为$|PC|=r$,即$\sqrt{(x-a)^2+(y-b)^2}=r$,两边平方后得$(x-a)^2+(y-b)^2=r^2$ ①,所以圆上任意一点$P(x,y)$的坐标都满足①.反之,若平面上有一点$M(x_1,y_1)$是①的解,则$(x_1-a)^2+(y_1-b)^2=r^2$,即$|MC|^2=r^2$,可得$|MC|=r$,故点$M(x_1,y_1)$在以点C为圆心,r为半径的圆上.

因此,①是圆C的方程,我们把它叫做圆的标准方程.

特别地,当$a=b=0$时,即圆心在原点$O(0,0)$时,圆的标准方程为

$$x^2+y^2=r^2.$$

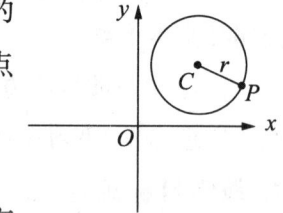

图 1.4-1

设计意图:通过类比直线方程的建立过程,得到圆的标准方程.在方程的推导过程中,曲线方程的研究路线得到复习与实践,再次体会用方程表示曲线、用方程研究曲线的解析几何思想.

▶教学环节2 概念理解阶段——概念剖析、概念明晰、概念完善

▶教学问题2 圆的方程的结构特征是怎样的?

〈1〉概念剖析

圆的标准方程		$(x-a)^2+(y-b)^2=r^2(r>0)$
代数特征	参数	a,b,r
	结构特征	二元二次方程,x与y的系数都为1;左边是完全平方和,右边是r^2
几何要素 (不变关系)	圆心坐标	(a,b)
	半径	r
	距离	圆上动点(x,y)到圆心(a,b)的距离的平方等于r^2

〈2〉概念明晰

例题1 分别根据下列条件,求圆的方程:

(1) 圆心在$(1,2)$,半径为 3;

(2) 经过点(1,2),圆心在(4,-3);

(3) 已知$A(3,4),B(-5,6)$,以AB为直径.

解析 (1) 利用圆的标准方程公式,所求圆的方程为$(x-1)^2+(y-2)^2=9$.

(2) 由题意可得,圆的半径$r=\sqrt{(1-4)^2+(2+3)^2}=\sqrt{34}$,因此所求圆的方程为$(x-4)^2+(y+3)^2=34$.

(3) 由题意可得,圆心为线段AB的中点$(-1,5)$,半径为线段AB长度的一半,即$r=\frac{1}{2}\sqrt{(3+5)^2+(4-6)^2}=\sqrt{17}$,因此所求圆的方程为$(x+1)^2+(y-5)^2=17$.

例题 2 根据下列圆的方程,分别写出圆心坐标和半径:

(1) $(x-2)^2+(y+3)^2=5$;(2) $x^2+4x+y^2=5$.

解析 (1) 圆心坐标为$(2,-3)$,半径为$\sqrt{5}$.

(2) 根据题意,将该方程转化为圆的标准方程,即$(x+2)^2+y^2=9$,因此该圆的圆心坐标为$(-2,0)$,半径为3.

设计意图:通过已知圆的几何要素求圆的方程、已知圆的方程找圆的几何要素的例题训练,进一步理解圆与圆的方程的一一对应,明晰圆方程中的几何元素.

3 概念完善

例题 3 写出圆心坐标为$A(2,-3)$、半径等于5的圆的标准方程,并判断点$M_1(5,-7)$与$M_2(-\sqrt{5},-1)$是否在这个圆上;若不在圆上,则指出该点在圆内还是圆外.

解析 由题意可得,圆的标准方程为$(x-2)^2+(y+3)^2=25$.

因为$|M_1A|=\sqrt{(5-2)^2+(-7+3)^2}=5$,由圆的定义,可得点$M_1$在圆上.

因为$|M_2A|=\sqrt{(-\sqrt{5}-2)^2+(-1+3)^2}=\sqrt{13+4\sqrt{5}}<5$,由圆的定义,可得点$M_2$在圆内.

设计意图:通过对圆的标准方程的求解,以及点与圆的位置关系的判断,进一步完善对圆的方程的理解.同时,进一步追问并发现点与圆的不同位置关系对应的代数表示,推广几何图形位置关系与代数方程不等式的一一对应.

已知点$P(x_1,y_1)$与圆$O:(x-a)^2+(y-b)^2=r^2$,两者的位置关系如下表所示.

元素	点与圆		
图像			

续表

元素		点与圆		
位置关系		点 P 在圆内	点 P 在圆上	点 P 在圆外
判定方法	几何	$|OP|<r$	$|OP|=r$	$|OP|>r$
	代数	$(x_1-a)^2+(y_1-b)^2<r^2$	$(x_1-a)^2+(y_1-b)^2=r^2$	$(x_1-a)^2+(y_1-b)^2>r^2$

例题 4 已知圆的圆心坐标为 $C(2,-1)$，且被直线 $l: x-y-1=0$ 截得的弦长为 $2\sqrt{2}$，求圆的方程.

解析 设圆的方程为 $(x-2)^2+(y+1)^2=r^2$.

如图 1.4-2 所示，过点 C 作 $CD \perp AB$，连接 AC，显然 $r=|AC|$.

由点到直线距离公式，可得 $|CD|=\sqrt{2}$.

故 $|AC|=\sqrt{|AD|^2+|CD|^2}=2$. 因此，圆的方程为 $(x-2)^2+(y+1)^2=4$.

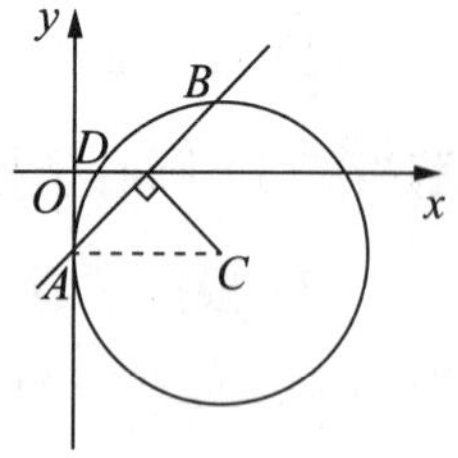

图 1.4-2

设计意图：通过具体例题，发现圆的方程求解的基本方法——待定系数法.

▷ **教学环节 3** 概念应用阶段——实际应用、总结联系

▷ **教学问题 3** 圆的标准方程如何应用？

① 实际应用

例题 5 造船时，为了船体放样，要画出甲板圆弧线. 由于这条圆弧线的半径很大，无法直接在钢板上用圆规画出，需要先建立这条圆弧线的方程，再用描点法画出圆弧线. 如图，已知圆弧 AB 的半径 r 为 29 m，圆弧 AB 所对的弦长 l 为 12 m，以米为单位，建立适当的平面直角坐标系，并求圆弧 AB 的方程.（结果精确到 0.01 m）

解析 如图 1.4-3 所示，以弦 AB 所在直线为 x 轴（射线 AB 方向为 x 轴正方向）、弦 AB 的垂直平分线为 y 轴，建立平面直角坐标系. 由题意可知，弦的端点坐标分别为 $A(-6,0), B(6,0)$.

设圆弧的圆心为 C，连接 AC 与 BC，则 $|AO|=\dfrac{1}{2}|AB|=6(\text{m})$，

$|AC|=r=29(\text{m})$，从而 $|OC|=\sqrt{|AC|^2-|AO|^2}=\sqrt{29^2-6^2}\approx 28.37(\text{m})$，

故圆心坐标为 $C(0,-28.37)$.

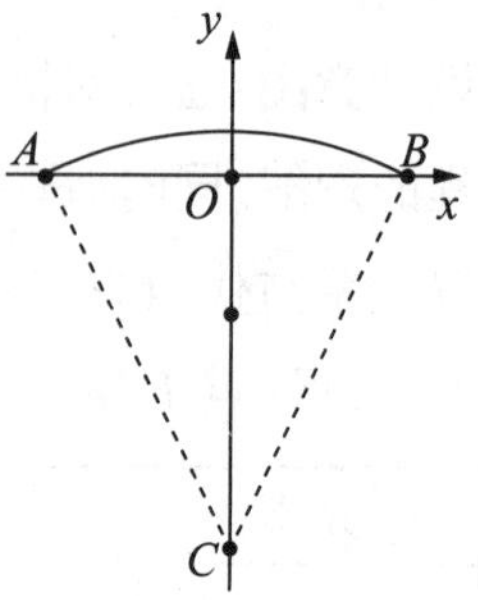

图 1.4-3

因此，圆弧 AB 的方程为 $x^2+(y+28.37)^2=841(-6\leqslant x\leqslant 6, y\geqslant 0)$.

设计意图：通过实际问题，发现问题关键是解决圆的问题，引导学生学会用解析法处理几何问题的基本思路，培养用代数方法解决几何问题的能力.

② 总结联系

知识维度	圆的定义(几何)—圆的标准方程(代数)—圆的性质(几何)
方法维度	圆的标准方法求解:(1) 几何法(定义法);(2) 代数法(待定系数法) 曲线方程的求解路径:(1) 建系;(2) 设点;(3) 列式;(4) 化简;(5) 检验
思想维度	变量特征:坐标系的建立,将圆与二元二次方程一一对应,实现曲线由静态的几何结构转化为动态的点的运动轨迹的变化 方程思想:用解析法开展研究,为几何问题开辟了新的解决道路,提供了一种解决一般问题的方法 统一观点:代数与几何相统一,揭示数学内在的统一性

① 核心特色

本教学设计围绕"如何用代数方法研究圆的性质"这一核心问题逐层展开,从圆的几何定义出发,通过类比直线方程的建立过程,建立圆的代数表示——圆的标准方程,并用圆的标准方程解决圆的相关问题,让学生深刻体会圆与圆的方程的一一对应关系.在具体的推导和实践中,进一步感受"坐标"的引入,便可将几何问题归结为代数问题来解决,反过来又可通过代数问题的研究得到新的几何结果的解析几何思路,从而明确解析几何的本质,感悟代数与几何相统一,发现数学内在的统一性.

② 难点突破

学生对曲线与方程的一一对应的理解无疑是本节课的教学难点,对建立"将几何问题转化为代数问题,并用代数方法来研究几何问题"的方式是不习惯的.本教学设计通过类比直线方程的建立过程,将圆的方程的建立过程自然过渡,通过圆的方程和推导、实践,归纳曲线方程建立的一般步骤,使学生对曲线方程求解的一般方法的理解得到夯实.此外,本教学设计通过点与圆的位置关系的判断,辨析完善几何直观与代数表达的一一对应;通过圆方程的例题求解,认识圆方程求解的代数与几何两种不同方法,再次体现方程的几何与代数的两重性;通过圆方程在实际问题中的应用,引导学生学会用解析法处理几何问题的基本思路,培养用代数方法解决几何问题的能力.

③ 效果检测

检测 1:圆心坐标为(1,-1)且半径为 2 的圆的方程是(   ).

  A. $(x-1)^2+(y+1)^2=2$ B. $(x+1)^2+(y-1)^2=2$

  C. $(x-1)^2+(y+1)^2=4$ D. $(x+1)^2+(y-1)^2=4$

检测点:在圆的方程中识别圆的几何特征.

检测 2：求以 $A(2,-3),B(-2,-5)$ 为直径的圆的方程.

检测点：圆的方程的求解——几何法.

检测 3：设平面上有一条长度为 4 的线段 AB，试建立适当的平面直角坐标系，求到线段 AB 两端点的距离的平方和为 16 的点的轨迹方程.

检测点：曲线轨迹方程的求解.

检测 4：圆拱桥的一孔圆拱如图 1.4-4 所示，该圆拱的跨度 $AB=20$ m，拱高 $OP=4$ m，在建造时每隔 4 m 需用一根支柱支撑，求支柱 A_2B_2 的高度.（结果精确到 0.01 m）

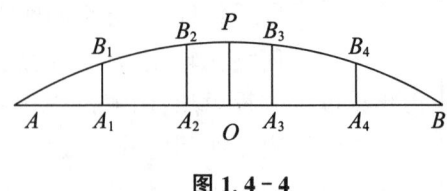

图 1.4-4

检测点：用圆的标准方程求解实际问题——解析法.

参考答案

检测 1：C. **检测 2**：$x^2+(y+4)^2=5$. **检测 3**：$x^2+y^2=4$. **检测 4**：3.86 m.

（上海市进才中学　孙冬梅）

1.5 直线与圆的位置关系

教学分析

1. 学科分支思想

解析几何思想：用代数方法研究几何问题

2. 单元主题划分

单元主题：直线与圆、圆与圆的位置关系

单元划分：直线与圆的位置关系（1 课时，时长为 40 min）

3. 教学主线设计

定义—表示—建系—坐标表示—代数运算—几何性质

4. 知识内容结构

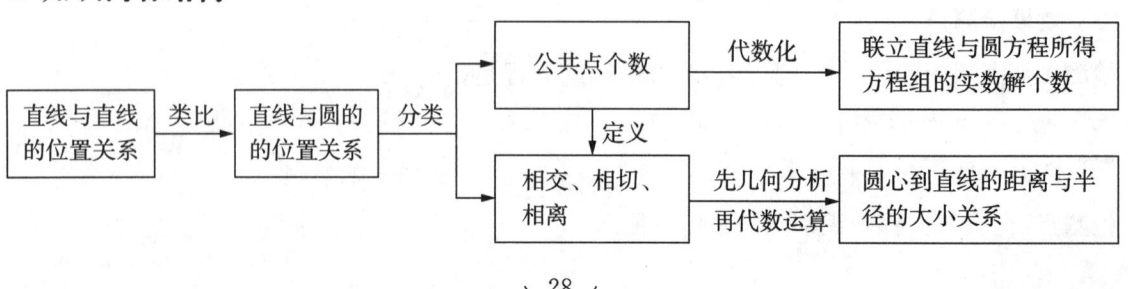

5. 核心问题思考

核心问题:如何借助方程研究直线与圆的相关问题?

问题1:为什么需要定量计算判断直线与圆的位置关系?

问题2:如何用代数方法判断直线与圆的位置关系?

问题3:怎样用代数方法研究直线与圆的有关问题?

6. 学生特征分析

(1) 学生在初中阶段已经学习直线与圆的位置关系,会通过比较圆心到直线的距离与圆半径的大小来判断直线与圆的位置关系,会解一元二次方程、二元二次方程组,能用判别式判断一元二次方程的根的个数.进入高中后,学生已经学习如何在平面直角坐标系中求直线的方程、点到直线的距离及圆的方程.

(2) 学生对直线与圆的位置关系已经有一定的认识,但对这一关系的几何与代数关系的转化还缺乏深入的认识.

7. 教学目标确定

(1) 通过直线与直线位置关系的类比,准确理解直线与圆的方程构成的方程组的解的个数来判断直线与圆的位置关系.

(2) 结合平面几何知识及直线与圆的方程,熟练掌握用圆心到直线的距离与圆的半径之间的大小关系来判断直线与圆的位置关系的方法.

(3) 在直线与圆相交时,利用方程求弦长,体会代数运算解决几何问题的方法.

(4) 在解决直线与圆有关的位置关系、弦长计算等问题的过程中,体会代数运算与几何性质的关系,培养数学运算、直观想象素养.

8. 数学课程类型

数学关系课

教学设计

教学环节1 关系引入阶段——构建情境、设置冲突、探求新知

教学问题1 为什么需要定量计算判断直线与圆的位置关系?

① 构建情境

情境 一艘轮船在沿直线返回港口的途中,接到气象台的台风预报——台风中心位于轮船正西 46 km 处,受影响的范围是半径为 30 km 的圆形区域.已知港口位于台风中心正北 40 km 处,如果这艘轮船不改变航线,那么它是否会受到台风的影响?

问题1 这一情境中有哪些数学对象?如何从数学的角度考虑这个情境中提出的问题?

说明:可以引导学生寻找出此问题中的数学对象,例如:港口、台风中心是定点;行驶的轮船是

动点;轮船的航线是直线;台风所影响的区域是圆;数据 46 km、30 km、40 km,实际上就是距离——线段的长度;判断轮船是否会受到台风的影响,可以借助直线与圆的位置关系来判断,相交或相切时会受到影响,相离时不会受到影响.这些都是数学中的几何问题.

几何化:将实际问题转化成数学中的几何问题.

设计意图:能够在实际情境中挖掘数学问题,并用数学语言来表述问题.

> **问题 2** 回忆一下初中时怎样定义的直线与圆的位置关系?

判断方法	直线与圆的位置关系		
	相交	相切	相离
公共点个数	2	1	0
直观图像			
弦心距与圆半径的大小关系	$d<r$	$d=r$	$d>r$

设计意图:复习巩固,为后续学习做好知识准备.

②设置冲突

> **问题 3** 根据情境给出的已经条件画出的图形,可以看出直线与圆的位置关系吗?

说明:原问题对数据进行了有意识的设置,使得在 PPT 上呈现的图像中,直线(轮船的航线)与圆(台风影响的区域)从直观感受上几乎是相切的.但实际上是相离的,从而引发学生思考,必须通过定量计算准确地判断直线与圆的位置关系.

直观化:通过画出直线与圆的图形,观察得到直线与圆的位置关系.

设计意图:体现代数运算的意义.

③探求新知

> **问题 4** 如何通过计算得到情境中直线与圆的位置关系?

分析:[方法1]先计算点 C 到直线 AB 的距离为 $d=\dfrac{|AC|\cdot|BC|}{|AB|}$,然后比较 d 与 r 的大小,进而判断直线与圆的位置关系.

[方法2]以圆心 C 为原点,分别以正北方向为 y 轴的正方向、正东方向为 x 轴的正方向建立平面直角坐标系,以 1 km 为单位长度,如图 1.5-1 所示,则 $A(46,0)$,$B(0,40)$,$C(0,0)$.

直线 AB 的方程为 $y=-\dfrac{20}{23}x+40$,圆 C 的方程为 $x^2+y^2=900$.

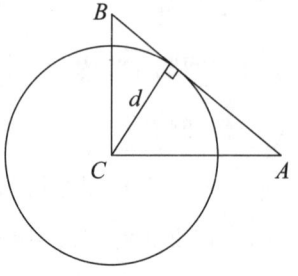

图 1.5-1

先借助点到直线的距离公式可以计算出点 C 到直线 AB 的距离,再与圆的半径比较大小,进而判断直线与圆的位置关系.

说明:在课堂上对此问题不具体计算,只展示解题思路.

坐标化:通过建立平面直角坐标系,写出点的坐标、直线的方程、圆的方程等,将几何对象代数化、几何问题代数化.

设计意图:情境问题的解答说明定量计算在准确判断直线与圆的位置关系中的作用.

▶**教学环节 2**◀ 关系分析阶段——解法分析、比较分析、总结分析

▶**教学问题 2**◀ 如何用代数方法判断直线与圆的位置关系?

⟨1⟩ 解法分析

例题 1 已知直线 $l:3x+y-6=0$ 和圆 $C:x^2+y^2-2y-4=0$,判断直线 l 与圆 C 的位置关系. 如果相交,求交点弦长.

解析 [方法 1] 圆的标准方程为 $x^2+(y-1)^2=5$,圆心坐标是 $(0,1)$,半径 $r=\sqrt{5}$,所以圆心到直线的距离,即弦心距 $d=\dfrac{5}{\sqrt{10}}<r$,因此直线 l 与圆 C 是相交的.

如图 1.5-2 所示,$|AB|=2\sqrt{r^2-d^2}=\sqrt{10}$.

[方法 2] 联立直线与圆的方程,解得 $\begin{cases}x=2,\\y=0,\end{cases}$ 或 $\begin{cases}x=1,\\y=3,\end{cases}$ 所以交点坐标为 $(2,0),(1,3)$,因此直线 l 与圆 C 是相交的,弦长为 $\sqrt{10}$.

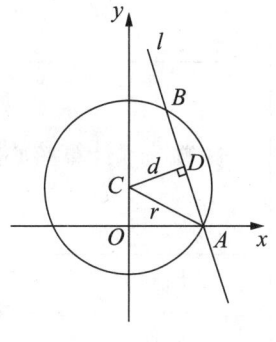

图 1.5-2

设计意图:给出两种判断直线与圆的位置关系的方法.求弦长的问题是对所研究问题的推广,在平面直角坐标系中,用代数的方法不仅可以判断直线与圆的位置关系,还可以解决更多的几何问题.

问题 5 在方法 2 中,联立直线与圆的方程以后,不解方程组,可以判断直线与圆的位置关系吗?

分析:只需求 $x^2-3x+2=0$ 的判别式 Δ,并与 0 比较大小,即可得到方程组的解的个数.

⟨2⟩ 比较分析

活动 请同学相互讨论交流,对例题 1 的两种解法进行比较分析. 可以从分析角度、计算量、直观性、个性化和一般化这几个角度来分析.

	方法 1	方法 2
共同点	都需进行代数运算	
	计算量相当	

续表

	方法1	方法2
不同点	直观	不直观
	需同时进行几何分析和代数运算	只需代数运算
	需结合圆的特殊几何性质,不能推广	只需要结合方程进行代数运算,可以推广

设计意图:分析两种解法的特点,可以让学生理解圆的特殊几何特征带来了个性化解法,了解圆的方程形式的推广(圆锥曲线方程),可得到更加一般化的解法.

③ 总结分析

问题6 一般地,如何利用方程判断直线与圆的位置关系?

方程	直线$l:Ax+By+C=0(A^2+B^2\neq 0)$ 圆$M:(x-a)^2+(y-b)^2=r^2(r>0)$	直线$l:Ax+By+C=0(A^2+B^2\neq 0)$ 圆$N:x^2+y^2+Dx+Ey+F=0$ $(D^2+E^2-4F>0)$
计算	计算弦心距$d=\dfrac{|Aa+Bb+C|}{\sqrt{A^2+B^2}}$	联立$\begin{cases}Ax+By+C=0,\\ x^2+y^2+Dx+Ey+F=0,\end{cases}$消去$x$(或$y$)得到关于$y$(或$x$)的一元二次方程,计算判别式$\Delta$
位置关系 相交	$d<r$	$\Delta>0$
相切	$d=r$	$\Delta=0$
相离	$d>r$	$\Delta<0$

设计意图:对判断直线与圆的位置关系的代数方法进行总结.

教学环节3 关系应用阶段——巩固练习、拓展延伸、总结升华

教学问题3 如何用方程解决直线与圆有关的问题?

① 巩固练习

例题2 过点$P(2,1)$作圆$x^2+y^2=1$的切线,求切线l的方程.

解析 当切线l的斜率不存在时,不合题意,舍去.

当切线l的斜率存在时,设直线l的方程为$y-1=k(x-2)$,则弦心距$d=\dfrac{|-2k+1|}{\sqrt{k^2+1}}=1$,解得$k=0$或$\dfrac{4}{3}$,所以切线$l$的方程为$y-1=0$或$4x-3y-5=0$.

思考

例题2还有其他解法吗?请独立完成.

设计意图:巩固判断直线与圆的位置关系的判定方法.

例题 3 已知过点 $M(-3,-3)$ 的直线 l 被圆 $x^2+y^2+4y-21=0$ 所截得的弦长为 $4\sqrt{5}$，求直线 l 的方程．

解析 [方法 1]圆的标准方程为 $x^2+(y+2)^2=25$，圆心坐标是 $(0,-2)$，半径 $r=5$．

如图 1.5-3 所示，因为直线 l 被圆所截得的弦长为 $4\sqrt{5}$，所以弦心距为 $\sqrt{5^2-\left(\dfrac{4\sqrt{5}}{2}\right)^2}=\sqrt{5}$，即圆心到所求直线 l 的距离为 $\sqrt{5}$．

当直线 l 的斜率不存在时，不合题意，舍去．

当直线 l 的斜率存在时，设直线 l 的方程为 $y+3=k(x+3)$，则圆心到直线的距离为 $d=\dfrac{|2+3k-3|}{\sqrt{k^2+1}}=\sqrt{5}$，解得 $k=-\dfrac{1}{2}$ 或 $k=2$，所以直线的方程为 $x+2y+9=0$ 或 $2x-y+3=0$．

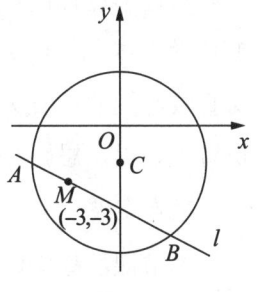

图 1.5-3

[方法 2]参考例题 1 的方法 2，先设出直线 l 的斜率 k，表示出直线 l 的方程，再用 k 表示出两个公共点坐标，最后用两点间的距离公式来表示弦长．但此方法计算量过大，课堂上可以只提出思路．

设计意图：体验先求交点坐标再求弦长的烦琐运算过程，进一步巩固如何利用弦心距、圆半径、弦长之半满足的勾股定理解决直线与圆相交的有关问题．

2 拓展延伸

问题 7 例题 3 的方法 2 是否能够简化？

分析：可提示学生借助两公共点的横坐标 x_1,x_2 及直线斜率 k 表示出弦长为 $\sqrt{(k^2+1)(x_1-x_2)^2}$，此结论需要学生课后进行思考并推导．

设计意图：弦长表达式 $\sqrt{(k^2+1)(x_1-x_2)^2}$ 不是本节课的教学重点，但此内容是对例题 1 的方法 2 的延续，更是对一般化解题方法的探寻，对后续椭圆、双曲线、抛物线等其他曲线的研究也可以采用类似的研究方法，该方法可作为学生的课后思考内容．

3 总结升华

知识维度	判断直线与圆的位置关系
方法维度	用弦心距与圆的半径之间的大小关系来判断直线与圆的位置关系(几何分析、代数运算并存)；联立直线与圆的方程构成方程组，用方程组的解的个数来判断直线与圆的位置关系(代数运算)；这两类方法同样适用于研究其他的几何问题
思想维度	借助坐标系，很多的几何问题就可以用代数方法进行研究

教学评价

① 核心特色

本教学设计注重把握知识整体的特点,不局限于讲解直线与圆的位置关系,而是希望能够让学生体会坐标法的作用. 台风情境中数据的特殊设置能够更好地引出代数运算的思想. 对直线与圆的位置关系的初中定义和判定方法重新进行解析、诠释,并为后续学习圆与圆的位置关系提供思路和方法,起到了承上启下的作用.

② 难点突破

本节课的教学内容是直线与圆的位置关系,但建立平面直角坐标系的目的是用代数的方法解决几何问题,而几何问题不仅仅局限于直线与圆的位置关系,还有很多的几何问题,如在直线与圆相交时,可以研究公共点、弦长、弧长、圆心角、面积、周长等几何问题,此处的弦长问题就是例题 3 所研究的问题. 这样的方式使得本节课的代数方法更具有一般性,体现了解析几何的本质.

③ 效果检测

检测 1:直线与圆联立所得的方程组有实数解是直线与圆相交的(　　)条件.

  A. 充分非必要　　　B. 必要非充分　　　C. 充要　　　D. 非充分非必要

检测点:用直线与圆的方程构成的方程组的解的个数来判断直线与圆的位置关系.

检测 2:已知圆 C 的方程是 $x^2+y^2=9$. 当 b 为何值时,直线 $l:2x-y+b=0$ 与圆 C(1)相交、(2)相切、(3)相离?

检测点:直线与圆的位置关系的代数转换方法.

检测 3:已知直线 l 经过点 $P(6,-4)$ 且被圆 $x^2+y^2=20$ 截得长为 $6\sqrt{2}$ 的弦,求直线 l 的方程.

检测点:直线与圆相交时的弦长.

参考答案

检测 1:B.

检测 2:(1) $-3\sqrt{5}<b<3\sqrt{5}$. (2) $b=\pm3\sqrt{5}$. (3) $b<-3\sqrt{5}$ 或 $b>3\sqrt{5}$.

检测 3:$x+y-2=0$ 或 $7x+17y+26=0$.

(上海市建平中学　姚雪)

第二章　圆锥曲线的方程

本章导读

一、知识导读

①**知识起点**。

在"直线和圆的方程"这一章中，我们已经通过坐标法研究了直线与圆，初步经历和体验了研究几何的坐标法．本章将继续运用坐标法对圆锥曲线及其性质进行研究，并运用这些性质解决一些实际问题．

②**知识核心**。

圆锥曲线是解析几何的核心内容，而数形结合思想和坐标法是圆锥曲线中的核心思想与方法．对每种圆锥曲线的研究都按照"曲线的几何特征—曲线的标准方程—通过方程研究曲线性质—应用"的过程展开，理解通过方程研究性质的合理性，使数形结合思想融入其中．

③**知识系统**。

通过行星运行轨道、抛物运动轨迹等了解圆锥曲线的背景及应用，在平面直角坐标系中认识椭圆、双曲线、抛物线的几何特征，建立它们的标准方程，运用代数方法进一步认识圆锥曲线的性质及它们的位置关系．运用平面解析几何方法，解决简单的数学问题和实际问题，感悟平面解析几何中蕴含的数学思想．

④**知识背景**。

圆锥曲线与科学、生活密切相关．传说早在古希腊时期，阿基米德为了保卫祖国，利用抛物线的光学性质制作火镜，反射并聚焦太阳光到敌方舰船，使敌方舰船着火，这说明人类在古希腊时期就已经发现了抛物线的光学性质．德国天文学家开普勒发现许多天体的运行轨道是椭圆，意大利物理学家伽利略发现物体斜抛运动的轨迹是抛物线．

⑤**知识应用**。

圆锥曲线与立体几何联系密切．此外，在坐标系的适当变换下，圆锥曲线与函数有一定的联系，例如反比例函数的图像是双曲线，而二次函数的图像是抛物线等．

⑥**知识外部联系**。

圆锥曲线是生活中常用的曲线，在航天、航海、光学等领域都有广泛的应用，例如行星绕太阳运行的轨道是椭圆、发电厂冷却塔的外形线是双曲线、探照灯反射镜面及卫星接收天线是由抛物线绕其对称轴旋转所成的抛物面.

二、主题及其课时划分

主题	课时划分
特殊的曲线:椭圆	标准方程:椭圆的标准方程(1课时) 性质:椭圆的性质(2课时)
特殊的曲线:双曲线	标准方程:双曲线的标准方程(1课时) 性质:双曲线的性质(2课时)
特殊的曲线:抛物线	标准方程:抛物线的标准方程(1课时) 性质:抛物线的性质(2课时)
一般的曲线:曲线与方程	一般概念:曲线方程的概念(1课时) 特殊方程:参数方程(1课时)

三、知识内容结构

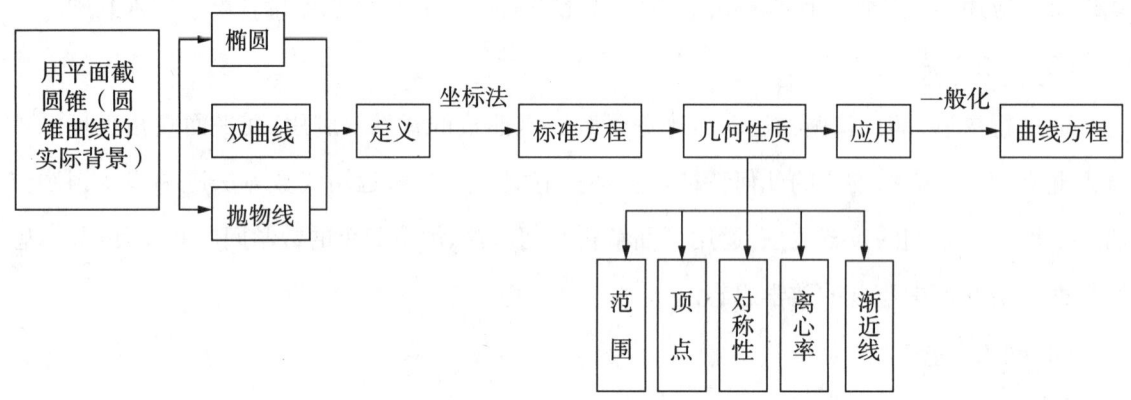

四、教学设计案例

本章将针对"椭圆的标准方程""双曲线的性质""抛物线的标准方程""曲线方程的概念""参数方程"这五个重点课时的内容进行教学设计的案例建构.

1. 学科分支思想

解析几何:用解析法研究几何问题

2. 单元主题划分

单元主题:椭圆

单元划分:椭圆的标准方程(1课时,时长为 40 min)

3. 教学主线分析

情境—定义—集合表示—建系—方程—代数运算

4. 知识内容结构

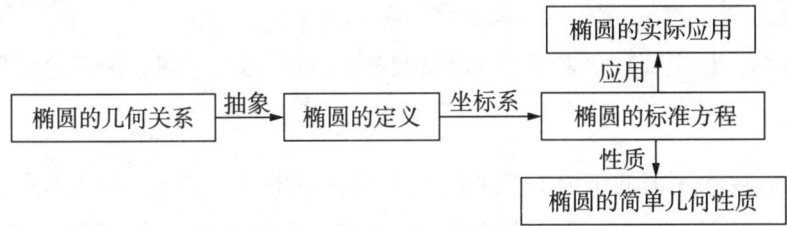

5. 核心问题思考

核心问题:如何用解析法研究椭圆?

问题1:什么是椭圆?

问题2:怎样用椭圆的标准方程研究椭圆?

问题3:椭圆的定义及标准方程有什么用?

6. 学生特征分析

(1)学生有通过坐标建立直线和圆方程的经历;学生学习了曲线与方程的概念,熟悉了求曲线方程的基本步骤,初步认识了解析几何的特征就是用代数方法研究几何问题,并且体验过数形结合的思想;学生有动手实践和探究的兴趣,也有一定的观察分析和推理论证的能力.

(2)学生将生活中对椭圆的认识与椭圆的定义联系起来的抽象能力欠缺,选择合适的建系方法有待训练,含有两个根式的无理方程的运算与化简的能力比较薄弱.

7. 教学目标确定

(1)通过对实际情境的观察和动手操作画椭圆的过程,抽象出椭圆的定义.

(2)基于椭圆的定义,知道椭圆的标准方程,并理解标准方程中字母的意义.

(3) 类比建立圆的标准方程的方法，选择恰当的直角坐标系建立椭圆的标准方程，并用其标准方程求解简单的问题.

(4) 经历推导椭圆的标准方程的过程，促进形成研究氛围和合作意识，培养数学运算和逻辑推理的素养，体会数学的对称美、简洁美、和谐美.

8. 数学课程类型

数学概念课

教学环节1 概念建构阶段——情境引入、共性比较、抽象概括

教学问题1 什么是椭圆？

①情境引入

情境 观察生活中的图形：(1) 斜射平行光线下球的影子的边界；(2) 倾斜的玻璃杯中水面的边界；(3) 人造地球卫星的运行轨道；(4) 圆锥被平面截得的图形边界. 这些图形是什么形状？

设计意图：引导学生认识到数学来源于生活又服务于生活，以及学习新知识的必要性.

②共性比较

实验 将一条长度为定值的细绳的2个端点固定在纸的2个点处，这2个点之间的距离小于细绳的长度，套上铅笔，拉紧绳子，移动笔尖，观察画出的轨迹是什么图形.

学生通过与同桌互助在纸上画图，有的同学画出的图形有扁圆程度不一的椭圆、圆和线段，也有的同学画不出图形. 实验结束后，教师用几何画板动态演示各种图形结果.

问题1 根据同学们的亲手实验，你能发现椭圆上的点满足什么几何特征吗？

设计意图：借助学生实验和信息技术，引领学生思考、探究椭圆的几何特征，并以活动为载体，让学生在"做中学"，为学生自己定义椭圆做好充分的准备.

③抽象概括

问题2 你能抽象概括一下椭圆的定义吗？

追问1 涉及几个点之间的关系？

追问2 哪些是变化关系？哪些是不变关系？

追问3 限定条件是什么？

平面上到两定点 F_1，F_2 距离之和等于一个确定常数 $2a$（$2a > |F_1F_2|$）的点 P 的轨迹叫做椭圆. 定点 F_1，F_2 都叫做椭圆的焦点，两定点 F_1，F_2 之间的距离叫做椭圆的焦距.

设计意图：从具体到抽象，培养学生的数学抽象素养．

教学环节 2　概念理解阶段——概念剖析、概念精致、概念辨析

教学问题 2　如何理解椭圆的定义？

① 概念剖析

问题 3　你能用集合语言表示椭圆吗？

追问 1　用集合的哪种表示方法比较恰当？

追问 2　集合中的元素是什么？

追问 3　元素满足什么性质？

设计意图：用集合语言对椭圆进行准确、简洁的表示，让学生认识到椭圆是满足某种不定关系的动点的集合．

② 概念精致

问题 4　在椭圆的定义中，两定点 F_1,F_2 不可重合，且定常数 $2a$ 必须满足条件 $2a>|F_1F_2|$．当两定点 F_1,F_2 重合时，动点的轨迹是什么？当两定点 F_1,F_2 不重合时，若 $2a=|F_1F_2|$ 或 $2a<|F_1F_2|$，则此时动点的轨迹又是什么？

设计意图：结合之前的画图实验对椭圆定义中的"$2a>|F_1F_2|$"进行加深理解．

③ 概念辨析

例题 1　利用定义判断下列动点 M 的轨迹是否是椭圆：

(1) 到点 $F_1(-2,0),F_2(2,0)$ 的距离之和为 6 的点 M 的轨迹；

(2) 到点 $F_1(-2,0),F_2(2,0)$ 的距离之和为 4 的点 M 的轨迹；

(3) 到点 $F_1(-2,0),F_2(2,0)$ 的距离之和为 3 的点 M 的轨迹．

解析　由椭圆的定义可知，(1) 是椭圆，(2) 和 (3) 都不是椭圆．

设计意图：帮助学生理解椭圆的定义的内涵，同时对学生的学习情况及时做出评价．

教学环节 3　概念解析阶段——恰当建系、方程推导、结构分析

教学问题 3　如何在坐标系下研究椭圆？

① 恰当建系

问题 5　前面所学求曲线方程的一般步骤是什么？

问题 6　如图 2.1-1 所示，圆心在原点与不在原点的圆的方程中哪个形式更简单？为什么？

问题 7　类比建立圆的方程的方法，观察椭圆的几何特征，如何建系才能使椭圆方程更简单？

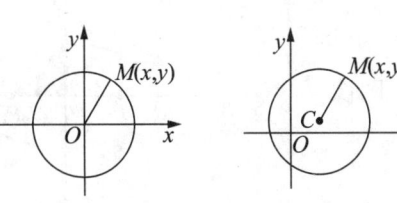

图 2.1-1

学生讨论思考后,一般会有图 2.1-2 所示的三种建系方法.

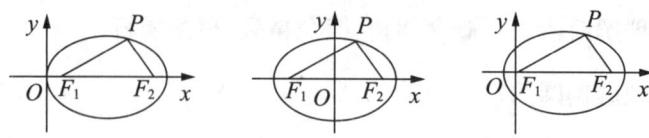

图 2.1-2

通过以往的经验和互相交流,学生一般可以选定以中间的图建立坐标系的方案.

设计意图:引导学生通过复习旧知明确思维的方向,为适当建系以研究椭圆搭桥铺路.

⬢ **2** 方程推导

问题 8 如果我们把椭圆两焦点的坐标记为 $F_1(-c,0)$,$F_2(c,0)$,椭圆上任意一点 P 到焦点的距离之和设为 $2a(a>c>0)$,那么你能写出点 $P(x,y)$ 的轨迹方程吗?

问题 9 你能对方程 $\sqrt{(x+c)^2+y^2}+\sqrt{(x-c)^2+y^2}=2a$ 进行化简吗?

活动 分小组合作完成以上方程的化简,完成后教师投影展示小组结果.(教师预案:①直接平方;②移项平方;③通过共轭无理数对去根号;④联系等差中项)

问题 10 你能对 $(a^2-c^2)x^2+a^2y^2=a^2(a^2-c^2)$ 进行进一步简化处理吗?

问题 11 你能解释方程 $\dfrac{x^2}{a^2}+\dfrac{y^2}{b^2}=1$ 就是以 $F_1(-c,0)$,$F_2(c,0)$ 为焦点的椭圆方程吗?

问题 12 如果焦点 F_1,F_2 在 y 轴上,且 $F_1(0,-c)$,$F_2(0,c)$ 和 a,b 的意义同上,那么椭圆的方程是什么?

方程 $\dfrac{x^2}{a^2}+\dfrac{y^2}{b^2}=1$ 与 $\dfrac{y^2}{a^2}+\dfrac{x^2}{b^2}=1(a>b>0)$ 都叫做椭圆的标准方程.

设计意图:这是本节课的教学难点之一.通过组织小组合作,在此放手让学生自主探究,充分发挥学生学习的主体作用.教师作为引导者对学生在探究过程中出现的障碍适当加以点拨和引导,让学生亲身经历过程的曲折和艰辛,培养学生的逻辑推理、数学运算等核心素养.

问题 13 观察椭圆图像及其标准方程,请填写下列表格.

标准方程	$\dfrac{x^2}{a^2}+\dfrac{y^2}{b^2}=1(a>b>0)$	$\dfrac{y^2}{a^2}+\dfrac{x^2}{b^2}=1(a>b>0)$
图像		
关系	$a^2=b^2+c^2$(见上图中的阴影三角形)	

特征	①平方之和等于1;②分母为正且不等;③分母大者定焦位
统一	$Ax^2+Cy^2=1(A>0,C>0$ 且 $A\neq C)$

设计意图:认识 a,b,c 的几何意义,有利于理解引进 b 的必要性,也有利于学生体会数形结合思想的价值所在. 通过列表对两种方程进行比较,让学生充分认识两种方程的特点,从中找出它们的区别和联系,体会分类思想以提高学生思维的严密性,为后面双曲线、抛物线及其他知识的学习奠定基础.

▶**教学环节 4** 概念应用阶段——巩固应用、提炼升华、总结联系

▶**教学问题 4** 椭圆的定义和标准方程如何应用?

① 巩固应用

例题 2 判定下列椭圆的焦点在哪个坐标轴上,指明 a^2,b^2,c^2 的值,并写出焦点的坐标.

(1) $\dfrac{x^2}{25}+\dfrac{y^2}{16}=1$;　　(2) $\dfrac{x^2}{144}+\dfrac{y^2}{169}=1$;　　(3) $\dfrac{x^2}{m^2}+\dfrac{y^2}{n^2}=1(|m|\neq|n|)$.

解析 (1) 焦点在 x 轴上,$a^2=25,b^2=16,c^2=a^2-b^2=9$,焦点坐标为 $(-3,0)$ 和 $(3,0)$.

(2) 焦点在 y 轴上,$a^2=169,b^2=144,c^2=a^2-b^2=25$,焦点坐标为 $(0,-5)$ 和 $(0,5)$.

(3) 当 $|m|>|n|$ 时,焦点在 x 轴上,$a^2=m^2,b^2=n^2,c^2=m^2-n^2$,焦点坐标为 $(-\sqrt{m^2-n^2},0)$ 和 $(\sqrt{m^2-n^2},0)$;当 $|m|<|n|$ 时,焦点在 y 轴上,$a^2=n^2,b^2=m^2,c^2=n^2-m^2$,焦点坐标为 $(0,-\sqrt{n^2-m^2})$ 和 $(0,\sqrt{n^2-m^2})$.

例题 3 (1) 已知椭圆的焦距是 6,椭圆上的点到两个焦点的距离之和等于 10,求椭圆的标准方程;(2) 求焦点在 x 轴上,焦距为 $2\sqrt{6}$,且过点 $(\sqrt{3},\sqrt{2})$ 的椭圆的标准方程.

解析 (1) 因为 $|F_1F_2|=2c=6,2a=10$,即 $c=3,a=5$,所以 $b^2=a^2-c^2=25-9=16$.

当焦点在 x 轴上时,得椭圆的标准方程为 $\dfrac{x^2}{25}+\dfrac{y^2}{16}=1$.

当焦点在 y 轴上时,得椭圆的标准方程为 $\dfrac{y^2}{25}+\dfrac{x^2}{16}=1$.

因此,椭圆的标准方程为 $\dfrac{x^2}{25}+\dfrac{y^2}{16}=1$ 或 $\dfrac{y^2}{25}+\dfrac{x^2}{16}=1$.

(2) 因为椭圆的焦点在 x 轴上,所以设其方程为 $\dfrac{x^2}{a^2}+\dfrac{y^2}{b^2}=1(a>b>0)$.

由 $2c=2\sqrt{6}$,得 $c=\sqrt{6}$,因此 $a^2=b^2+6$;因为椭圆过点 $(\sqrt{3},\sqrt{2})$,所以 $\dfrac{3}{a^2}+\dfrac{2}{b^2}=1$.

解方程组 $\begin{cases} a^2 = b^2 + 6, \\ \dfrac{3}{a^2} + \dfrac{2}{b^2} = 1, \end{cases}$ 得 $\begin{cases} a^2 = 9, \\ b^2 = 3. \end{cases}$

因此,所求椭圆的标准方程为 $\dfrac{x^2}{9} + \dfrac{y^2}{3} = 1$.

2 提炼升华

问题 14 在化简椭圆方程的过程中,有 $\begin{cases} \sqrt{(x+c)^2 + y^2} = a + \dfrac{c}{a}x, \\ \sqrt{(x-c)^2 + y^2} = a - \dfrac{c}{a}x \end{cases}$ 成立,该式有什么几何意义?你能从函数的观点看待等式右边的式子吗?你能用函数单调性解释椭圆上的点与焦点之间距离的变化情况吗?

设计意图:提炼与升华所学知识.

3 总结联系

知识维度	椭圆的几何特征—椭圆的定义—椭圆的标准方程
方法维度	定义法,待定系数法,坐标法;数学抽象,数学运算,逻辑推理
思想维度	数形结合思想,转化思想,方程思想;数学的对称美、简洁美、和谐美

设计意图:通过对本节内容进行反思、归纳、总结,从而达到深化知识理解、构建知识网络、领悟思想方法的目的.

教学评价

1 核心特色

本教学设计以实例引入,唤起学生对椭圆的感性认识;通过动手实验,发现椭圆的几何特征,并抽象出椭圆的定义;以曲线方程的求法为依托,通过坐标法,建立并化简得到椭圆的标准方程.同时,本教学设计中环环相扣的问题链、数学实验和学生活动充分调动了学生的积极性和求知欲,引发学生对椭圆定义的形成和椭圆标准方程的建立的深层思考,进而促进学生理性思维的发展,进一步提升学生数学抽象、逻辑推理与数学运算的素养.

2 难点突破

学生对椭圆几何特征的发现及对椭圆标准方程的推导是本节课的教学难点.在教学设计中,通过设计实验活动,形象、直观地引导学生发现椭圆的几何特征,并通过类比圆的定义和建立圆的标准方程的方法,从而自然地抽象出椭圆的定义并建立恰当的平面直角坐标系;化简动点满足的代数方程时,设计互动活动,还课堂给学生,提倡对同一问题的"算法多样性",

在分享与交流中让更多学生关注每种算法是"怎样想到的""如何实施""在实施的过程中需注意些什么""不同算法有什么优势与劣势"等问题,既尊重了学生的个性发展,又有助于提升学生独立分析和解决问题并进行严谨的数学表达的能力.

③ 效果检测

检测 1:下列条件中动点 P 的轨迹不是椭圆的为( ).

  A. 点 P 到点 $(-3,0)$ 与 $(3,0)$ 的距离之和为 10

  B. 点 P 到点 $(-4,0)$ 与 $(4,0)$ 的距离之和为 8

  C. 点 P 到点 $(0,-2)$ 与 $(0,2)$ 的距离之和为 12

  D. 点 P 到点 $(0,0)$ 与 $(0,2)$ 的距离之和为 3

检测点:根据椭圆的定义求椭圆的标准方程.

检测 2:分别写出满足下列条件的椭圆的标准方程:

(1) 长轴为 6,其中一个焦点为 $(\sqrt{6},0)$;

(2) 焦点在 y 轴上,焦距为 $2\sqrt{15}$,且经过点 $(0,-4)$;

(3) 焦距为 4,且经过点 $(\sqrt{5},0)$.

检测点:用待定系数法求椭圆的标准方程.

检测 3:已知 $\triangle ABC$ 的周长为 14,BC 边长为 6,则点 A 的轨迹方程可能是( ).

  A. $\dfrac{x^2}{16}+\dfrac{y^2}{9}=1(y\neq 0)$ B. $\dfrac{x^2}{6}+\dfrac{y^2}{8}=1(x\neq 0)$

  C. $\dfrac{x^2}{7}+\dfrac{y^2}{16}=1(x\neq 0)$ D. $\dfrac{x^2}{8}+\dfrac{y^2}{9}=1(x\neq 0)$

检测点:对椭圆及其标准方程的理解以及思维的严谨性.

参考答案

检测 1:B.

检测 2:(1) $\dfrac{x^2}{9}+\dfrac{y^2}{3}=1$.   (2) $\dfrac{y^2}{16}+x^2=1$.   (3) $\dfrac{x^2}{5}+y^2=1$ 或 $\dfrac{y^2}{9}+\dfrac{x^2}{5}=1$.

检测 3:C.

(上海市杨思高级中学　程蕾)

2.2 双曲线的性质

教学分析

1. 学科分支思想

解析几何思想:用代数方法研究几何问题

2. 单元主题划分

单元主题:双曲线

单元划分:双曲线的性质(共2课时,第1课时主要讲解双曲线的性质,第2课时主要讲解双曲线的应用.本教学设计针对第1课时,时长为40 min)

3. 教学主线设计

实验—探究—实证—运用—拓展

4. 知识内容结构

5. 核心问题思考

核心问题:如何用解析法研究双曲线?

问题1:双曲线是怎样的图形?

问题2:如何用方程研究双曲线的性质?

问题3:如何运用双曲线性质解决问题?

6. 学生特征分析

(1)学生在初中阶段知道了双曲线的名称,在分析反比例函数图像时有渐近线的直观认知.

(2)相对于椭圆,双曲线不闭合的图形状态在理解上难度加大,同时对渐近线的相关方程讨论需要极限思想,这将会成为学生理解上的难点.

7. 教学目标确定

（1）类比椭圆性质的探索过程，结合方程准确认识双曲线相关性质.

（2）运用代数方程，结合图形正确理解渐近线的性质，探索过程中体会极限的数学思想，并表述反馈结论的合理性.

（3）运用代数方法，结合图形解释离心率对双曲线的直观描绘，同时类比椭圆，逐步完善统一概念下的圆锥曲线性质.

（4）利用双曲线的性质及已知条件，结合方程和图形完成与双曲线相关的问题研究.

（5）综合运用双曲线性质解决相关问题，理解性质所描述的数学观念及其思维内涵，通过流畅的数学语言表述问题解决过程.

8. 数学课程类型

数学命题课

> **教学环节1** 性质引入阶段——呈现背景、实验观察、归纳猜想

> **教学问题1** 直观认识上双曲线的性质有哪些？

① 呈现背景

情境1 复习双曲线的定义及其标准方程.

情境2 思考研究圆锥曲线——椭圆的过程中的研究路径是什么？

情境3 能否简要叙述初中阶段反比例函数的性质？

设计意图：通过学生已有的知识背景架构新知识体系，从而形成科学探索的基本方法和基本思维.

② 实验观察

利用几何画板展示：先通过无坐标系的双曲线演示图形直观观察得到双曲线的运动轨迹，再显示平面直角坐标系下双曲线的对称性、顶点、范围、离心率及椭圆不具有的无限趋近的直线.

设计意图：使学生体验到代数方式描述几何图形的准确性.

③ 归纳猜想

类比椭圆，可以预判其具有顶点、范围、离心率及对称性的性质. 同时，可以提出问题：双曲线是否具有相同命名的反比例函数图像一样的无限趋近的直线存在？

设计意图：通过直观认知，双曲线具有顶点、范围及离心率的性质，学生可以直接得到，这些都是"定义类"性质，而对称性也可以通过方程类比椭圆验证.

教学环节 2　性质分析阶段——解释验证、推理证明、完善性质

教学问题 2　如何用方程研究双曲线的性质？

1 解释验证

问题 1　怎样通过方程分析并验证曲线关于 x 轴、y 轴或原点对称？

问题 2　什么是顶点？它有什么特征？

问题 3　怎样通过方程说明双曲线在两条平行直线的外侧？

2 推理证明

（1）渐近线

问题 4　怎样合情推理并论证双曲线具有渐近线？

通过实验观察，发现双曲线无限延伸，有趋近趋势，如何验证？验证原则：①根据对称性化归第一象限；②不等式比较大小. 与椭圆不同，双曲线的各支将伸展到无限远处.

如图 2.2-1 所示，令直线 $x=x_0(x_0>a>0)$ 与双曲线交于点 M，与射线 $y=\dfrac{b}{a}x(x>0)$ 交于点 P，求得点 P 与点 M 的纵坐标并进行比较. 当 x_0 无限增大时，$|MP|$ 无限趋近于零.

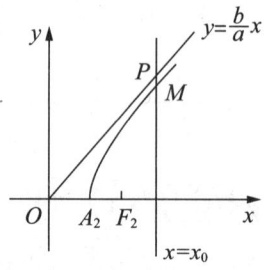

图 2.2-1

由 $\left(\dfrac{x}{a}+\dfrac{y}{b}\right)\left(\dfrac{x}{a}-\dfrac{y}{b}\right)=1>0$ 可以证明，双曲线位于以两条渐近线为边界的左、右平面区域内（图 2.2-2）.

（2）离心率

问题 5　怎样说明离心率大小与双曲线之间的关系？

因为 $c>a>0$，所以双曲线的离心率 $e>1$.

由等式 $c^2-a^2=b^2$，可得 $\dfrac{b}{a}=\dfrac{\sqrt{c^2-a^2}}{a}=\sqrt{e^2-1}$.

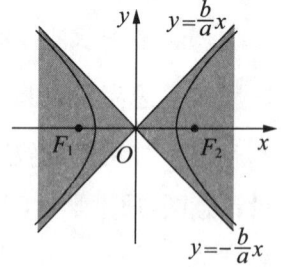

图 2.2-2

因此，离心率 e 越大，$\dfrac{b}{a}$ 也越大，即渐近线 $y=\pm\dfrac{b}{a}x$ 的斜率的绝对值越大，这时双曲线的形状就从扁狭逐渐变得宽阔. 这说明双曲线的离心率越大，它的开口就越开阔；反之，双曲线的离心率越小，它的开口就越狭窄.

设计意图：渐近线和离心率可以较准确地说明双曲线图像的特征，因此通过对其中变量的讨论来进一步巩固学生对双曲线性质的认识.

3 完善性质

问题6 对比两种类型的双曲线及其性质.

标准方程	$\dfrac{x^2}{a^2}-\dfrac{y^2}{b^2}=1(a>0,b>0)$	$\dfrac{y^2}{a^2}-\dfrac{x^2}{b^2}=1(a>0,b>0)$
a,b,c 关系	$c^2=a^2+b^2$(其中 c 最大)	
焦点坐标	$(\pm c,0)$	$(0,\pm c)$
顶点坐标	$(\pm a,0)$	$(0,\pm a)$
范围	$\|x\|\geqslant a, y\in \mathbf{R}$,双曲线位于以两条渐近线为边界的左、右平面区域内	$\|y\|\geqslant a, x\in \mathbf{R}$,双曲线位于以两条渐近线为边界的上、下平面区域内
渐近线	$y=\pm\dfrac{b}{a}x$	$y=\pm\dfrac{a}{b}x$
中心、焦距和离心率	中心在$(0,0)$,焦距为$2c$,离心率$e=\dfrac{c}{a}$.双曲线的离心率越大,它的开口就越开阔;反之,离心率越小,开口就越狭窄	
对称性	关于 x 轴、y 轴成轴对称,关于$(0,0)$成中心对称	

设计意图:通过一系列讨论和证明完善相关表格,形成系统的认知,同时对比焦点分别在 x 轴和 y 轴上的双曲线的性质.

▶**教学环节 3** 性质应用阶段——操作练习、拓展思考、反思总结

▶**教学问题 3** 如何运用双曲线性质解决问题?

1 操作练习

例题 1 已知双曲线的方程为 $16x^2-9y^2=144$,求双曲线的顶点坐标、焦点坐标、离心率与渐近线方程.

解析 把给定的双曲线的方程化为标准方程 $\dfrac{x^2}{9}-\dfrac{y^2}{16}=1$.因此,实半轴的长 $a=3$,虚半轴的长 $b=4$,于是 $c=\sqrt{a^2+b^2}=5$.

> **提示** 观察到方程的渐近线可以表示成 $\dfrac{x^2}{9}-\dfrac{y^2}{16}=0$.

从而双曲线的两个顶点的坐标分别是$(-3,0)$和$(3,0)$,两个焦点的坐标分别是$(-5,0)$和$(5,0)$,离心率 $e=\dfrac{c}{a}=\dfrac{5}{3}$,两条渐近线方程分别是 $y=\dfrac{4}{3}x$ 和 $y=-\dfrac{4}{3}x$.

设计意图:点明渐近线方程通式,为已知渐近线求方程奠定基础.

例题 2 已知双曲线过点 $P(4,3)$,它的一条渐近线的方程为 $y=\frac{1}{2}x$,求双曲线的标准方程.

解析 因为双曲线的一条渐近线方程为 $y=\frac{1}{2}x$,当 $x=4$ 时,渐近线上对应点的纵坐标 $y=\frac{1}{2}\times 4=2$,小于点 P 的纵坐标 3,所以双曲线的焦点在 y 轴上.

设双曲线的标准方程为 $\frac{y^2}{a^2}-\frac{x^2}{b^2}=1(a>0,b>0)$,由 $y=\frac{1}{2}x$,可知 $\frac{a}{b}=\frac{1}{2}$,令 $a=k, b=2k$.

因为点 $P(4,3)$ 在双曲线上,所以 $\frac{9}{k^2}-\frac{16}{4k^2}=1$,解得 $k^2=5$.

因此,所求双曲线的方程为 $\frac{y^2}{5}-\frac{x^2}{20}=1$.

2 拓展思考

思考 观察双曲线 $\frac{x^2}{4}-\frac{y^2}{9}=1, \frac{x^2}{8}-\frac{y^2}{18}=1, \frac{y^2}{9}-\frac{x^2}{4}=1$,它们具有哪些共性?

这些双曲线具有共同的渐近线 $y=\pm\frac{3}{2}x$ 或写成 $\frac{x^2}{4}-\frac{y^2}{9}=0$.

因此,具有共同的渐近线 $y=\pm\frac{3}{2}x$ 的双曲线的标准方程可以写成 $\frac{x^2}{4}-\frac{y^2}{9}=\lambda(\lambda\neq 0)$.

> 与双曲线 $\frac{x^2}{m}-\frac{y^2}{n}=1(mn>0)$ 有共同渐近线的所有双曲线方程都可表示为 $\frac{x^2}{m}-\frac{y^2}{n}=\lambda(mn>0,\lambda\neq 0)$.

例题 3 如图 2.2-3 所示,已知 F_1、F_2 是双曲线 $x^2-\frac{y^2}{b^2}=1$ $(b>0)$ 的焦点,过 F_2 作垂直于 x 轴的直线交双曲线于点 P,且 $\angle PF_1F_2=30°$,求双曲线的离心率.

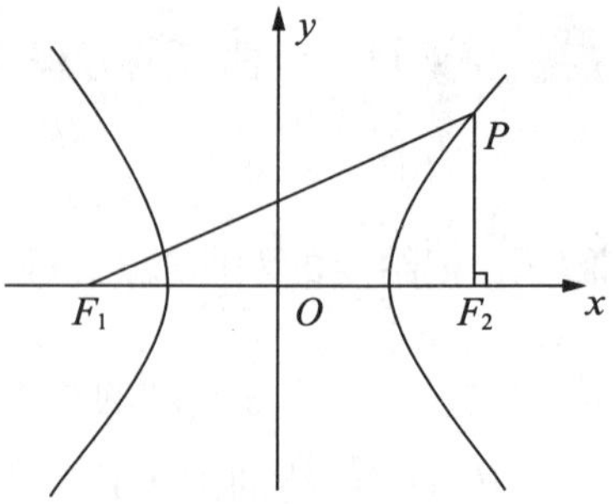

解析 在 $\text{Rt}\triangle PF_2F_1$ 中,因为 $\angle PF_1F_2=30°$,所以 $|PF_2|=\frac{1}{2}|PF_1|=\frac{2\sqrt{3}}{3}c$.

图 2.2-3

由双曲线定义可知,$|PF_1|-|PF_2|=|PF_2|=\frac{2\sqrt{3}}{3}c=2a$.

因此,所求双曲线的离心率 $e=\frac{c}{a}=\sqrt{3}$.

3 反思总结

知识维度	类比椭圆:对称性、顶点、范围、离心率 异于椭圆:渐近线
方法维度	代数证明:对称性、范围、渐近线 定义性质:顶点、离心率
思想维度	总体思想:用代数方法解决几何问题(图形置于坐标平面上) 逻辑推理:证明过程环环相扣(渐近线证明运用对称性完善) 现象说明:性质运用揭示本质(离心率与渐近线的关联、范围与渐近线的关联等)

教学评价

1 核心特色

本教学设计围绕"双曲线的性质"的探索展开,在圆锥曲线章节,双曲线的性质最为多元,特别是用极限思想探求渐近线的环节,利用了其对称性的性质将图像置于第一象限进行讨论.这充分体现了在观察图形的基础上,通过对方程的分析来验证直观想象中的图形性质,使学生形成良好的思维链,培养学生的逻辑推理能力.

2 难点突破

本教学设计中借助标准方程研究双曲线的主要特殊点、重要参数和相关性质,包括双曲线的实轴、虚轴、渐近线、焦点、顶点、焦距、离心率及其相互联系,以及双曲线的对称性和取值范围.因此,学生可以直观体会并能用代数语言描述双曲线的性质,特别是渐近线无限趋近但永不相交.

3 效果检测

检测1:分别写出下列双曲线的实半轴长、虚半轴长、离心率、焦点坐标、顶点坐标和渐近线方程:

(1) $9x^2 - 16y^2 = 144$; (2) $\dfrac{y^2}{4} - \dfrac{x^2}{3} = 1$.

检测点:理解双曲线的性质,在标准方程中探究性质的元素.

检测2:在下列双曲线中,以 $y = \pm\dfrac{1}{2}x$ 为渐近线的是( ).

A. $\dfrac{x^2}{16} - \dfrac{y^2}{4} = 1$ B. $\dfrac{x^2}{4} - \dfrac{y^2}{16} = 1$ C. $\dfrac{x^2}{2} - y^2 = 1$ D. $x^2 - \dfrac{y^2}{2} = 1$

检测点：双曲线性质中的渐近线.

检测3：在△ABC中，$AB=BC$，$\cos B = -\dfrac{7}{18}$. 若以 A、B 为焦点的双曲线经过点C，求该双曲线的离心率.

检测点：结合图形解释离心率对双曲线的直观描绘.

参 考 答 案

检测1：(1) 实半轴长为4，虚半轴长为3，离心率为$\dfrac{5}{4}$，焦点坐标分别为$(-5,0)$和$(5,0)$，顶点坐标分别为$(-4,0)$和$(4,0)$，渐近线方程分别为$y=\dfrac{3}{4}x$和$y=-\dfrac{3}{4}x$.

(2) 实半轴长为2，虚半轴长为$\sqrt{3}$，离心率为$\dfrac{\sqrt{7}}{2}$，焦点坐标分别为$(0,-\sqrt{7})$和$(0,\sqrt{7})$，顶点坐标分别为$(0,-2)$和$(0,2)$，渐近线方程分别为$y=\dfrac{2\sqrt{3}}{3}x$和$y=-\dfrac{2\sqrt{3}}{3}x$.

检测2：A.　　**检测3**：$\dfrac{3}{2}$.

（上海市南洋中学　李瑾）

2.3 抛物线的标准方程

教学分析

1. 学科分支思想
解析几何思想：用代数方法研究几何问题

2. 单元主题划分
单元主题：抛物线

单元划分：抛物线的标准方程（1课时，时长为 40 min）

3. 教学主线设计
定义—建系—坐标表示—代数运算—几何性质

4. 知识内容结构

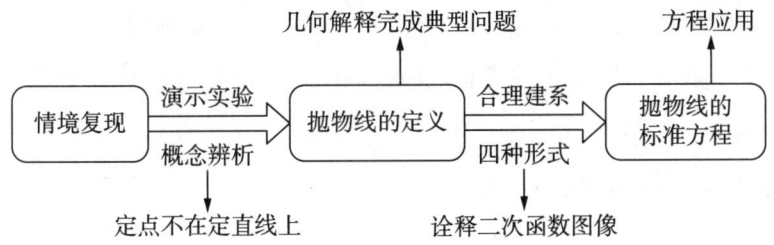

5. 核心问题思考

核心问题：如何用解析法研究抛物线？

问题1：抛物线是怎样的图形？

问题2：如何用方程研究抛物线的性质？

问题3：如何用抛物线定义或方程解决问题？

6. 学生特征分析

（1）学生在初中阶段知道了二次函数的图像被称为抛物线，初步学习了解析几何思想解决问题的基本观点．

（2）抛物线无论在"形"和"式"上与椭圆、双曲线有比较大的差别，同时教材中不涉及"离心率"，但是又强调准线概念，在类比过程中有一定的孤立性．

7. 教学目标确定

（1）通过演示实验观察，认识抛物线并知道抛物线的定义．

（2）通过对抛物线定义的辨析加深对抛物线定义的理解，知道抛物线的焦点或准线并探求标准方程．

（3）建立合适的坐标系求抛物线的方程，探究不同的坐标系与方程之间的关系，从而掌握抛物线标准方程的四种基本形式．

（4）根据焦点、准线等相关条件探求抛物线的标准方程，进一步体会数形结合的数学思想．

（5）灵活运用抛物线的定义解决几何等相关问题，提升直观想象和逻辑推理素养．

8. 数学课程类型

数学概念课

教学设计

> **教学环节1** 概念建构阶段——情境引入、抽象概括、概念剖析

> **教学问题1** 什么是抛物线？

①情境引入

物理背景：投掷物体产生的运动轨迹．

生产实践：射电望远镜、探照灯、太阳灶等．

直观认知：初中阶段通过列表、描点和连线形成的二次函数图像．

设计意图：通过多个情境引出抛物线概念，展现抛物线在生活、生产中的应用．

② 抽象概括

几何画板观察：抛物线的形成过程．

> 一般地，平面上到一个定点 F 和一条定直线 l（F 不在 l 上）的距离相等的点的轨迹叫做抛物线，点 F 叫做抛物线的焦点，定直线 l 叫做抛物线的准线．

过点 F 作准线 l 的垂线，设垂足为 K，则线段 KF 的中点称为此抛物线的顶点，因为这一点到点 F 和到直线 l 的距离相等，所以这是抛物线上的一点．

设计意图：定义垂足和顶点，为建立标准方程做好条件储备．

③ 概念剖析

问题 1 在抛物线的定义中，为何要规定点 F 不在直线 l 上？当点 F 在直线 l 上时，该动点的轨迹是什么？

当点 F 在直线 l 上时，该动点的轨迹为过点 F 且与直线 l 垂直的直线．

设计意图：通过辨析抛物线定义中的限制条件，分类讨论动点的轨迹．

> **教学环节 2** 概念理解阶段——概念精致、概念辨析、共性比较

> **教学问题 2** 抛物线的标准方程是什么？

① 概念精致

问题 2 怎样求抛物线方程？

取抛物线的顶点为原点 O，以向量 $\overrightarrow{KF}$ 的方向为 x 轴的正方向，建立平面直角坐标系，如图 2.3-1 所示．

设焦点到准线的距离 $|KF|=p(p>0)$，则焦点 F 的坐标是 $\left(\dfrac{p}{2},0\right)$，准线 l 的方程为 $x=-\dfrac{p}{2}$．

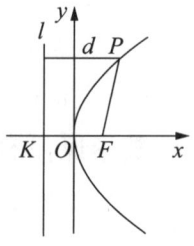

图 2.3-1

设 $P(x,y)$ 是抛物线上任意一点，有 $\sqrt{\left(x-\dfrac{p}{2}\right)^2+y^2}=\left|x+\dfrac{p}{2}\right|$，化简可得 $y^2=2px(p>0)$．

反过来，可以证明以方程 $y^2=2px(p>0)$ 的解为坐标的点，都在这条抛物线上．

因此，$y^2=2px(p>0)$ 是这条抛物线的方程．

设计意图：完整呈现抛物线方程的推导过程，并巩固"求曲线方程"的严谨证明．

② 概念辨析

问题3 如果上述图形以抛物线的焦点为原点,准线所在的直线与 y 轴平行,如图 2.3-2 所示建立平面直角坐标系,相应的抛物线方程又具有怎样的形式?

根据以上方法得到,点 P 的轨迹方程为 $y^2 = 2px + p^2 (p > 0)$.

说明:根据抛物线的定义,确实有多种建系方法,但是将顶点置于原点、焦点置于 x 轴正半轴的建系方法得到的方程形式更简洁.

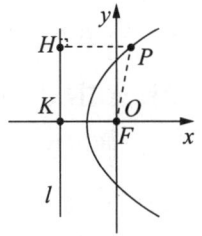

图 2.3-2

> 我们把形如 $y^2 = 2px(p > 0)$ 的方程称为抛物线的标准方程,它所表示的抛物线的顶点置于坐标原点,且有焦点 $F\left(\dfrac{p}{2}, 0\right)$ 和准线 $l: x = -\dfrac{p}{2}$.
>
> 其中 p 的几何意义为焦点 $F\left(\dfrac{p}{2}, 0\right)$ 到准线 $l: x = -\dfrac{p}{2}$ 的距离,即 $|KF| = p$.

设计意图:由于抛物线的关键元素比较丰富,将焦点作为坐标原点或准线作为坐标轴应该是学生的自主意识. 因此,安排另一种建系方法不仅有助于对照标准方程,而且可以进一步优化求曲线轨迹方程的基本路径.

③ 共性比较

问题4 如果将抛物线的顶点仍置于坐标原点,但将其焦点分别置于 x 轴的负半轴、y 轴的正半轴和负半轴,得到的抛物线方程分别是怎样的?

抛物线的另外三种标准方程:$y^2 = -2px$,$x^2 = 2py$,$x^2 = -2py$. 其中 $p(p > 0)$ 为焦点到准线的距离. 我们通过完善一张表格来进一步研究抛物线不同形式的标准方程.

焦点位置	x 轴正半轴	x 轴负半轴	y 轴正半轴	y 轴负半轴
标准方程	$y^2 = 2px(p>0)$	$y^2 = -2px(p>0)$	$x^2 = 2py(p>0)$	$x^2 = -2py(p>0)$
图形				
焦点	$F\left(\dfrac{p}{2}, 0\right)$	$F\left(-\dfrac{p}{2}, 0\right)$	$F\left(0, \dfrac{p}{2}\right)$	$F\left(0, -\dfrac{p}{2}\right)$
准线	$x = -\dfrac{p}{2}$	$x = \dfrac{p}{2}$	$y = -\dfrac{p}{2}$	$y = \dfrac{p}{2}$
顶点	$O(0, 0)$	$O(0, 0)$	$O(0, 0)$	$O(0, 0)$

特征分析：二次项系数为1，一次项的变量是定轴，一次项系数的符号定向，焦点的非零坐标是一次项系数的$\frac{1}{4}$.

设计意图：对于四种形式的抛物线的标准方程，根据规律，分别得到它们的焦点坐标和准线方程，以便解决后续的问题.

> **教学环节3** 概念应用阶段——辨析事物、变换表征、概念巩固

> **教学问题3** 抛物线的定义和标准方程如何应用？

①辨析事物

问题5 为什么二次函数$y=ax^2+bx+c(a\neq 0)$的图像是抛物线？

由于$y=ax^2+bx+c=a\left(x+\frac{b}{2a}\right)^2+\frac{4ac-b^2}{4a}$，将函数图像沿向量$\left(\frac{b}{2a},\frac{b^2-4ac}{4a}\right)$平移后得到$y=ax^2$，即$x^2=\frac{1}{a}y$，表示顶点是原点、焦点是$\left(0,\frac{1}{4a}\right)$的抛物线.

设计意图：逐步回答情境问题，将学生已有认知纳入新的知识体系中.

②变换表征

例题1 求抛物线$y^2=6x$的焦点坐标和准线方程.

解析 由抛物线的标准方程$y^2=2px$可知，因为$2p=6$，所以$\frac{p}{2}=\frac{3}{2}$.

因此，$y^2=6x$的焦点坐标为$\left(\frac{3}{2},0\right)$，准线方程为$x=-\frac{3}{2}$.

> **变式** 已知抛物线的焦点是$F(0,-2)$，求它的标准方程.

填写以下表格.

方程	标准方程	焦点坐标	准线方程
$y=2x^2$	$x^2=\frac{1}{2}y$		
$y^2+12x=0$	$y^2=-12x$		
$4x^2+9y=0$	$x^2=-\frac{9}{4}y$		

设计意图：进一步巩固四种形式的抛物线的标准方程中准线、焦点等元素.

例题2 求顶点在坐标原点、焦点在坐标轴上且经过点$M(-2,-4)$的抛物线的方程.

解析 若抛物线的焦点在x轴上，由于它过第三象限的点$M(-2,-4)$，可知此抛物线开口向左，因此可设其方程为$y^2=-2px(p>0)$. 把点M坐标代入，得$p=4$，故抛物线的方程

为 $y^2=-8x$.

若抛物线的焦点在 y 轴上,同理可得抛物线的方程为 $x^2=-y$.

因此,所求抛物线的方程为 $y^2=-8x$ 或 $x^2=-y$.

3 概念巩固

例题 3 证明:以抛物线 $y^2=2px$ 的任一过焦点的弦为直径的圆与抛物线的准线相切.

解析 如图 2.3-3 所示,设 AB 是此抛物线过焦点 F 的一条弦,取 AB 的中点 M,设点 A,B,M 在抛物线的准线 l 上的射影依次是点 A',B',M',则 MM' 是直角梯形 $AA'B'B$ 的中位线,

于是 $|MM'|=\dfrac{1}{2}(|AA'|+|BB'|)=\dfrac{1}{2}(|AF|+|BF|)=\dfrac{1}{2}|AB|$,即点 M 到准线的距离等于圆的半径.

由此可见,以 $|AB|$ 为直径的圆与准线 l 相切.

图 2.3-3

变式 已知若点 A 的坐标为 $(3,2)$,点 F 为抛物线 $y^2=2x$ 的焦点,点 P 是抛物线上的一动点,求 $|PA|+|PF|$ 取得最小值时点 P 的坐标.

设计意图:运用抛物线的定义来解决与抛物线上的点相关的距离问题,把问题逐一化归到更简洁的解决方式.进一步巩固抛物线定义,为后续过焦点弦的相关性质做好思维储备.

教学环节 4 概念升华阶段——建立结构、反思总结

1 建立结构

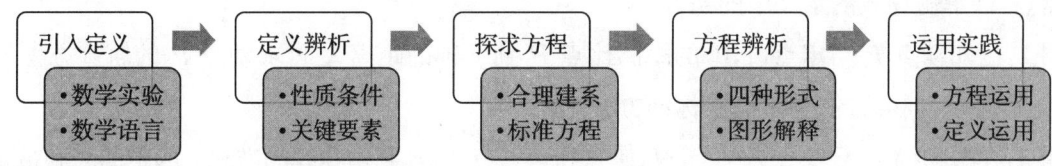

2 反思总结

知识维度	采用圆锥曲线的第一定义;通过恰当建系获得抛物线方程
方法维度	定义的引入采用数学试验;类比探索抛物线的标准方程,同时生成其他三种形式的标准方程
思想维度	总体思想:代数方法解决几何问题 逻辑推理:概念辨析、几何方法解决图形问题、四种标准方程推导及联系 现象说明:物理学中相关重力问题的代数解释和现象研究

1) 核心特色

抛物线的定义的约束条件只有一个,对于学生而言,这是一个值得探究和实证的问题,对于提升学生的思维严谨性起到良好的作用.因为其仅为轴对称图形而非中心对称图形,有且只有一条对称轴,所以坐标轴的选择即对称轴.原点设在焦点与垂足连线的中点上(抛物线的顶点),而焦点可以坐落在 x 轴、y 轴的正半轴和负半轴,因此形成四种形式的抛物线的标准方程.该建系方法下的标准方程简约规整,便于研究抛物线的性质并得出相关结论.

2) 难点突破

本节课教学内容中抛物线的定义对学生而言是完全陌生的内容,它不是建立在学生对抛物线已有知识之上的,而是从纯几何的角度进入的,用严谨的数学语言定义了数学对象——抛物线.只有导出抛物线方程并与二次函数进行比较之后,才能把这个新的抛物线概念与以前学过的二次函数图像的抛物线概念联系起来.

3) 效果检测

检测 1: 下列动点 M 的轨迹不是抛物线的是(　　).

A. 到$(1,0)$的距离和到直线 $x=-1$ 距离相等的动点 M 的轨迹

B. 到$(0,0)$的距离和到直线 $x=-1$ 距离相等的动点 M 的轨迹

C. 到$(1,1)$的距离和到直线 $x+y=0$ 距离相等的动点 M 的轨迹

D. 到$(-1,0)$的距离和到直线 $x+y+1=0$ 距离相等的动点 M 的轨迹

检测点: 理解抛物线的定义中的条件.

检测 2: 已知动点 P 与定点$(1,0)$的距离比点 P 到 y 轴的距离大 1,求动点 P 的轨迹方程.

检测点: 理解抛物线的定义,确立标准方程.

检测 3: 在抛物线 $y^2=4x$ 上求一点 N,使它到点 $Q(7,8)$ 与到抛物线的准线 l 的距离之和最小.

检测点: 抛物线定义的应用.

检测 4: 已知点 F 是抛物线 $y^2=4x$ 的焦点,点 P 是抛物线上的一个动点,点 $A(3,1)$,求 $\triangle APF$ 周长的最小值.

检测点: 抛物线定义的应用.

检测 1: D.　**检测 2:** $y^2=4x$ 或 $y=0(x<0)$.　**检测 3:** $(4,4)$.　**检测 4:** $4+\sqrt{5}$.

(上海市南洋中学　李瑾)

2.4 曲线方程的概念

教学分析

1. 学科分支思想

解析几何思想：用代数方法研究几何问题

2. 单元主题划分

单元主题：曲线与方程

单元划分：曲线方程的概念（1课时，时长为 40 min）

3. 教学主线分析

定义—集合表示—建系—坐标表示—代数运算—几何性质

4. 知识内容结构

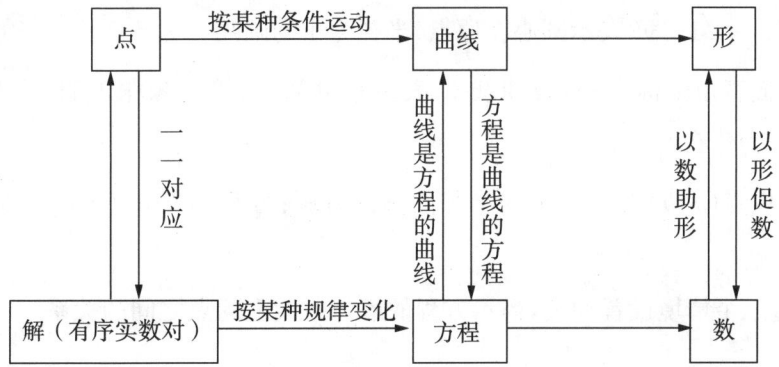

5. 核心问题思考

核心问题：怎样理解曲线与方程的对立和统一？

问题1：怎样判断方程是曲线的方程，曲线是方程的曲线？

问题2：在曲线与方程中，曲线上的点与方程的解之间是怎样的关系？

问题3：求曲线与方程的步骤是什么？

6. 学生特征分析

（1）学生已经学习了直线方程等知识，对圆、椭圆、双曲线、抛物线方程也有所了解.

（2）学生对曲线上的点与方程的解之间的关系有认识，但是对为什么能通过研究方程来研究曲线的认识还不够充分.

（3）学生对求曲线与方程的步骤有感知，但是在解决具体问题时对曲线与方程的等价关系的理解不到位.

7. 教学目标确定

（1）通过具体的例子，了解曲线上的点的坐标与方程的解之间的对应关系．

（2）初步理解"曲线的方程"与"方程的曲线"的概念．

（3）通过经历曲线与方程的对应关系的探究过程，发展抽象概括的能力．

（4）通过使用曲线的方程（方程的曲线）的概念，理性判断曲线与方程的对应关系，进一步深化理解数形结合思想．

8. 数学课程类型

数学概念课

教学环节1 对象引入阶段——情境发现、直观感知、抽象概括

教学问题1 什么是曲线与方程？

① 情境发现

情境1 方程 $x=\sqrt{1-y^2}$ 表示圆心在原点、半径为1的圆吗？为什么？

情境2 在平面直角坐标系中，设曲线 C 表示平分第一、第三象限的直线，其方程能写成 $|y|=|x|$ 吗？为什么？

情境3 写出以点 (a,b) 为圆心，r 为半径的圆的方程；方程 $(x-a)^2+(y-b)^2=r^2 (r>0)$ 表示怎样的曲线？

设计意图：通过三个情境设置冲突，揭示方程的解与曲线上的点之间的关系．

② 直观感知

形	数
直线 l	二元一次方程 $ax+by+c=0$
曲线 C	二元方程 $F(x,y)=0$

在前面的学习中，我们通过二元一次方程研究了直线，通过二元一次方程组有解、无解等代数性质来解释直线相交、平行等位置关系．直线与二元一次方程的紧密关系，源于它们之间的对应关系．

问题1 当曲线与方程满足什么关系时，才可以用方程来研究曲线或用曲线来刻画方程？

设计意图：从学生已有的认知出发，从特殊到一般，为引出曲线方程的定义做铺垫．

3 抽象概括

> 要确认一个二元方程 $F(x,y)=0$ 是一条平面曲线 C 的方程,必须验证如下两个条件都满足:
> (1) 曲线 C 上的点的坐标都是方程 $F(x,y)=0$ 的解;
> (2) 以方程 $F(x,y)=0$ 的解为坐标的点都是曲线 C 上的点.
> 那么曲线 C 叫做方程 $F(x,y)=0$ 的曲线,方程 $F(x,y)=0$ 叫做曲线 C 的方程.

设计意图:引出曲线方程的定义.

教学环节 2 对象分析阶段——分析特例、概念剖析、深入理解

教学问题 2 方程的解与曲线上的点的关系是什么?

1 分析特例

例题 1 (1) 方程 $y=-\sqrt{4-x^2}$ 是圆心在原点、半径为 2 的圆的方程吗?为什么?

(2) 到两坐标轴距离相等的曲线方程是 $|y|=x$ 吗?为什么?

解析 (1) 不是,点 $(0,2)$ 在圆心在原点、半径为 2 的圆上,但不满足方程 $y=-\sqrt{4-x^2}$.

(2) 不是,点 $(-1,-1)$ 到两坐标轴距离相等,但不满足方程 $|y|=x$.

设计意图:通过辨析,理解曲线方程的定义,培养举反例的意识.

2 概念剖析

问题 2 结合例题 1,你认为曲线与方程的定义中有哪些字(或词)很重要?"都"字重复:(1)中"都"字说明曲线上没有点的坐标不满足方程,即保证了曲线方程的纯粹性;(2)中"都"字说明符合方程解的所有点都在曲线上,没有遗漏,即保证了曲线对方程的完备性.纯粹性与完备性结合起来是保证曲线与方程的等价性.

设计意图:从曲线方程的定义出发,分析定义的含义.

3 深入理解

若方程 $F(x,y)=0$ 的解的集合记为 F,曲线 C 上的点的集合记为 C,我们可以对曲线与方程的定义进行深入理解,如下表所示.

	精确语言	集合语言	数学定义	数形关系
纯粹性	曲线 C 上的点的坐标都是方程 $F(x,y)=0$ 的解	$C \subseteq F$	方程是曲线的方程	形⇒数
完备性	以方程 $F(x,y)=0$ 的解为坐标的点都在曲线 C 上	$F \subseteq C$	曲线是方程的曲线	数⇒形

续表

	精确语言	集合语言	数学定义	数形关系
纯粹性＋完备性	曲线 C 上的点的坐标都是方程 $F(x,y)=0$ 的解；以方程 $F(x,y)=0$ 的解为坐标的点都在曲线 C 上	$F=C$	方程是曲线的方程，曲线是方程的曲线	数⇔形

设计意图：从不同角度深入理解曲线与方程概念.

▶**教学环节 3** 对象应用阶段——巩固应用、总结步骤、建构体系

▶**教学问题 3** 曲线与方程如何应用？

① 巩固应用

例题 2 （1）判断点 $A(-2,-6)$，$B(3,-9)$ 是否在方程 $x^2+2x-y-6=0$ 所表示的曲线上？

（2）已知 $A(1,0)$，$B(0,1)$，则线段 AB 的方程是不是 $x+y-1=0$？

> **思考**
> 若 $F(x,y)=0$ 是曲线 C 的方程，则点 $P(x_0,y_0)$ 在曲线 C 上的充要条件是什么？说明理由.

解析 （1）根据曲线方程的定义，当点的坐标满足方程时，点就落在方程所表示的曲线上，所以点 $A(-2,-6)$ 在所给曲线上，点 $B(3,-9)$ 不在所给曲线上.

（2）点 $(-2,3)$ 在满足 $x+y-1=0$ 上，但不在线段 AB 上，所以线段 AB 的方程不是 $x+y-1=0$.

设计意图：利用曲线方程的定义，判断曲线与方程的关系.

例题 3 已知点 A、B 是距离为 4 的两个定点，动点 M 满足 $\overrightarrow{MA} \cdot \overrightarrow{MB}=5$，建立适当的平面直角坐标系，求动点 M 的轨迹方程.

解析 如图 2.4-1 所示，以直线 AB 为 x 轴，线段 AB 的垂直平分线为 y 轴，建立平面直角坐标系，则两定点为 $A(-2,0)$，$B(2,0)$.

设动点 M 的坐标为 (x,y)，则 $\overrightarrow{MA}=(-2-x,-y)$，$\overrightarrow{MB}=(2-x,-y)$，因为 $\overrightarrow{MA} \cdot \overrightarrow{MB}=5$，所以，$(-2-x,-y) \cdot (2-x,-y)=5$，化简得 $x^2+y^2=9$，这表明动点轨迹上任意点的坐标都满足这个方程.

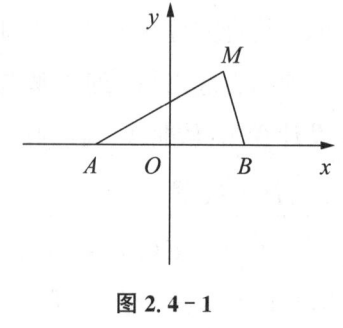

图 2.4-1

反过来，设平面上一点 N 的坐标 (x_1,y_1) 满足方程，即 $x_1^2+y_1^2=9$，则 $\overrightarrow{NA} \cdot \overrightarrow{NB}=(-2-x_1,-y_1) \cdot (2-x_1,-y_1)=x_1^2+y_1^2-4=5$，从而以方程 $x^2+y^2=9$ 的解为坐标的点都在轨迹上.

综上所述，方程 $x^2+y^2=9$ 就是所求的动点 M 的轨迹方程.

设计意图：在理解曲线方程定义的基础上，求轨迹的曲线，加强对曲线方程定义的理解.

❷ 总结步骤

根据曲线方程的定义，归纳出求曲线方程的一般步骤.

建	建立适当的平面直角坐标系(题目中没有坐标系的情形下)
设	设动点坐标
列	根据题目列出方程
化	化简方程
证	要验证的是如下的充要条件：点在给定曲线上当且仅当该点的坐标是给定方程的解

设计意图：通过例题归纳出求曲线方程的一般步骤.

❸ 建构体系

知识维度	直线方程、圆的方程(具体)—曲线方程(抽象)—求曲线方程(升华)
方法维度	经历从特殊到一般，由直线方程等归纳出曲线方程的定义
思想维度	通过集合论的观点，当曲线 C 表示的点集 C 和方程 $F(x,y)=0$ 表示的解集 F 相等时，曲线上的点与方程对应的解一一对应，从而体会曲线的方程是几何曲线的一种代数表示，方程的曲线则是代数方程的一种几何表示，通过探究方程来研究曲线的几何性质，使几何图形的探究代数化

设计意图：从知识、方法和思想三个维度进行总结.

❶ 核心特色

  教材中"曲线与方程"这一节揭示了几何中的形与代数中的数相统一的关系，体现了解析几何这门课的基本思想，只有透彻理解了曲线和方程的意义，才算是寻得了解析几何学习的入门之径. 通过前面的内容，已经学习了各种圆锥曲线知识，了解解析几何最主要的任务就是通过研究曲线的方程来研究曲线的性质，但是却存在着一系列深层次的问题：为什么能通过研究方程来研究曲线？这种研究的结果可靠吗？如果可靠，为什么可靠？怎样保证这种可靠性？此时曲线与方程又存在着怎样的内在联系？教学设计和引导揭示曲线与方程之间内在的、"我就是你，你就是我"的对应关系.

❷ 难点突破

  由直线方程及圆方程的概念，形成曲线方程的概念，符合学生的认知规律. 形成曲线方程的概念不是难点，容易产生的问题是学生不理解"曲线上的点的坐标都是方程的解"和"以这个方程的解为坐标的点都是曲线上的点"这两句话在揭示曲线与方程关系时各自所起的作用. 按照化未知为已知、从特殊到一般、从具体到抽象、数形结合等思维策略,从不同角度帮助学生克服难点,并通过辨析、求曲线方程等过程,让学生进一步体会"曲线的方程"和"方程的曲线"的含义,体会到"曲线的方程与方程的曲线"的本质是两者之间需要建立一种内在的对应关系.

③ 效果检测

检测1:若点 P 的坐标为 (a,b),曲线 C 的方程为 $F(x,y)=0$,则"$F(a,b)=0$"是"点 P 在曲线 C 上"的( ).

  A. 充分非必要条件   B. 必要非充分条件

  C. 充要条件   D. 既非充分又非必要条件

检测点:曲线方程的定义.

检测2:下列方程表示图 2.4-2 所示的曲线的是( ).

  A. $\sqrt{x}-\sqrt{y}=0$ B. $x^2-y^2=0$

  C. $x-|y|=0$ D. $2^x-2^y=0$

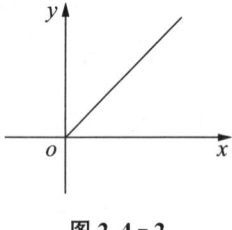

图 2.4-2

检测点:曲线与方程的对应关系.

检测3:已知两点 $A(-2,0)$,$B(2,0)$,动点 M 与点 A 及 B 的连线的斜率乘积等于 $\dfrac{1}{3}$,求点 M 的轨迹方程.

检测点:求曲线方程的一般步骤.

检测1:C. 检测2:A. 检测3:$x^2-3y^2=4(x\neq\pm 2)$.

(上海南汇中学 吴臻)

2.5 参数方程

教学分析

1. 学科分支思想

  解析几何思想:用代数方法研究几何问题

2. 单元主题及其划分

  单元主题:曲线与方程

单元划分:参数方程(1课时,时长为40 min)

3. 知识主线设计
情境—定义—比较—应用

4. 单元内容结构

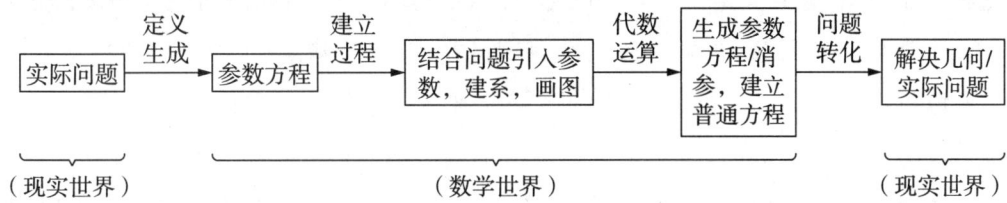

5. 核心问题思考
核心问题:如何用参数方程来研究曲线的规律?

问题1:什么是参数方程?

问题2:为什么要学习参数方程?

问题3:如何用参数方程解决曲线轨迹等几何问题?

6. 学生特征分析
(1)学生已经学习了圆锥曲线及轨迹方程,已掌握曲线方程的概念、求动点轨迹方程的过程与方法.

(2)学生对于曲线轨迹方程的表示认知较为单一,只知道建立 y 与 x 之间的关系,因而面对复杂的实际问题或者几何问题时思维相对固化.

7. 教学目标确定
(1)结合实际问题,理解参数方程的概念和数学意义.

(2)通过分析问题中的各个变量之间的关系,能选取适当的参数建立轨迹的参数方程.

(3)通过比较参数方程和普通方程,正确理解参数方程中参数的意义.

(4)利用参数方程解决某些具体问题,在问题解决的过程中,形成数学抽象思维能力,初步体验参数的基本思想.

8. 数学课程类型
数学概念课

教学设计

教学环节1 概念引入阶段——情境发现、方法探寻、抽象概括

教学问题1 为什么要引入参数方程?

①情境发现

问题1 如图2.5-1所示,若已知炮弹发射的初速度 v_0、发射角 α,在忽略空气阻力的前提下,如何求炮弹发射后的运动轨迹的方程呢?

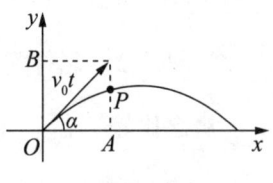

图2.5-1

设计意图：通过在情境中设置难以直接解决的问题，引发学生对曲线轨迹的其他表示方式的思考.

② 方法探寻

> **问题 2** 不难看出，这其实是一个物理问题，那么在物理学中，是如何描述 y 与 x 的关系呢？

在物理学中，我们知道，当发射角 α、发射时的初速度 v_0 确定后，炮弹位置只与运行时间 t 有关，所以可以考虑引入时间 t 作为第三个变量来求运动轨迹的方程.

如图 2.5-1 所示，以炮口所在位置 O 为坐标原点、水平方向为 x 轴、竖直方向为 y 轴，建立平面直角坐标系，设炮弹发射 t 秒后的位置在点 $P(x,y)$ 处. 在忽略空气阻力的情况下，根据物理知识，我们可以快速求得炮弹的位置坐标 (x,y) 与时间 t 之间的关系：

$$\begin{cases} x = v_0 t \cos\alpha, \\ y = v_0 t \sin\alpha - \dfrac{1}{2}gt^2 \end{cases} (0 \leqslant t \leqslant t_1).$$

其中 g 是重力加速度，t_1 是炮弹击中目标的时刻.

设计意图：通过让学生根据已学的物理知识解决实际问题，直观感受引入第三个变量后解决问题的便捷性.

③ 抽象概括

> **问题 3** 什么是参数方程？

在解决刚才的问题时，学生在通过已有的物理知识解决问题时，引入了第三个变量，将此类实际问题抽象到数学问题，引导学生建立位置坐标 (x,y) 与时间 t 之间的方程组，提示学生观察出参数方程的一般形式，从而给出参数方程的定义.

> 在求曲线方程时，我们可以先分别求出 x，y 与某个随动点变化的变量 t 所满足的方程 $x=f(t), y=g(t)$，得到方程组 $\begin{cases} x=f(t), \\ y=g(t), \end{cases}$ 其中 t 在某个范围内变动.
>
> 如果对于 t 的每个允许值，由上述方程所确定的点 $P(x,y)$ 都在曲线 C 上；反之，对于曲线 C 上任意一点的坐标，都存在 t 的某个允许值使得上述方程组成立，那么上述方程组就叫做曲线 C 的参数方程，变量 t 叫做参变量或参数.

设计意图：引导学生从实际问题中抽象出数学概念，生成参数方程的定义.

教学环节 2 概念巩固阶段——概念比较、概念本质、概念联系

> **教学问题 2** 怎样学习参数方程？

① 概念比较

> **问题 4** 在教学环节 1 的情境中，我们得到了炮弹的位置坐标 (x,y) 与时间 t 的参数方程

$$\begin{cases} x = v_0 t\cos\alpha, \\ y = v_0 t\sin\alpha - \dfrac{1}{2}gt^2 \end{cases}(0 \leqslant t \leqslant t_1)$$，其中 g 是重力加速度，t_1 是炮弹击中目标的时刻，能否根据参数方程推算出 y 与 x 的方程呢？

通过代数运算，将上述方程组中的变量 t 消去，得到炮弹运动的轨迹方程 $y = -\dfrac{g}{2v_0^2\cos^2\alpha}x^2 + \dfrac{\sin\alpha}{\cos\alpha}x$，因为 v_0, α, g 都是定值，所示炮弹的运动轨迹是一条抛物线.

由此可见，若消去参数方程中的参变量，即能得到曲线上的点的坐标 y 和 x 的方程. 此类方程定义为普通方程，这说明参数方程有时可以转化为普通方程.

设计意图：引出普通方程的概念，并与参数方程做比较.

2 概念本质

在教学环节 2 的概念比较中，我们可以看到，参数方程可以转化为普通方程，说明参数方程的本质，也是曲线方程的一种表示形式.

根据参数方程的定义，我们知道，在求曲线的参数方程时，对于参数 t 的每个允许值，由参数方程所确定的点 $P(x,y)$ 都在曲线 C 上；反之，对于曲线 C 上任意一点的坐标，都存在 t 的某个允许值使得上述方程组成立. 所以参数方程的本质，就是通过参数分别建立 x,y 与参数的直接联系，进而间接地建立 x 与 y 之间的关系. 对曲线的参数方程的理解和认识如下：

(1) 参数方程的形式

横坐标 x、纵坐标 y 都是变量 t 的函数，给出一个 t 能唯一求出对应的 x,y 的值，因而得出唯一的对应点；参数不同，参数方程的形式也不同.

(2) 参数的取值范围

在表述曲线的参数方程时，必须指明参数的取值范围；取值范围的不同，所表示的曲线也可能会有所不同.

(3) 参数方程与普通方程的统一性

普通方程反映坐标变量 y 与 x 之间的直接关系，而参数方程是通过参数反映坐标变量 y 与 x 的间接关系；普通方程和参数方程是同一曲线的不同表达形式，参数方程有时可以和普通方程互相转化.

(4) 参数的作用

参数作为间接地建立横坐标 x 与纵坐标 y 之间的关系的中间变量，起到了桥梁的作用.

(5) 参数的意义

如果参数选择适当，参数在参数方程中可以有明确的几何意义或者物理意义，可以给问题的解决带来方便.

设计意图：根据参数方程能转化成普通方程的特点，说明参数方程也是曲线方程的一种形式，加深对参数方程的理解和认识.

3 概念联系

例题 1 设 a,b 是非零常数,参数方程 $\begin{cases} x = \dfrac{a}{\cos\alpha}, \\ y = b\tan\alpha \end{cases}$ $\left(\alpha \neq k\pi + \dfrac{\pi}{2}, k \in \mathbf{Z}\right)$ 表示的是什么曲线?

解析 要确定参数方程表示的是何种曲线,就需要知道该参数方程的普通方程形式.

原参数方程可化为 $\begin{cases} x = a\sec\alpha, \\ y = b\tan\alpha \end{cases}$ $\left(\alpha \neq k\pi + \dfrac{\pi}{2}, k \in \mathbf{Z}\right)$.

由于恒等式 $\sec^2\alpha + 1 = \tan^2\alpha$,通过消参可得该参数方程的普通方程

$$\left(\dfrac{x}{a}\right)^2 + 1 = \left(\dfrac{y}{b}\right)^2.$$

化简可得 $\dfrac{y^2}{b^2} - \dfrac{x^2}{a^2} = 1$,即该参数方程表示的是双曲线.

结合情境和例题 1 的分析方法可以看出:普通方程直接给出曲线上的点的坐标的关系,一个方程有两个变量,只有一个自由变量,即给定一个变量的值,另一个变量的值也确定(不一定一个);参数方程是借助参数给出点的坐标的关系,两个方程三个变量,但自由变量也只有一个,即参数确定了,坐标唯一确定.一般来说,参数方程中参数的变化范围是有限制的,需要根据实际问题的背景来确定.

设计意图:通过例题,再次说明参数方程可以化成普通方程,也论证了参数方程与普通方程的统一性.

> **教学环节 3** 概念应用阶段——巩固应用、步骤分析、总结联系
> **教学问题 3** 如何用参数方程解决曲线轨迹等几何问题?

1 巩固应用

例题 2 求所有斜率为 1 的直线被椭圆 $\dfrac{x^2}{4} + y^2 = 1$ 所截得的线段的中点的轨迹方程.

解析 ①经过椭圆上的两点 A 和 B 且斜率为 1 的直线的方程如何表示?

因为用椭圆上的两点坐标来表示直线的方程略复杂,又因为直线的斜率为 1,则用最简单的直线方程来表示:$y = x + b$.

②被椭圆所截的线段中点的坐标有什么样的特点?

如图 2.5-2 所示,设任意被椭圆所截的线段的端点的坐标分别为 $A(x_1, y_1), B(x_2, y_2)$,则中点 $M(x_M, y_M)$ 的坐标可表示为 $\left(\dfrac{x_1 + x_2}{2}, \dfrac{y_1 + y_2}{2}\right)$.

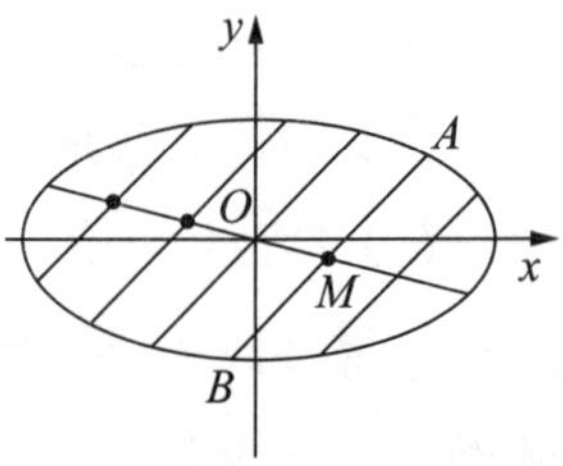

图 2.5-2

③A,B 两点的坐标与直线的方程及椭圆的方程有怎样的代数关系?

A,B 两点既在斜率为 1 的直线上,也在椭圆上,故 A,B 两点的坐标 $(x_1,y_1),(x_2,y_2)$ 是由椭圆方程和直线方程联立的方程组的解:

$$\begin{cases} \dfrac{x^2}{4}+y^2=1, \\ y=x+b. \end{cases}$$

消去 y,并整理得 $5x^2+8bx+4(b^2-1)=0$.

④线段 AB 的中点坐标与韦达定理有怎样的联系?

当判别式 $\Delta=-16(b^2-5)>0$,即 $-\sqrt{5}<b<\sqrt{5}$ 时,上述方程有两个不同的实数解,故直线被椭圆所截得的线段存在并且线段的中点横坐标 $x_M=\dfrac{x_1+x_2}{2}=-\dfrac{4b}{5}$,中点纵坐标 $y_M=\dfrac{y_1+y_2}{2}=\dfrac{(x_1+b)+(x_2+b)}{2}=\dfrac{b}{5}$.

因此,

$$\begin{cases} x_M=-\dfrac{4b}{5}, \\ y_M=\dfrac{b}{5} \end{cases} (-\sqrt{5}<b<\sqrt{5})$$

就是线段 AB 的中点 M 的轨迹的参数方程.

所以点 M 的轨迹方程为 $x+4y=0, x\in\left(-\dfrac{4\sqrt{5}}{5},\dfrac{4\sqrt{5}}{5}\right)$,即点 M 的轨迹是直线 $x+4y=0$ 在椭圆内的部分.

例题 3 已知点 $M(x,y)$ 在椭圆 $C:\dfrac{x^2}{16}+\dfrac{y^2}{9}=1$ 上,求 $x+y$ 的最大值,并求 $x+y$ 取得最大值时点 M 的坐标.

解析 设 $\begin{cases} x=4\cos\theta \\ y=3\sin\theta \end{cases} (\theta\in\mathbf{R})$,则 $x+y=4\cos\theta+3\sin\theta=5\left(\dfrac{4}{5}\cos\theta+\dfrac{3}{5}\sin\theta\right)=5\sin(\theta+\varphi)$.

其中 $\sin\varphi=\dfrac{4}{5},\cos\varphi=\dfrac{3}{5}$.

当 $5\sin(\theta+\varphi)=1$ 时,$x+y=5$ 最大. 要取得最大值,$\theta+\varphi=\dfrac{\pi}{2}+2k\pi$,这里 $k\in\mathbf{Z}$. 此时对应的点 M 的坐标为 $x=4\cos\theta=4\sin\varphi=\dfrac{16}{5},y=3\sin\theta=3\cos\varphi=\dfrac{9}{5}$,即点 M 的坐标为 $\left(\dfrac{16}{5},\dfrac{9}{5}\right)$.

设计意图:利用参数方程解决曲线的轨迹方程等几何问题,体会参数方程的应用价值,同时加深对参数方程的定义的理解.

② 步骤分析

问题8 用参数方程求解曲线轨迹方程的一般思路是什么？

参数方程既是概念,也是方法,主要有以下两个方面的应用.

应用1	求曲线的轨迹方程	步骤可概括如下：
应用2	解决其他几何问题	建系—设变量 x,y 和参数—确定参数范围—用参数方程表示 x,y—含参代数运算—揭示几何性质

设计意图：引导学生根据例题1~3的解题方法进行反思,梳理利用参数方程表征曲线的轨迹方程及解决相关几何问题的一般思路,同时感受参数方程给解决问题带来的方便,理解普通方程和曲线方程的统一性.

③ 总结联系

知识维度	实际问题(具体)—参数方程(数学)—参数方程的应用(具体)
方法维度	通过实际问题,抽象出数学概念；通过应用数学概念,探究出数学概念的本质
思想维度	打开了表示曲线的轨迹方程的新局面；揭示了用参数方程解决几何问题的本质；认识到了参数方程与普通方程的统一性

设计意图：从知识、方法和思维三个维度进行总结.

① 核心特色

本教学设计围绕"如何用参数方程来研究曲线的规律"这一核心问题逐层展开,从其他学科的实际问题出发,抽象出数学概念,并将数学概念应用到几何问题中,让学生学会了利用参数方程来研究动点的轨迹,充分感受到数形结合的思想.在教学过程中,能引导学生归纳总结本节课中体现的数学核心思想；并能启发学生提出质疑型问题,引导学生深入探究问题的本质；层层发问的设计让学生的逻辑思维得到了很好的培养；不同类型的几何问题的设置,让学生感悟到现实世界的问题是多种多样的,仅用一种方法不合适,需根据实际需要,主观能动选择,从而做到理论与实际的有效结合.

② 难点突破

在建立参数方程时,对于不同类型的几何问题,如何选取参数,是本节课的难点,比如直线的参数方程、圆锥曲线的参数方程,如何选取适当的参数,有时会让学生无从下手.基于此问题,在本教学设计中,通过选取不同类型的例题,引导学生熟悉不同曲线的参数方程的建立,并用来解决各类几何问题,使学生再次体验参数方程的作用与意义,并结合检测习题,扩大学生的知识面,让学生总结出用参数方程解决实际问题或几何问题的一般方法与步骤"建系—引入参数—坐标表示—代数运算—几何性质",形成用参数方程解决问题的结构体系.

③ 效果检测

检测1:下列关于参数的说法中正确的是(　　)

  A. 参数方程都可以化为普通方程

  B. 不同的参数方程表示不同的普通方程

  C. 参数方程在运动学中具有重要意义

  D. 参数方程中的参数一定具有物理、几何意义

检测点:理解参数方程的概念及参数的意义.

检测2:已知直线 l 经过点 $P(1,1)$,倾斜角 $\theta=\dfrac{\pi}{6}$,写出直线 l 的参数方程.

检测点:求曲线的参数方程.

检测3:已知实数 x,y 满足 $x^2+4y^2=4$,求 $2x+y$ 的最大值.

检测点:参数方程在几何问题中的应用.

参考答案

检测1:C.   **检测2**:$\begin{cases} x=1+\dfrac{\sqrt{3}}{2}t, \\ y=1+\dfrac{1}{2}t \end{cases}(t\in\mathbf{R}).$ **检测3**:$\sqrt{17}$.

（上海市民办金苹果学校　何帅）

第三章　空间向量及其应用

本章导读

一、知识导读

① 知识起点

本章建立在"平面向量及其应用"与"立体几何初步"的基础之上. 空间向量及其线性运算、空间向量基本定理与坐标运算是平面向量相应内容的延续和推广；立体几何初步中判断空间直线、平面的位置关系，以及利用空间向量求距离、角的知识是进一步用向量法处理相关问题的基础.

② 知识核心

本章的研究对象是立体图形，属于几何范畴，但研究所采用的方法却是代数方法，用向量法解决立体几何问题是本章的核心. 用向量法解决几何问题的"三部曲"：用向量表示几何问题中的几何要素（如点、线、面等），把几何要素问题转化为向量运算问题；通过向量运算解决几何问题；把向量运算的结果"翻译"成几何结论.

③ 知识系统

在本章中，我们将类比平面向量相关知识，理解空间向量的相关概念、运算以及空间向量基本定理，体会平面向量与空间向量的共性和差异；借助直线的方向向量与平面的法向量刻画直线和平面的方向，从而运用向量法研究空间基本图形的位置关系和度量关系，体会向量法和综合几何方法的共性和差异；利用向量法解决简单的数学问题和实际问题，感悟向量是研究几何问题的有效工具.

④ 知识背景

文艺复兴时期，笛卡儿发现用代数方法可以研究图形的几何性质，划时代地创立了解析几何与坐标方法，使得数量标志几何位置成为可能，开启了几何学代数化的新方向. 从平面向量到空间向量，向量的投影为解决相关的距离问题提供了思路，向量的夹角又是解决与角相关的问题的有力工具. 向量集数与形于一身，向量运算既是数的运算，又是图形的运算，根据图形中几何元素之间的基本关系列出向量等式，使计算与图形特征融为一体，这一方面体现了向量法的特点，另一方面为几何问题的计算与论证开辟了新的视角.

⑤ 知识应用

对于几何问题，除了以推理论证为核心的综合法，还可以利用向量工具，通过基底法和坐标法解决. 利用向量法、通过向量运算解决几何问题，具有程序化、简单化的特点，大大降低了解决问题的技巧性，体现出明显的优势. 现实世界，空间向量同样是处理空间问题的重要方法，通过空间向量，建立数学模型，将空间元素间的位置关系转化为数量关系，通过数值计算，可以达到化繁难为简易的效果.

⑥知识外部联系.

与平面向量一样,空间向量研究的"暗线"也是向量空间理论.对于空间向量,定义了加法、数乘等线性运算,并给出线性运算满足的运算性质,这时空间中的向量所组成的集合就构成了一个实数域上的向量空间.进一步地,如果在这个向量空间里定义"数量积"运算并给出其性质,那么这个向量空间就是一个有度量概念的欧几里得空间.欧几里得空间中空间向量的加法、数乘、数量积等运算建立了空间向量与立体几何中的位置关系和度量问题之间的联系.从三维空间到 n 维空间,向量空间理论具有深刻的数学内涵、丰富的物理背景.向量是描述直线、曲线、平面、曲面以及高维空间数学问题的基本工具,是进一步学习和研究其他数学领域问题的基础,在解决现实生活、数学和物理中的问题时发挥着重要的作用.

二、主题及其课时划分

主题	课时划分
向量的概念及运算:空间向量及其运算	向量的运算:空间向量及其线性运算(1课时) 向量的运算:空间向量的数量积运算(1课时)
向量的性质:空间向量基本定理	向量的性质:空间向量基本定理(1课时)
向量的运算:空间向量的坐标表示	向量的运算:空间向量的坐标表示(1课时)
向量的应用:空间向量在立体几何中的应用	向量的应用:判断空间直线、平面的位置关系(1课时) 向量的应用:利用空间向量求距离(1课时) 向量的应用:利用空间向量求角的大小(1课时)

三、知识内容结构

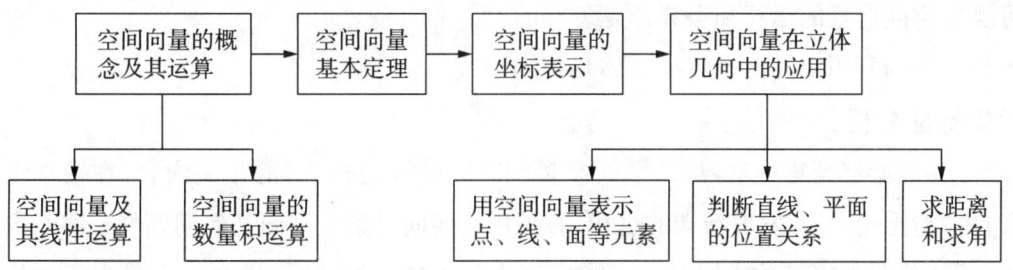

四、教学设计案例

本章将针对"空间向量及其线性运算""空间向量基本定理""判断空间直线、平面的位置关系""利用空间向量求距离""利用空间向量求角的大小"这五个重点课时的内容进行教学设计的案例建构.

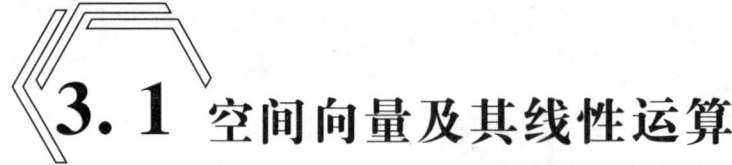

3.1 空间向量及其线性运算

教学分析

1. 学科分支思想

向量思想:沟通几何与代数的基本工具

2. 单元主题划分

单元主题:空间向量及其运算

单元划分:空间向量及其线性运算(1课时,时长为 40 min)

3. 教学主线分析

定义—表示—相关概念—运算与运算律—联系与应用

4. 知识内容结构

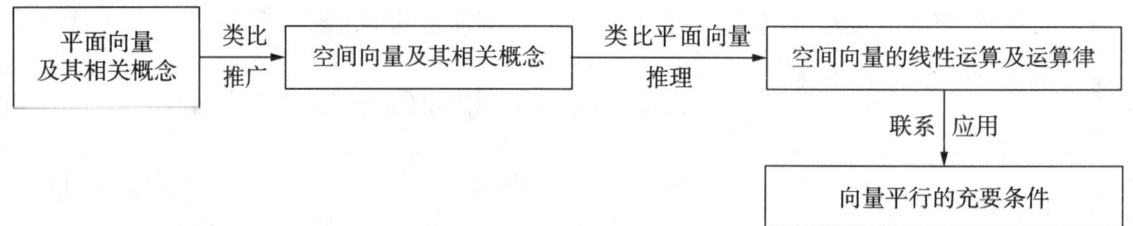

5. 核心问题思考

核心问题:怎样把平面向量推广到空间向量?

问题1:为什么要研究空间向量?

问题2:空间向量的运算和运算律是怎样的?

问题3:如何利用空间向量解决立体几何问题?

6. 学生特征分析

(1)学生在必修课程中学习了"平面向量"和"立体几何初步"的相关内容,在数学学习中经历过由"类比—推广"发现新知的过程,有了用平面向量解决平面几何问题的一些经验.

(2)学生容易忽略维数增加对向量推广带来的影响,对于如何用空间向量表示立体图形中的元素、如何通过运算得出这些元素的几何关系还比较陌生.

7. 教学目标确定

(1)结合实际问题场景,经历由平面向量推广到空间向量的过程,正确理解空间向量的概念.

(2)通过类比平面向量运算的学习过程,熟练掌握空间向量的线性运算及运算律.

（3）借助于立体几何问题的实例，初步掌握利用空间向量解决立体几何问题的方法.

（4）经历类比联想、抽象概括、分析整理、几何验证等学习过程，不断积累数学基本活动经验，逐步学习和运用研究问题的一般方法，进一步提升直观想象、逻辑推理、数学运算和数学抽象素养.

8. 数学课程类型

数学概念课，数学性质课

教学设计

教学环节 1 概念构建阶段——问题引入、回顾旧知、获得新知

教学问题 1 平面向量能推广到空间中吗？

① 问题引入

实际问题：已知一块窨井盖重约 50 kg，如果三个工人一起提井盖，三人用的力大小一样且两两夹角为 $60°$，则他们每人至少需要用多大的力才能把井盖保持水平提起？

在这个问题中，三个力 F_1, F_2, F_3 是既有大小又有方向的量，它们是不在同一平面内的向量，因此，解决这个问题需要用到空间向量的知识.

设计意图：从实际问题出发，引出本节课要研究的对象，体现学习空间向量的必要性.

② 回顾旧知

问题 1 你能回忆起在"平面向量"单元学习了哪些相关的概念吗？

复习平面向量及其相关概念.

设计意图：通过复习平面向量的相关概念引出空间向量的相关概念.

③ 获得新知

空间向量及其相关概念和表示等内容与平面向量都是一致的，见下表.

	平面向量	空间向量	图示
定义	既有大小又有方向的量叫做向量		（图：吊起的井盖，受力 G）
表示	几何表示：有向线段 AB，A 为起点，B 为终点		（图：向量 $\vec{a}$ 从 A 指向 B）
	代数表示：向量 $\overrightarrow{AB}$；向量 $\vec{a}, \vec{b}, \vec{c}, \ldots$		
向量的模	向量的大小（有向线段的长度）叫做向量的模，记作 $\lvert \overrightarrow{AB} \rvert$ 或 $\lvert \vec{a} \rvert$		—

续表

	平面向量	空间向量	图示
零向量	模为 0 的向量叫做零向量,记作 $\vec{0}$		—
单位向量	模为 1 的向量叫做单位向量 向量 $\vec{a}$ 的单位向量是与 $\vec{a}$ 方向相同且模为 1 的向量,记作 $\vec{a_0}$		

平行向量	方向相同或相反的非零向量叫做平行向量(也叫做共线向量)
	向量 $\vec{a}$ 与 $\vec{b}$ 平行,记作 $\vec{a}//\vec{b}$
	规定:零向量与任意向量平行,即对于任意向量 $\vec{a}$,都有 $\vec{0}//\vec{a}$		

相等向量	长度相等且方向相同的向量叫做相等向量 同向且等长的有向线段表示同一向量或相等的向量 向量 $\vec{a}$ 与 $\vec{b}$ 相等,记作 $\vec{a}=\vec{b}$		
负向量	与向量 $\vec{a}$ 模相等且方向相反的向量叫做 $\vec{a}$ 的负向量(或相反向量),记作 $-\vec{a}$		

设计意图:以旧的知识框架为基础,引导学生将空间向量与平面向量做类比,让学生经历向量由平面向空间推广的过程.

▷ **教学环节 2** 性质引入阶段——类比迁移、实验观察、归纳猜想

▷ **教学问题 2** 平面向量的运算也能推广到空间中吗?

① 类比迁移

问题 2 把平面向量的线性运算推广到空间中,怎么定义空间向量的加法、减法和数乘运算?

由于任意两个空间向量都可以通过平移转化为同一平面内的向量,这样任意两个空间向量的运算就可以转化为平面向量的运算. 由此,我们把平面向量的线性运算推广到空间中,定义空间向量的加法、减法和数乘运算.

运算	定义	结果	表示	图示
向量的加法	求两个向量和的运算	向量的和(一个向量)	$\vec{a}+\vec{b}$;$\overrightarrow{OA}+\overrightarrow{OB}$	

续表

运算	定义	结果	表示	图示
向量的减法	求两个向量差的运算	向量的差（一个向量）	$\vec{a}-\vec{b}$；$\overrightarrow{OA}-\overrightarrow{OB}$	
实数与向量的乘法	求实数与向量的积的运算	向量的数乘（一个向量）	$\lambda\vec{a}$；$\lambda\overrightarrow{OA}$（其中 $\lambda\in\mathbf{R}$）	$\lambda\vec{a}(\lambda>0)$ $\lambda\vec{a}(\lambda<0)$

设计意图：通过类比平面向量的运算来学习空间向量的运算，引导学生结合"式"与"图"之间的相互转换来加深对空间向量的线性运算法则的理解．

2 实验观察

活动1 利用信息技术平台辅助教学．学生以小组为单位，通过对空间向量的平移操作，观察并猜想空间向量的线性运算的运算律，并演示分享结果．

设计意图：运用信息技术直观明了，可以轻松实现向量的平移，进一步让学生理解"向量是自由的"这一特点，引导学生在体验中"学会学习"．

3 归纳猜想

与平面向量一样，空间向量的线性运算也满足以下运算律：

加法	交换律	$\vec{a}+\vec{b}=\vec{b}+\vec{a}$
	结合律	$(\vec{a}+\vec{b})+\vec{c}=\vec{a}+(\vec{b}+\vec{c})$

数乘	结合律	$\lambda(\mu\vec{a})=(\lambda\mu)\vec{a}(\lambda,\mu\in\mathbf{R})$
	第一分配律	$(\lambda+\mu)\vec{a}=\lambda\vec{a}+\mu\vec{a}(\lambda,\mu\in\mathbf{R})$
	第二分配律	$\lambda(\vec{a}+\vec{b})=\lambda\vec{a}+\lambda\vec{b}(\lambda\in\mathbf{R})$

设计意图：鼓励学生通过类比大胆猜想空间向量的线性运算的运算律，同时注意学生是否关注到由于维数的变化带来的影响，为后续教学环节的推进做好铺垫．

教学环节3 性质证明阶段——直观解释、推理论证、完善性质

教学问题3 空间向量的运算律与平面向量的有什么不同？

1 直观解释

问题3 你能证明空间向量的这些运算律吗？与平面向量的有什么不同？

任意两个空间向量都可以平移到同一平面上，因此空间向量的线性运算的运算律中只涉及两个向量的相关证明方法与平面向量的相同．而三个向量可能不在同一平面上，因此空间向量的加法结合律的证明与平面向量的有所区别．

设计意图：在运算律验证的环节，引导学生在推理探索的过程中自主发现问题、提出问题，提升思维严密性，培养逻辑推理素养．

❷ 推理论证

先回顾平面向量的加法结合律的证明.

活动2 学生仍然以小组为单位,借助信息技术,尝试证明(三个向量 $\vec{a},\vec{b},\vec{c}$ 不共面时)空间向量的加法结合律,并展示分享结果.(图3.1-1)

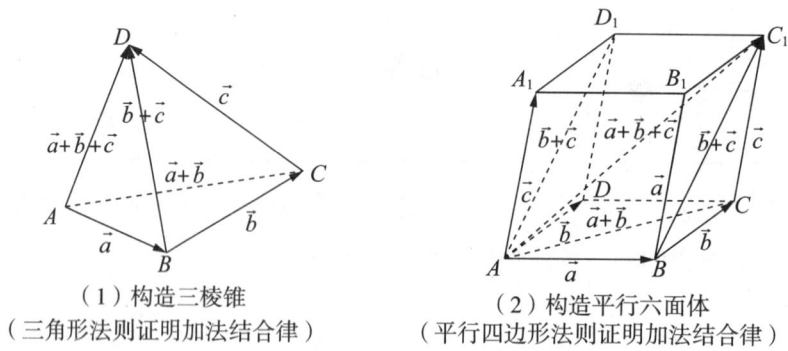

（1）构造三棱锥
（三角形法则证明加法结合律）

（2）构造平行六面体
（平行四边形法则证明加法结合律）

图 3.1-1

设计意图:引导学生用类比的方法来证明空间向量的加法结合律,关注向量从二维到三维的几何意义的变化.

❸ 完善性质

问题4 在刚才的操作过程中,你发现三个不共面的向量和与这三个向量有什么关系了吗?

推广1:首尾相接的若干个向量之和,等于由起始向量的起点指向末尾向量的终点的向量;若首尾相接的若干向量构成一个封闭图形,则它们的和为 $\vec{0}$.

推广2:有限个向量求和,交换相加向量的顺序,其和不变.

推广3:三个不共面的向量的和,等于以这三个向量为邻边的平行六面体中与这三个向量有共同始点的对角线所表示的向量.

设计意图:在证明了加法结合律之后,结合几何图形进一步说明以上推广结论,引导学生继续运用类比思想对空间向量的线性运算性质进行深入探究.

> **教学环节 4** 性质应用阶段——建立联系、应用练习、反思总结

> **教学问题 4** 如何利用空间向量解决立体几何问题?

❶ 建立联系

问题5 平面向量平行的充要条件是否同样适用于空间向量?

平面向量平行的充要条件同样适用于空间向量.

> 空间中向量 $\vec{b}$ 与非零向量 $\vec{a}$ 平行(共线)的充要条件是存在唯一实数 λ,使得 $\vec{b}=\lambda\vec{a}$.

由此可知,当两个向量平行时,这两个向量所在的直线平行或重合.反过来,当两个向量所在的直线平行或重合时,这两个向量平行.

设计意图:继续将平面向量运算的相关知识推广到空间中,建立向量运算与几何元素位置关系之间的联系,为接下来的应用做好准备.

2 应用练习

例题 1 如图 3.1-2 所示,在三棱锥 $O-ABC$ 中,M 是 BC 的中点,G 是三角形 ABC 的重心,试用 $\overrightarrow{OA},\overrightarrow{OB},\overrightarrow{OC}$ 表示 $\overrightarrow{AM}$ 和 $\overrightarrow{OG}$.

解析 连接 OM,则 $\overrightarrow{AM}=\dfrac{1}{2}(\overrightarrow{AB}+\overrightarrow{AC})=\dfrac{1}{2}(\overrightarrow{OB}-\overrightarrow{OA}+\overrightarrow{OC}-\overrightarrow{OA})=-\overrightarrow{OA}+\dfrac{1}{2}\overrightarrow{OB}+\dfrac{1}{2}\overrightarrow{OC}$.

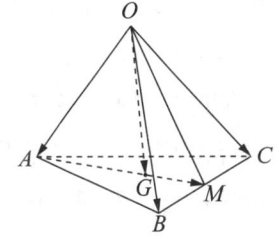

图 3.1-2

连接 OG,则 $\overrightarrow{OG}=\overrightarrow{OA}+\overrightarrow{AG}=\overrightarrow{OA}+\dfrac{2}{3}\overrightarrow{AM}=\dfrac{1}{3}(\overrightarrow{OA}+\overrightarrow{OB}+\overrightarrow{OC})$

例题 2 如图 3.1-3 所示,在长方体 $ABCD-A_1B_1C_1D_1$ 中,G 是三角形 ACD_1 的重心,求证:D,G,B_1 三点在同一直线上.

证明 设 $\overrightarrow{DA}=\vec{a},\overrightarrow{DC}=\vec{b},\overrightarrow{DD_1}=\vec{c}$.

由例题 1 知 $\overrightarrow{DG}=\dfrac{1}{3}(\vec{a}+\vec{b}+\vec{c})$,又 $\overrightarrow{DB_1}=\overrightarrow{DA}+\overrightarrow{AB}+\overrightarrow{BB_1}=$

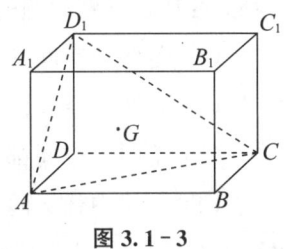

图 3.1-3

$\vec{a}+\vec{b}+\vec{c}$,由此可得 $\overrightarrow{DG}=\dfrac{1}{3}\overrightarrow{DB_1}$,所以 $\overrightarrow{DG}//\overrightarrow{DB_1}$. 又因为 D 是 $\overrightarrow{DG}$ 与 $\overrightarrow{DB_1}$ 的公共起点,所以 D,G,B_1 三点在同一直线上.

设计意图:在三维空间背景下,考查学生是否掌握向量的线性运算,是否会应用向量平行的充要条件解决几何问题.

3 反思总结

知识维度	空间向量的概念—空间向量的线性运算和运算律
方法维度	以实际问题为背景探究新知识;以旧知框架为基础整合新知识;以类比推广为手段获得新知识
思想维度	树立数与形结合的完美典范;促进代数与几何的深度融合;感悟数学知识间的整体关联

教学评价

1 核心特色

本教学设计紧扣"类比推广"这个主题.在教学过程中,充分关注学习的可迁移性,鼓励学生自主探究,在梳理平面向量及其运算的学习内容、过程和方法的基础上,类比提出空间向量及其运算的学习内容、过程和方法,将平面向量及其运算推广到空间中.同时,信息技术的使用能够极大地提高课堂效率,学生能够通过自我体验感受到从二维平面向三维空间的顺利迁移,为空间向量在立体几何中的应用奠定思维基础.

② **难点突破**

对于"任意两个向量都可以视为同一平面内的向量"这一知识点,学生可能会受到异面直线概念的干扰不易理解.在这节课的设计中,借助于信息技术,学生可以通过亲自体验直观理解"空间向量是可以自由平移的"这一特点,顺利突破难点.维数增加对向量推广带来的影响也是这节课的一个教学难点,学生在学习过程中容易忽略这种变化,在验证空间向量的加法结合律及推广三个不共面向量和的结论时,结合了具体的例子(以不同的立体图形为载体),让学生自己发现和体会到空间向量与平面向量的区别.

③ **效果检测**

检测 1:判断下列命题的真假:

(1) 若两个空间向量相等,则它们的起点和终点均相同;

(2) 若两个空间向量的大小相等,则它们是同一向量;

(3) 若两个空间都是单位向量,则它们是同一向量;

(4) 空间中任意两个向量都可以平移到同一平面内,成为同一平面内的两个向量.

检测点:空间向量及其相关概念.

检测 2:在平行六面体 $ABCD-A_1B_1C_1D_1$ 中,M 为 AC 与 BD 的交点.若 $\overrightarrow{A_1B_1}=\vec{a}$,$\overrightarrow{A_1D_1}=\vec{b}$,$\overrightarrow{A_1A}=\vec{c}$,则下列向量中与 $\overrightarrow{B_1M}$ 相等的向量是(   ).

A. $-\dfrac{1}{2}\vec{a}+\dfrac{1}{2}\vec{b}+\vec{c}$ 　　　　B. $\dfrac{1}{2}\vec{a}+\dfrac{1}{2}\vec{b}+\vec{c}$

C. $\dfrac{1}{2}\vec{a}-\dfrac{1}{2}\vec{b}+\vec{c}$ 　　　　D. $-\dfrac{1}{2}\vec{a}-\dfrac{1}{2}\vec{b}+\vec{c}$

检测点:空间向量的线性运算.

检测 3:如图 3.1-4 所示,在四面体 $ABCD$ 中,E,M,N 分别是棱 AB,AC,AD 的中点,E_1,M_1,N_1 分别是棱 CD,BD,BC 的中点,G 是线段 EE_1 的中点.试判断下列各组中的三点是否共线:

(1) G,M,M_1;

(2) G,N,N_1.

检测点:空间向量的线性运算,向量平行的充要条件.

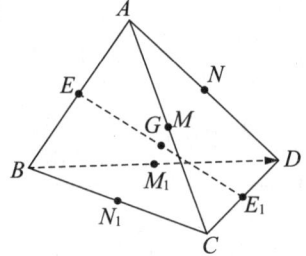

图 3.1-4

检测 1:(1) 假. (2) 假. (3) 假. (4) 真.　**检测 2**:A.　**检测 3**:(1) 是. (2) 是.

(上海师范大学附属中学　王晴)

3.2 空间向量基本定理

教学分析

1. 学科分支思想

向量思想：沟通几何与代数（能为代数建立几何直观——法则与变换，也能利用运算解决几何问题——位置与度量）

2. 单元主题划分

单元主题：空间向量基本定理

单元划分：空间向量基本定理（1课时，时长为 40 min）

3. 教学主线分析

定理—剖析—特例—推广—应用

4. 知识内容结构

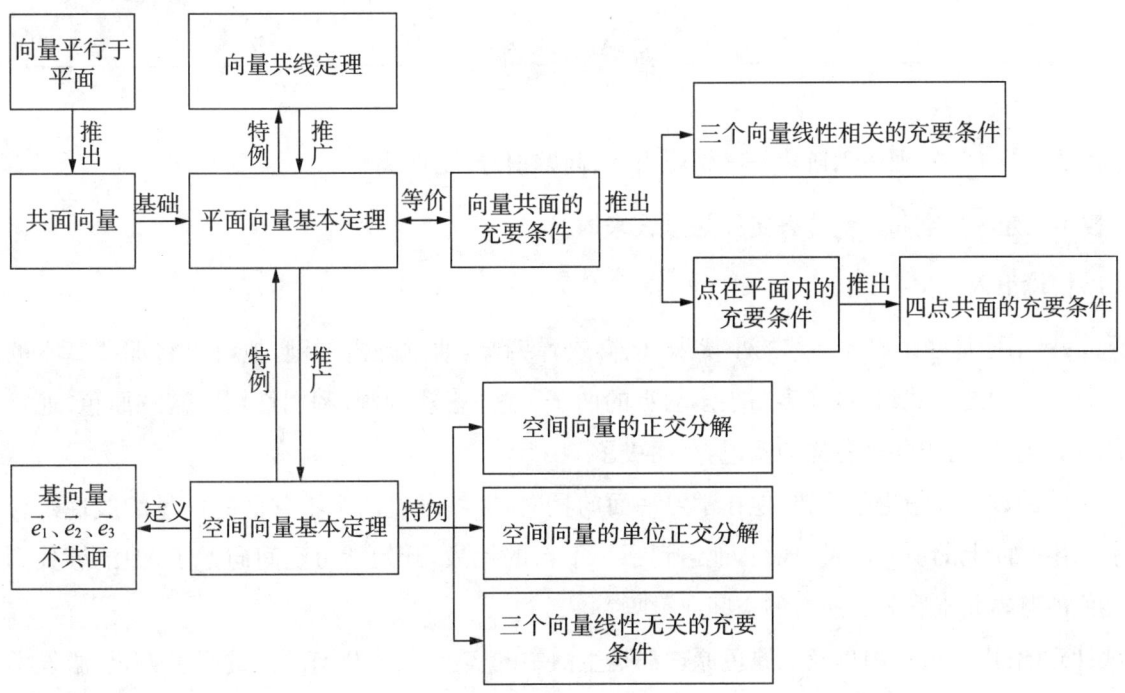

5. 核心问题思考

核心问题：如何理解空间向量基本定理？

问题1：空间向量基本定理是怎么来的？

问题2:怎么认识空间向量基本定理?

问题3:怎么应用空间向量基本定理?

6. 学生特征分析

（1）学生已经学习过平面向量相关概念及平面向量分解定理.

（2）学生能进行平面向量的相关运算,会运用相关结论进行简单的应用.

7. 教学目标确定

（1）根据已学的平面向量基本定理,准确类比得到空间向量基本定理,较准确地理解定理中的条件和结论.

（2）初步掌握如何将空间向量表示为一个基的线性组合.

（3）从多个角度,全面理解空间向量基本定理的意义,并推理论证相关结论.

（4）利用空间向量基本定理解决简单的立体几何问题.

（5）在空间向量基本定理的学习中,完整经历观察、类比、论证、推广、应用的探究过程,初步提升数学思维的品质.

8. 数学课程类型

数学命题课

教学设计

教学环节1 定理引入阶段——情境引入、问题引导、定理类比

教学问题1 空间向量分解定理是怎么来的?

①情境引入

情境 小强是一个多才多艺的小伙子.他喜欢弹钢琴,通过敲击琴键,他可以将那些基本的音符用不同的方式组合,弹奏出很多动听的曲子.他还喜欢画画,利用红、黄、蓝三原色,通过他的画笔,变幻出各种各样的颜色,美丽极了.

他的数学成绩也很不错,他在学习平面向量时,能够通过两个不共面的向量的线性组合表示出平面上的所有向量.现在,他遇到了一个新的挑战,开始学习空间向量了,他能够找到类似的基本元素来表示所有的空间向量吗?

设计意图:声音合成原理及三原色原理都是生活中的实例,对学生有一定的吸引力,能激发学生探索新知的好奇心.而且这两种原理与已经学过的平面向量基本定理中的"基"的思想是相似的,可以引出平面向量基本定理,并为接下来空间向量基本定理做好铺垫.

② 问题引导

> **平面向量基本定理**：如果 $\vec{e_1}, \vec{e_2}$ 是同一平面内的两个不共线向量，那么对于这一平面内的任一向量 $\vec{a}$，有且只有一对实数 λ_1, λ_2，使得 $\vec{a} = \lambda_1 \vec{e_1} + \lambda_2 \vec{e_2}$. 我们把不平行向量 $\vec{e_1}, \vec{e_2}$ 叫做这一平面内所有向量的一个基.

问题 1 我们知道任意两个空间向量都是共面向量. 上述定理中的"如果 $\vec{e_1}, \vec{e_2}$ 是同一平面内的两个不共线向量"可以怎样简化？

分析：可以简化为"如果 $\vec{e_1}, \vec{e_2}$ 是两个不共线向量"或者"如果 $\vec{e_1}, \vec{e_2}$ 是两个不平行的向量".

问题 2 上述定理中对向量 $\vec{a}$ 的描述为"这一平面内的任一向量 $\vec{a}$"，在空间中如何描述 $\vec{a}$ 与 $\vec{e_1}, \vec{e_2}$ 的位置关系？

分析：向量 $\vec{a}$ 与 $\vec{e_1}, \vec{e_2}$ 是共面向量.

问题 3 根据上述定理，请说出空间向量 $\vec{a}$ 与 $\vec{e_1}, \vec{e_2}$ 是共面向量的充要条件是什么？

分析：可得出下述定理.

> **向量共面的充要条件**（共面向量基本定理）：如果 $\vec{e_1}, \vec{e_2}$ 是两个不平行的向量，那么空间中的向量 $\vec{a}$ 与 $\vec{e_1}, \vec{e_2}$ 共面的充要条件是存在唯一的一对实数 λ 与 μ，使得 $\vec{a} = \lambda \vec{e_1} + \mu \vec{e_2}$.

设计意图：向量共面的充要条件可以看作平面向量基本定理（二维）在空间（三维）中的表述. 借此可以建立空间和平面的联系，为后面从平面到空间的类比做好铺垫.

③ 定理类比

开普勒说："我珍视类比胜过任何别的东西，它是我最可信赖的老师，它能揭示自然界的秘密."平面向量有基本定理，那么空间向量是否同样有基本定理呢？

问题 4 通过对平面向量基本定理进行类比，可以得到怎样的结论？

范围	基	基的个数	基的关系	实数	实数的个数	基的线性组合	图形
平面	$\vec{e_1}, \vec{e_2}$	两个	不共线	λ_1, λ_2	一对	$\vec{a} = \lambda_1 \vec{e_1} + \lambda_2 \vec{e_2}$	
空间	$\vec{e_1}, \vec{e_2}, \vec{e_3}$	三个	不共面	$\lambda_1, \lambda_2, \lambda_3$	三个	$\vec{a} = \lambda_1 \vec{e_1} + \lambda_2 \vec{e_2} + \lambda_3 \vec{e_3}$	

空间向量基本定理：如果 $\vec{e_1},\vec{e_2},\vec{e_3}$ 是三个不共面的向量，那么对于空间中的任意一个向量 $\vec{a}$，存在唯一的一组实数 $\lambda_1,\lambda_2,\lambda_3$，使得 $\vec{a}=\lambda_1\vec{e_1}+\lambda_2\vec{e_2}+\lambda_3\vec{e_3}$．

我们把不共面的向量 $\vec{e_1},\vec{e_2},\vec{e_3}$ 叫做空间向量的一个基．

空间向量基本定理的其他表述：空间中任意三个不共面的向量都是组成空间向量的一个基．

设计意图：通过已学的平面向量基本定理进行类比得到空间向量基本定理，符合学生的认知，易于接受这一新定理，并为后面定理的进一步推广提供方法．

▶ **教学环节 2** 定理分析阶段——**定理证明、定理剖析、定理特例**

▶ **教学问题 2** 怎么认识空间向量基本定理？

①定理证明

问题 5 怎样从几何角度认识空间向量基本定理呢？

分析：如图 3.2-1 所示，在空间内任取一点 O，作 $\overrightarrow{OP}=\vec{a}$，$\overrightarrow{OE_1}=\vec{e_1}$，$\overrightarrow{OE_2}=\vec{e_2}$，$\overrightarrow{OE_3}=\vec{e_3}$，以直线 OE_1,OE_2,OE_3 为三条棱所在的直线和以直线 OP 为对角线所在的直线构造平行六面体，则 $\overrightarrow{OP}=\overrightarrow{OA}+\overrightarrow{OB}+\overrightarrow{OC}$．由向量共线定理可得，有且只有一组实数 $\lambda_1,\lambda_2,\lambda_3$，使得 $\overrightarrow{OA}=\lambda_1\vec{e_1},\overrightarrow{OB}=\lambda_2\vec{e_2},\overrightarrow{OC}=\lambda_3\vec{e_3}$，所以 $\vec{a}=\lambda_1\vec{e_1}+\lambda_2\vec{e_2}+\lambda_3\vec{e_3}$，且分解是唯一的．

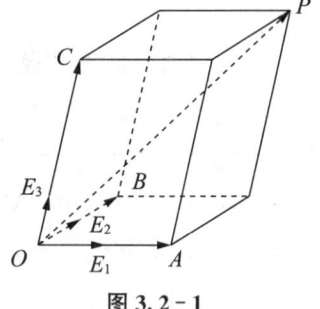

图 3.2-1

说明：特殊地，如果 $\vec{a}$ 与 $\vec{e_1},\vec{e_2},\vec{e_3}$ 其中一个向量平行，易证．

问题 6 怎样从代数角度论证空间向量基本定理呢？

分析：对于唯一性，我们还可以换个角度证明．

设 $\vec{a}=\lambda_1\vec{e_1}+\lambda_2\vec{e_2}+\lambda_3\vec{e_3}=\lambda_1'\vec{e_1}+\lambda_2'\vec{e_2}+\lambda_3'\vec{e_3}$，则 $(\lambda_1-\lambda_1')\vec{e_1}+(\lambda_2-\lambda_2')\vec{e_2}+(\lambda_3-\lambda_3')\vec{e_3}=\vec{0}$．假设此式左边三个系数中有一个非零，不妨设 $\lambda_1-\lambda_1'\neq 0$，则 $\vec{e_1}=-\dfrac{\lambda_2-\lambda_2'}{\lambda_1-\lambda_1'}\vec{e_2}-\dfrac{\lambda_3-\lambda_3'}{\lambda_1-\lambda_1'}\vec{e_3}$．这与 $\vec{e_1},\vec{e_2},\vec{e_3}$ 不共面矛盾，所以假设不成立．应有 $\lambda_1=\lambda_1',\lambda_2=\lambda_2',\lambda_3=\lambda_3'$，唯一性得证．

设计意图：此处对"存在性"的证明与教科书上有所不同，是从几何角度进行说明的，类比了平面向量的平行四边形法则．运用类比来思考，易于理解，对"唯一性"，此处从几何、代数两个角度进行了说明：几何角度延续了"存在性"的几何方法，代数角度注重严谨的代数推导．向量是连接几何和代数的桥梁，在此处学生可以初步感受到．

②定理剖析

（1）定理特征

问题 7 请对空间向量基本定理表述中的关键词语进行解读．

关键词	性质	解读
任意	任意性	此定理中所考虑的向量 $\vec{a}$ 是任意的空间向量,空间的一个基可以是任意的三个不共面向量(基的不唯一性)
存在	存在性	线性组合的存在性,即存在实数 $\lambda_1,\lambda_2,\lambda_3$,使 $\vec{a}=\lambda_1\vec{e_1}+\lambda_2\vec{e_2}+\lambda_3\vec{e_3}$
唯一	唯一性	线性组合的唯一性,即上述线性组合中的 $\lambda_1,\lambda_2,\lambda_3$ 的值是唯一的
基本	基本性	该定理是推出后续很多向量理论的基础,具有奠基意义.给定空间内三个不共面的向量,通过线性运算,可以构造出该空间内的所有向量,从而空间内任意向量的问题都可以转化为基中三个向量之间的问题,化"任意"为"确定",化未知为已知,从而实现了运用向量解决几何问题的完备性

设计意图:让学生对定理的认识更加深入.

(2) 定理含义

问题8 空间向量的一个基 $\vec{e_1},\vec{e_2},\vec{e_3}$ 有什么特征?

给出空间向量的任意一个基 $\vec{e_1},\vec{e_2},\vec{e_3}$,则它们三个向量是不共面的,也就意味着任意的两个不共线,任意的一个不为零向量.可以简称为"三个不共面,两两不共线,任一不为零".

所有空间向量所组成的集合为 $\{\vec{a}|\vec{a}=\lambda_1\vec{e_1}+\lambda_2\vec{e_2}+\lambda_3\vec{e_3},\lambda_1,\lambda_2,\lambda_3\in\mathbf{R}\}$.

③ 定理特例

问题9 如果将空间向量基本定理中的某一个或某几个已知条件特殊化,可以得到怎样的特殊结论呢?

在空间向量基本定理中,$\vec{a}$ 为被表示向量,可以用基 $\vec{e_1},\vec{e_2},\vec{e_3}$ 线性表示,$\lambda_1,\lambda_2,\lambda_3$ 为系数.我们可以从如下角度进行特例变形:

结论1 当系数 $\lambda_1,\lambda_2,\lambda_3$ 中有两个的值为 0 时,不妨设当 $\lambda_2=\lambda_3=0$ 时,有 $\vec{a}=\lambda_1\vec{e_1}$,此时 $\vec{a}//\vec{e_1}$.该定理可表述如下:(一维)如果非零向量 $\vec{e_1}$ 与 $\vec{a}$ 共线,那么有且只有一个实数 λ_1,使得 $\vec{a}=\lambda_1\vec{e_1}$.这就是向量共线定理.

结论2 当系数 $\lambda_1,\lambda_2,\lambda_3$ 中有一个的值为 0 时,不妨设当 $\lambda_3=0$ 时,有 $\vec{a}=\lambda_1\vec{e_1}+\lambda_2\vec{e_2}$,此时 $\vec{a}$ 与 $\vec{e_1},\vec{e_2}$ 共面.该定理可表述如下:(二维)如果 $\vec{e_1}$ 与 $\vec{e_2}$ 是平面上两个不平行的向量,那么该平面上的任意向量 $\vec{a}$,都可唯一地表示为 $\vec{e_1}$ 与 $\vec{e_2}$ 的线性组合,即存在唯一的一对实数 λ_1 与 λ_2,使得 $\vec{a}=\lambda_1\vec{e_1}+\lambda_2\vec{e_2}$.这就是平面向量基本定理.

结论3 当系数 $\lambda_1,\lambda_2,\lambda_3$ 中有一个的值为 0 时,不妨设当 $\lambda_3=0$ 时,有 $\vec{a}=\lambda_1\vec{e_1}+\lambda_2\vec{e_2}$,此时 $\vec{a}$ 与 $\vec{e_1},\vec{e_2}$ 共面.该定理可表述如下:(三维)如果 $\vec{e_1},\vec{e_2}$ 是两个不平行的向量,那么空间中的向量 $\vec{a}$ 与 $\vec{e_1},\vec{e_2}$ 共面的充要条件是,存在唯一的一对实数 λ_1 与 λ_2,使得 $\vec{a}=\lambda_1\vec{e_1}+\lambda_2\vec{e_2}$.这就是向量共面的充要条件(共面向量基本定理).

结论 4 如果基 $\vec{e_1}, \vec{e_2}, \vec{e_3}$ 为有公共起点 O 的三个两两垂直的向量,那么对空间中任意一个向量 $\vec{a}$,存在唯一的一组实数 $\lambda_1, \lambda_2, \lambda_3$,使得 $\vec{a} = \lambda_1 \vec{e_1} + \lambda_2 \vec{e_2} + \lambda_3 \vec{e_3}$. 这种分解可以称为空间向量的正交分解.

结论 5 如果基 $\vec{e_1}, \vec{e_2}, \vec{e_3}$ 为有公共起点 O 的三个两两垂直的单位向量,那么对空间中任意一个向量 $\vec{a}$,存在唯一的一组实数 $\lambda_1, \lambda_2, \lambda_3$,使得 $\vec{a} = \lambda_1 \vec{e_1} + \lambda_2 \vec{e_2} + \lambda_3 \vec{e_3}$. 这种分解可以称为空间向量的单位正交分解.

设计意图:通过将空间向量基本定理中的系数、基、被表示向量赋予特殊的意义,得到已学的、即将要学的一些结论,这不仅可以体现空间向量基本定理承上启下的作用,而且给出了从一般到特殊的数学思想方法.

▶ **教学环节 3** 定理应用阶段——定理温习、定理运用、定理总结

▶ **教学问题 3** 怎么应用空间向量基本定理?

① **定理温习**

例题 1 下列命题是否为真命题?如果是,请说明理由;如果不是,请举出反例.

(1) 已知向量 $\vec{a}, \vec{b}$ 与任何向量不能构成空间向量的一个基,则 $\vec{a}$ 与 $\vec{b}$ 的关系是不共线.

(2) 已知向量 $\vec{a}, \vec{b}$ 是两个不共线向量,而 $\vec{c} = \lambda \vec{a} + \mu \vec{b}$ ($\lambda, \mu \in \mathbf{R}$,且 $\lambda\mu \neq 0$),则 $\vec{a}, \vec{b}, \vec{c}$ 是空间的一个基.

(3) 已知向量 $\vec{a} // \vec{b}, \vec{b}$ 与 $\vec{c}$ 不共线,则 $\vec{a}, \vec{b}, \vec{c}$ 是空间的一个基.

解析 对于(1),如果向量 $\vec{a}, \vec{b}$ 与任何向量不能构成空间向量的一个基,那么 $\vec{a}, \vec{b}$ 的关系是共线,因此是假命题.

对于(2),$\vec{a}, \vec{b}, \vec{c}$ 共面,因此是假命题.

对于(3),因为向量 $\vec{a} // \vec{b}$,所以 $\vec{a}, \vec{b}, \vec{c}$ 共面,因此是假命题.

设计意图:引导正确理解何为空间的基,确定三个向量不共面,进而找到空间的一个基,是运用空间向量分解定理解题的前提条件.

② **定理运用**

例题 2 已知平行六面体 $ABCD - A'B'C'D'$,如图 3.2-2 所示,在面对角线 AD', BD 上分别取点 M, N,使 $\overrightarrow{AM} = \lambda \overrightarrow{AD'}$,$\overrightarrow{BN} = \lambda \overrightarrow{BD}$ ($0 < \lambda < 1$),记 $\overrightarrow{AB} = \vec{a}, \overrightarrow{AD} = \vec{b}, \overrightarrow{AA'} = \vec{c}$.

(1) 若 $\lambda = \dfrac{1}{2}$,则用 $\vec{a}, \vec{b}, \vec{c}$ 分别表示向量 $\overrightarrow{AC'}, \overrightarrow{A'C}, \overrightarrow{MC}, \overrightarrow{C'N}$.

(2) 求证:向量 $\overrightarrow{MN}$ 与向量 $\vec{a}, \vec{c}$ 共面.

解析 (1) 利用向量的加法、减法和数乘运算法则,可得 $\overrightarrow{AC'} =$

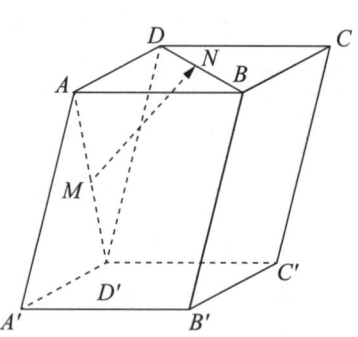

图 3.2-2

$\vec{a}+\vec{b}+\vec{c}$,$\overrightarrow{A'C}=\vec{a}+\vec{b}-\vec{c}$,$\overrightarrow{MC}=\vec{a}+\dfrac{1}{2}\vec{b}-\dfrac{1}{2}\vec{c}$,$\overrightarrow{C'N}=-\dfrac{1}{2}\vec{a}-\dfrac{1}{2}\vec{b}-\vec{c}$.

(2) $\overrightarrow{MN}=(1-\lambda)\vec{a}-\lambda\vec{c}$,故向量 $\overrightarrow{MN}$ 与向量 $\vec{a}$,$\vec{c}$ 共面.

设计意图：第(1)小题需要将所求向量表示为基的线性组合，这是空间向量基本定理的最基本应用；第(2)小题是对向量共面充要条件的运用，这正是空间向量基本定理的一个特例.

例题 3 已知平行六面体 $ABCD$-$A'B'C'D'$ 中，$AB=4$，$AD=3$，$AA'=5$，$\angle BAD=90°$，$\angle BAA'=\angle DAA'=60°$，求 AC' 的长.

解析 如图 3.2-3 所示，取 $\overrightarrow{AB}$,$\overrightarrow{AD}$,$\overrightarrow{AA'}$ 为基，可得 $\overrightarrow{AC'}=\overrightarrow{AC}+\overrightarrow{CC'}=\overrightarrow{AB}+\overrightarrow{AD}+\overrightarrow{AA'}$，则

$|\overrightarrow{AC'}|^2=|\overrightarrow{AB}+\overrightarrow{AD}+\overrightarrow{AA'}|^2$
$=\overrightarrow{AB}^2+\overrightarrow{AD}^2+\overrightarrow{AA'}^2+2(\overrightarrow{AB}\cdot\overrightarrow{AD}+\overrightarrow{AB}\cdot\overrightarrow{AA'}+\overrightarrow{AD}\cdot\overrightarrow{AA'})$
$=4^2+3^2+5^2+2\left(4\times3\times0+4\times5\times\dfrac{1}{2}+3\times5\times\dfrac{1}{2}\right)=85$，故 AC' 的长 $|\overrightarrow{AC'}|=\sqrt{85}$.

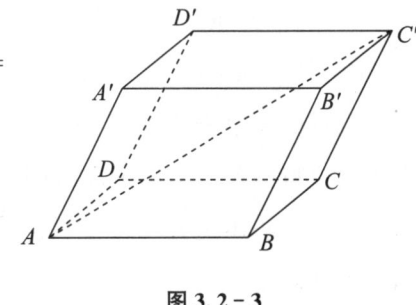

图 3.2-3

设计意图：通过空间向量基本定理将求线段长度的问题转化为求向量的模的问题.此题也可以不用向量法，但需要添加辅助线，对空间想象能力有着更高的要求.

③ 定理总结

问题 10 可以从内容、功能、价值三个方面对空间向量基本定理进行阐述.

方面	空间向量基本定理
内容	空间向量基本定理，简单来说，就是将任意的空间向量表示为三个不共面向量的唯一的线性组合，进而将无限的空间向量问题转化为有限的空间向量问题
功能	通过基，可以研究任意的空间向量，并且将空间内的任意向量的运算问题转化为一个基的运算问题，可以减少未知量的个数
价值	向量是连接代数和几何的一座桥梁，借助于空间向量，将任意空间向量用一个基的线性组合表示后，就可以通过向量，将立体几何中的很多问题转化为代数的运算

教学评价

① 核心特色

本教学设计的目标表述清晰，教学设计注重整体把握章节特点，目标表述有层次；教学的

三个环节的设置环环相扣,情境引入能够激发学生的学习兴趣;关注学生的认知发展,从学生的理解角度设置教学内容,让学生经历定理的观察、发现、论证、剖析、特例、推广、应用这一完整过程,并能在数学情境中发现问题的本质,有助于数学思维的发展.

② 难点突破

学生对于空间向量基本定理的理解是本节课的难点.本教学设计注重新旧知识的联系,通过问题串(问题1、问题2、问题3),将二维的平面向量基本定理转化为三维的向量共面的充要条件(共面向量基本定理),并且通过问题4从平面向量基本定理类比得到空间向量基本定理,学生易于理解,并能加深学生的认识.在定理理解上,通过问题串(问题7、问题8),引导学生从定理的文字表述、内在含义这两个角度对定理进行深入分析、思想升华.问题9则是引导学生通过特殊条件给出定理特例,加深理解.课堂小结基于数学知识结构和方法结构,进一步指出数学核心思想方法和基本观念,提升学生的思想认识.

③ 效果检测

检测1:下列命题中正确的是(　　).

  A. 空间中的任何一个向量都可以用其他三个向量表示

  B. 任意三个不共线的向量都可以构成空间的一个基

  C. 只有两两互相垂直的向量才能构成空间的一个基

  D. 若三个非零向量不能构成空间的一个基,则这三个向量共面

检测点:空间向量基本定理相关概念的辨析.

检测2:已知三棱锥 $O\text{-}ABC$ 中,点 M,N 分别为 OA,BC 的中点,且 $\overrightarrow{OA}=\vec{a},\overrightarrow{OB}=\vec{b},\overrightarrow{OC}=\vec{c}$,将 $\overrightarrow{MN}$ 用 $\vec{a},\vec{b},\vec{c}$ 表示出来.

检测点:用一个基的线性组合表示一个向量.

检测3:已知空间向量 $\vec{a},\vec{b},\vec{p}$,请写出下列命题中所有真命题的序号_____.

  ① 若存在 $x,y\in\mathbf{R}$,使得 $\vec{p}=x\vec{a}+y\vec{b}$,则 $\vec{p}$ 与 $\vec{a},\vec{b}$ 共面;

  ② 若 $\vec{p}$ 与 $\vec{a},\vec{b}$ 共面,则存在 $x,y\in\mathbf{R}$,使得 $\vec{p}=x\vec{a}+y\vec{b}$;

  ③ 若 $\vec{a}$ 与 $\vec{b}$ 不共线,则对于空间中的任一向量 $\vec{p}$,存在 $x,y\in\mathbf{R}$,使得 $\vec{p}=x\vec{a}+y\vec{b}$.

检测点:判断是否共面(如三个空间向量、空间四点等).

检测4:已知正四面体 $OABC$ 中,点 M,N 分别是 OA,BC 的中点,各棱长均为2,且 $\overrightarrow{OA}=\vec{a},\overrightarrow{OB}=\vec{b},\overrightarrow{OC}=\vec{c}$,求 MN 的长度.

检测点:利用空间向量基本定理解决简单的立体几何问题(如求角、求距离、判断平行或垂直等).

参考答案

检测1：D． 检测2：$\overrightarrow{MN}=-\dfrac{1}{2}\vec{a}+\dfrac{1}{2}\vec{b}+\dfrac{1}{2}\vec{c}$． 检测3：①． 检测4：$\sqrt{2}$．

（上海市建平中学 姚雪）

3.3 判断空间直线、平面的位置关系

教学分析

1. 学科分支思想

几何问题代数化：用向量法解决立体几何问题

2. 单元主题划分

单元主题：空间向量在立体几何中的应用

单元划分：判断空间直线、平面的位置关系（1课时，时长为60 min）

3. 教学主线分析

定义—表示—特例—应用—联系

4. 知识内容结构

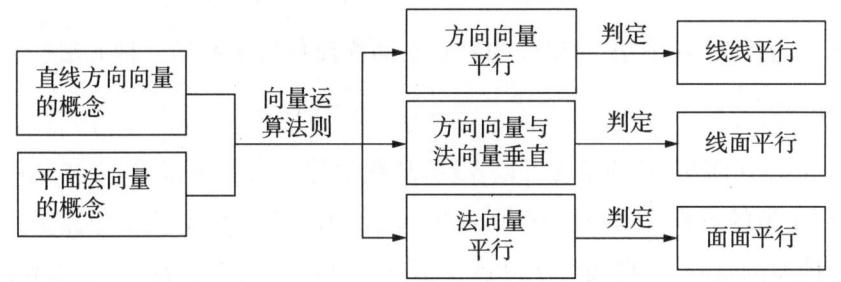

5. 核心问题思考

核心问题：如何利用空间向量解决空间直线、平面之间的平行问题？

问题1：向量法解决空间直线、平面平行（垂直）关系的依据是什么？

问题2：向量法解决空间直线、平面平行（垂直）关系的优越性是什么？

问题3：如何利用向量法解决空间直线、平面的平行关系问题？

6. 学生特征分析

（1）学生在必修课程"平面向量"和"立体几何初步"的基础上学习了空间向量，在前面几

节的铺垫下,学生已具备了空间向量的运算能力和空间向量基本定理的应用能力,知道了空间中点、直线和平面的向量表示方法.

(2) 学生在"立体几何初步"的学习中,对空间直线、平面位置关系等公理体系有了一定的认识,但缺乏整体性、系统性,对于用向量法处理这些问题没有经验,习惯于坐标运算(建立适当的空间直角坐标系,利用向量的坐标运算),对基底运算(选取三个不共面的向量作为基向量,利用向量的基底运算)比较陌生,主要是对基本定理的应用还不熟悉.另外,学生对于立体几何证明题有畏难情绪.

7. 教学目标确定

(1) 在用向量语言描述空间点、线、面基本要素的基础上,正确表述与"平行"关系对应的向量关系.

(2) 利用向量法证明有关空间直线、平面平行(垂直)关系的判定定理.

(3) 在具体情境中,建立空间图形与空间向量的联系,运用向量法解决有关空间直线、平面平行(垂直)关系的问题.

(4) 体会向量法在解决空间直线、平面位置关系问题中的作用,感悟数形结合思想和几何问题代数化的思想,提升直观想象和数学运算素养.

8. 数学课程类型

数学方法课

教学环节1 方法引入阶段——复习旧知、寻找关联、方法介绍

教学问题1 为什么"向量法"可以作为判定空间线面位置关系的一种方法?

① 复习旧知

情境 通过"立体几何初步"的学习可以发现,从数学的内在逻辑来看,立体几何的基本线索遵循从定性到定量的过程.比如对于空间直线、平面的位置关系,研究的思路是在通过实验归纳、发现空间性质的基础上,用演绎法以逻辑推理去证明所发现的性质,探索新的知识,并用公理化思想将各种几何性质系统化,组成逻辑严密的欧几里得几何,我们把这种方法称为"综合几何法".

设计意图:阐明已有的认知基础.

② 寻找关联

在"平面向量"中,我们发现平面内的点、直线都可以通过平面向量及其运算来表示,它们之间的平行、垂直等关系可以通过平面向量运算而得到,从而获知有关平面图形的向量解法.

向量是具有大小和方向的量,这一概念既适用于平面,也适用于空间.上一节中,我们认识到直线的方向向量和平面的法向量是确定空间中的直线和平面的关键量.自然就想到,是否可以通过类比,将空间向量作为一种新的工具,帮助我们研究立体几何中的位置关系问题呢？

设计意图：明确要研究的问题,回忆已有的经验.

③ 方法介绍

设空间直线 l,m 的方向向量分别为 $\vec{a},\vec{b}$,平面 α,β 的法向量分别为 $\vec{u},\vec{v}$.

活动 1 能否将"两直线平行"与相应两个方向向量的关系分别用图形语言、符号语言、向量运算进行表征？

活动 2 能否将其他的线面平行的位置关系与向量关系加以联系？

具体关系如下表所示.

平行问题	文字语言	图形语言	符号语言	向量运算
线线平行	两条直线平行的充要条件是它们的方向向量平行	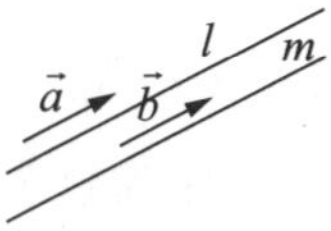	$l/\!/m \Leftrightarrow \vec{a}/\!/\vec{b}$	存在 $k\in\mathbf{R}$,使得 $\vec{a}=k\vec{b}$
线面平行	平面外一条直线和平面平行的充要条件是直线的方向向量垂直于平面的法向量	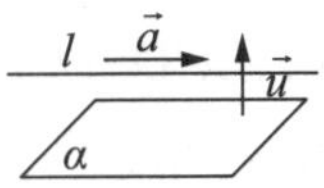	$l/\!/\alpha \Leftrightarrow \vec{a}\perp\vec{u}$ 且 $l\not\subset\alpha$	$\vec{a}\cdot\vec{u}=0$ 且 $l\not\subset\alpha$
面面平行	两个平面平行的充要条件是它们的法向量平行	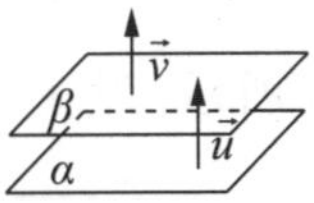	$\alpha/\!/\beta \Leftrightarrow \vec{u}/\!/\vec{v}$	存在 $k\in\mathbf{R}$,使得 $\vec{u}=k\vec{v}$

设计意图：建立图形与向量的关系,将图形的平行关系转化为向量的运算关系.

教学环节 2 方法理解阶段——比较分析、策略分析、步骤分析

教学问题 2 向量法解决空间线面平行位置关系的步骤是什么?

① 比较分析

例题 1 用向量法证明"平面与平面平行的判定定理"：如果一个平面内的两条相交直线与另一个平面平行,那么这两个平面平行.

已知：如图 3.3-1 所示,直线 a,b 是平面 α 内的两条相交直线,且满足 $a/\!/\beta,b/\!/\beta$.

求证：$\alpha/\!/\beta$.

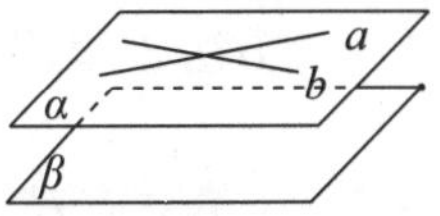

图 3.3-1

解析 设直线 a,b 的方向向量分别为 $\vec{a},\vec{b}$,平面 β 的法向量为 $\vec{v}$,在平面 α 上作任意直线 m,设直线 m 的方向向量为 $\vec{m}$.

因为直线 a,b 相交,所以向量 $\vec{a},\vec{b}$ 不平行.

由向量共面的充要条件可知,$\vec{m}$ 是 $\vec{a},\vec{b}$ 的线性组合,即存在 $\lambda,\mu\in\mathbf{R}$,使得 $\vec{m}=\lambda\vec{a}+\mu\vec{b}$.

因为 $a/\!/\beta,b/\!/\beta$,所以 $\vec{a}\cdot\vec{v}=0$ 且 $\vec{b}\cdot\vec{v}=0$,故 $\vec{v}\cdot\vec{m}=\vec{v}\cdot(\lambda\vec{a}+\mu\vec{b})=\lambda\vec{v}\cdot\vec{a}+\mu\vec{v}\cdot\vec{b}=0$.

因此,向量 $\vec{v}$ 也是平面 α 的法向量,即 $\alpha/\!/\beta$.

设计意图:使学生体会利用向量法证明面面平行的一般思路,解题时注意直线的方向向量和平面的法向量的作用.

活动 1 对比立体几何中关于面面平行判定定理的证明,你觉得向量法的优越性体现在哪里?

感悟 1 上述过程体现了数形结合的思想.区别于之前的综合几何法,我们将向量作为工具,因此把这一方法称为向量法.向量法解题时在建立向量与几何图形之间的关系之后,对图形的研究推进到了"代数能算"的水平,从而实现了从综合几何到向量几何的转变,向量运算(运算律)把向量与几何、代数有机地联系在一起.

设计意图:提出向量法,使学生理解向量法作为解决立体几何问题的工具的优越性.

②策略分析

例题 2 如图 3.3-2 所示,在正方体 $ABCD\text{-}A_1B_1C_1D_1$ 中,M,N 分别是 C_1C,B_1C_1 的中点,求证:$MN/\!/$平面 A_1BD.

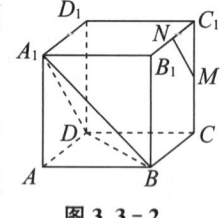

图 3.3-2

解析 [方法 1] 以 D 为原点,DA,DC,DD_1 所在直线分别为 x 轴,y 轴,z 轴,建立空间直角坐标系,如图 3.3-3 所示.设正方体的棱长为 1,则可求得向量坐标 $\overrightarrow{MN}=\left(\dfrac{1}{2},0,\dfrac{1}{2}\right),\overrightarrow{DA_1}=(1,0,1),\overrightarrow{DB}=(1,1,0)$.

设平面 A_1BD 的一个法向量为 $\vec{n}=(x,y,z)$,

则 $\begin{cases}\vec{n}\cdot\overrightarrow{DA_1}=0,\\ \vec{n}\cdot\overrightarrow{DB}=0,\end{cases}$ 即 $\begin{cases}x+z=0,\\ x+y=0,\end{cases}$

取 $x=1$,得 $\vec{n}=(1,-1,-1)$.

计算得 $\overrightarrow{MN}\cdot\vec{n}=0$,故 $\overrightarrow{MN}\perp\vec{n}$.

又由于 $MN\not\subset$ 平面 A_1BD,所以 $MN/\!/$ 平面 A_1BD.

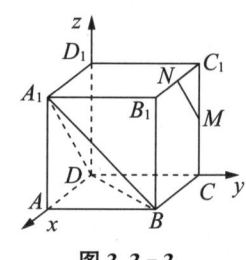

图 3.3-3

[方法 2] 因为 $\overrightarrow{MN}=\overrightarrow{C_1N}-\overrightarrow{C_1M}=\dfrac{1}{2}(\overrightarrow{CB}-\overrightarrow{B_1B})=\dfrac{1}{2}(\overrightarrow{DB}-\overrightarrow{DC}-\overrightarrow{A_1B}+\overrightarrow{A_1B_1})=\dfrac{1}{2}\overrightarrow{DB}-\dfrac{1}{2}\overrightarrow{A_1B}$,所以 $\overrightarrow{MN},\overrightarrow{DB},\overrightarrow{A_1B}$ 是共面向量.

又因为 $MN\not\subset$ 平面 A_1BD,所以 $MN/\!/$ 平面 A_1BD.

提示 还可以利用向量运算推得 $\overrightarrow{MN}=\dfrac{1}{2}\overrightarrow{DA_1}$,即得 $\overrightarrow{MN}/\!/\overrightarrow{DA_1}$,获证.

设计意图：进一步让学生体会空间向量在解决线面平行位置关系中的应用，提升推理论证能力，提高学生的数学运算及逻辑推理的核心素养．

活动 2 根据上述例题，试总结向量法证明"线面平行"的策略．

感悟 2 有以下三种处理"线面平行"的策略：

(1) 利用共面向量：证明直线的方向向量 $\vec{m}$ 与平面内的两个不共线向量 $\vec{a},\vec{b}$ 是共面向量，即满足 $\vec{m}=x\vec{a}+y\vec{b}(x,y\in\mathbf{R})$，则 $\vec{m},\vec{a},\vec{b}$ 共面，从而可证直线与平面平行．

(2) 利用共线向量：证明直线的方向向量 $\vec{m}$ 与该平面内的某一向量共线，再结合线面平行的判定定理即可证明线面平行．

(3) 利用法向量：求出直线的方向向量与平面的法向量，证明方向向量与法向量垂直，从而证明直线与平面平行．

设计意图：从例题中总结规律方法，形成体系化的结论．

3 步骤分析

活动 3 试总结向量法解决空间直线、平面平行（垂直）问题的基本步骤．

感悟 3 向量法解题的基本步骤——"三部曲"：

(1) 向量表示：建立立体图形与空间向量的联系，用空间向量表示问题中涉及的直线、平面，把几何问题转化为向量问题．

(2) 向量运算：利用向量的运算法则和运算律进行向量运算．

(3) 回归几何：根据运算结果的几何意义来解释相关问题，研究直线、平面之间的平行（垂直）关系．

设计意图：提炼向量法解题的步骤，为后续教学提供经验．

> **教学环节 3** 方法应用阶段——基本练习、内涵价值、总结联系

> **教学问题 3** 如何利用向量法解决空间直线、平面平行（垂直）问题？

1 基本练习

例题 3 如图 3.3-4 所示，在正方体 $ABCD-A_1B_1C_1D_1$ 中，O 为底面 $ABCD$ 的中心，P 是 DD_1 的中点，设 Q 是 CC_1 上的点，问：当点 Q 在什么位置时，平面 D_1BQ∥平面 PAO？

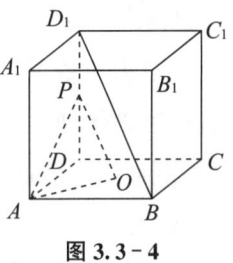

图 3.3-4

[解析] 如图 3.3-5 所示，建立空间直角坐标系，在 CC_1 上任取一点 Q，连接 BQ，D_1Q．设正方体的棱长为 1，$Q(0,1,m)$，则 $\overrightarrow{OA}=\left(\dfrac{1}{2},-\dfrac{1}{2},0\right)$，$\overrightarrow{OP}=\left(-\dfrac{1}{2},-\dfrac{1}{2},\dfrac{1}{2}\right)$．

设平面 PAO 的一个法向量为 $\vec{n_1}=(x,y,z)$，

则 $\begin{cases} \vec{n_1} \cdot \overrightarrow{OA}=0, \\ \vec{n_1} \cdot \overrightarrow{OP}=0, \end{cases}$ 即 $\begin{cases} \dfrac{1}{2}x-\dfrac{1}{2}y=0, \\ -\dfrac{1}{2}x-\dfrac{1}{2}y+\dfrac{1}{2}z=0, \end{cases}$ 取 $x=1$，得 $\vec{n_1}=(1,1,2)$．

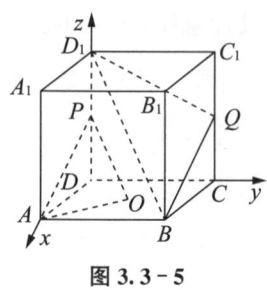

图 3.3-5

又因为 $\overrightarrow{BD_1}=(-1,-1,1)$，$\overrightarrow{QD_1}=(0,-1,1-m)$，

设平面 D_1BQ 的一个法向量为 $\vec{n_2}=(x,y,z)$，

则 $\begin{cases} \vec{n_2} \cdot \overrightarrow{BD_1}=0, \\ \vec{n_2} \cdot \overrightarrow{QD_1}=0, \end{cases}$ 即 $\begin{cases} -x-y+z=0, \\ -y+(1-m)z=0, \end{cases}$ 取 $z=1$，得 $\vec{n_2}=(m,1-m,1)$．

> **提示**
> 还可以利用向量坐标运算推得 $\overrightarrow{OP}\parallel\overrightarrow{BD_1}$，并根据 $\overrightarrow{AP}$ 与 $\overrightarrow{BQ}$ 的平行关系求得 m 的值．

要使平面 $D_1BQ\parallel$ 平面 PAO，需满足 $\vec{n_1}\parallel\vec{n_2}$，解得 $m=\dfrac{1}{2}$，这时 $Q\left(0,1,\dfrac{1}{2}\right)$．

故当 Q 为 CC_1 的中点时，平面 $D_1BQ\parallel$ 平面 PAO．

设计意图：利用向量法解决面面平行问题，体会向量法的应用价值．在处理立体几何动点问题中，体验向量法的特点优势．

活动 4 根据上述例题，试总结向量法处理"面面平行"的策略．

感悟 4 有以下两种处理"面面平行"的策略：

(1) 先转化为"线面平行""线线平行"，然后借助向量共线定理进行证明．

(2) 证明两个平面的法向量平行．

设计意图：从例题中总结规律方法，形成体系化的结论．

2 内涵价值

活动 5 向量法解题时，具体用到了哪些向量的"基本法则"？

感悟 5 与立体几何大量的公理和定理比较，向量法仅有四条基本法则：向量加法法则、向量数乘与数量积的意义及其运算律、空间向量共面充要条件、空间向量基本定理．这四条基本法则体现了向量法的简捷性和本质特征．向量集数与形于一身，向量运算既是数的运算，也是图形的运算，根据图形列出向量等式，使计算与图形融为一体，这是向量法解题的特点．

设计意图：从本质上感悟向量法的特点优势．

活动 6 向量法与综合几何法在解决立体几何问题时有什么不同？

感悟6 向量法与综合几何法的比较.

综合几何法:推理具有鲜明的逻辑性.欧几里得几何只依据基本逻辑原理(同一律、矛盾律、排中律等),从基本事实出发,通过推理演绎,建立几何关系,所以我们使用综合几何法解题时,需要依赖几何图形在头脑中所形成的直观视觉表象来进行,常常需要添加辅助线才能把相关几何元素联系起来,虽然几何论证严谨优雅,但是非常具有技巧性,没有一般规律可循.

向量法:运算具有一定的程序性.因为向量具有自由性,我们不必考虑向量所在的具体位置,可以随心所欲地将相关向量平移,有更大的灵活性.在直线、平面的位置关系研究中,方向向量和法向量自然实现了降维处理(空间中任意两个向量都是共面向量),建立向量运算(运算律)与几何图形之间的关系后,将对图形的研究推进到了"代数能算"的水平,从而实现了从综合几何到向量几何的转变,使立体几何问题的解决变得数量化、程序化,所以向量法是解决立体几何问题的简便且本质之法.

3) 总结联系

知识维度	几何要素(几何)—向量表示、向量运算(代数)—位置关系(几何)
方法维度	基向量法、坐标法
思想维度	向量法的工具价值——实现了图形的可算性;向量法的解析思想——向量几何是不依赖于坐标系的解析几何;向量法的本质内涵——数与形的对立统一

1) 核心特色

本教学设计围绕"如何利用空间向量解决立体几何直线、平面之间的平行问题"这一核心问题逐层展开,从几何元素的向量表征到位置关系的向量刻画,让学生感悟向量的工具价值.首先,用向量法一题多解,注重方法的总结,增加了向量工具的实用性;其次,本节课作为向量法解决立体几何问题的起始课,注重方法步骤的提炼,为后续的教学积累经验;最后,注重挖掘方法的本质内涵,不仅对向量法和综合几何法进行比较,更是归纳了向量法解题用到的四条基本法则,凸显了向量法应用的基本性和广泛性.

2) 难点突破

在解决满足线、面平行关系的条件下,在确定动点位置的问题中需要引入参数,而在求解法向量时又需要通过待定系数法设三个量,一道题目中有多个字母,具体运算中会有学生不明确用哪个字母表示哪个量,还有学生计算能力欠缺,所以平面法向量的表示是难点.在教学中,应注重从具体数值出发,突出运算的方式技巧,强调法向量的表示形式.另外,共面的充要条件也是向量法解题平行问题的策略之一,学生建系求法向量的意识比较强,而设基向量用共面充要条件解题的却不多,教学中应充分考虑问题处理的灵活性和多样性.

③ 效果检测

检测 1:(1) 平面 α,β 的法向量分别为 $\vec{n_1}=(x,1,-2),\vec{n_2}=(2,-2,y)$,若 $\alpha//\beta$,则 $xy=$ _____.

(2) 已知线段 AB 的两端点坐标为 $A(9,-3,4),B(9,2,1)$,则直线 AB( ).

A. 与坐标平面 xOy 平行　　　　B. 与坐标平面 yOz 平行

C. 与坐标平面 xOz 平行　　　　D. 与坐标轴 x 轴平行

检测点:几何要素的位置关系与向量运算结果的联系.

检测 2:用向量法证明"直线与平面平行的判定定理"——若平面外一条直线与此平面内的一条直线平行,则该直线与此平面平行.

检测点:利用空间向量证明判定定理.

检测 3:如图 3.3-6 所示,在直三棱柱 $ABC-A_1B_1C_1$ 中,$AC=3,BC=4,AB=5,AA_1=4$,在 AB 上是否存在点 D,使得 $AC_1//$平面 CDB_1?若存在,确定点 D 的位置;若不存在,说明理由.

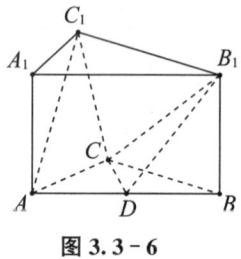

图 3.3-6

检测点:利用空间向量坐标运算确定线段上的动点位置.

检测 4:在四面体 $ABCD$ 中,E 是 BC 的中点,问:直线 AD 上是否存在点 F,使得 $AE//CF$?请说明理由.

检测点:利用空间向量线性运算确定线段上的动点位置.

参考答案

检测 1:(1) -4. (2) B.

检测 2:如图 3.3-7 所示,已知直线 l,m 和平面 α,其中 $l\not\subset\alpha,m\subset\alpha$ 且 $l//m$,求证:$l//\alpha$.

因为 $l//m$,所以存在 $k\in\mathbf{R}$,使得 $\vec{l}=k\vec{m}$.

又因为 $\vec{u}\perp\alpha,m\subset\alpha$,所以 $\vec{u}\perp\vec{m}$,故 $\vec{u}\cdot\vec{m}=0$.

因此,$\vec{u}\cdot\vec{l}=\vec{u}\cdot k\vec{m}=0$,即 $l//\alpha$.

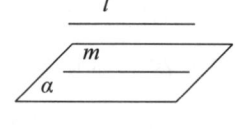

图 3.3-7

检测 3:存在,D 为线段 AB 的中点.

检测 4:假设直线 AD 上存在点 F,使得 $AE//CF$. 设 $\vec{AF}=\lambda\vec{AD}(0\leqslant\lambda\leqslant1),\vec{AB}=\vec{a},\vec{AC}=\vec{b}$,$\vec{AD}=\vec{c}$. 因为 E 是 BC 的中点,所以 $\vec{AE}=\frac{1}{2}\vec{AB}+\frac{1}{2}\vec{AC}=\frac{1}{2}\vec{a}+\frac{1}{2}\vec{b},\vec{CF}=\vec{AF}-\vec{AC}=\lambda\vec{AD}-\vec{AC}=\lambda\vec{c}-\vec{b}$. 若 $AE//CF$,则 $\vec{AE}=m\vec{CF}$,即 $\frac{1}{2}\vec{a}+\frac{1}{2}\vec{b}=m(\lambda\vec{c})-\vec{b}$,所以 $\frac{1}{2}\vec{a}+\frac{1}{2}\vec{b}=m\lambda\vec{c}-$

$m\vec{b}$,即 $\frac{1}{2}\vec{a}+\left(\frac{1}{2}+m\right)\vec{b}-m\lambda\vec{c}=\vec{0}$,故 $\begin{cases}\frac{1}{2}=0,\\ \frac{1}{2}+m=0,\\ m\lambda=0.\end{cases}$ 此时显然不成立,因此不存在点 F,使得 $AE/\!/CF$.

(华东师范大学附属东昌中学　苗静)

3.4 利用空间向量求距离

1. 学科分支思想
几何问题代数化:用向量法解决立体几何问题

2. 单元主题划分
单元主题:空间向量在立体几何中的应用

单元划分:利用空间向量求距离(1课时,时长为 40 min)

3. 教学主线分析
问题提出—公式推导—公式应用—总结提升

4. 知识内容结构

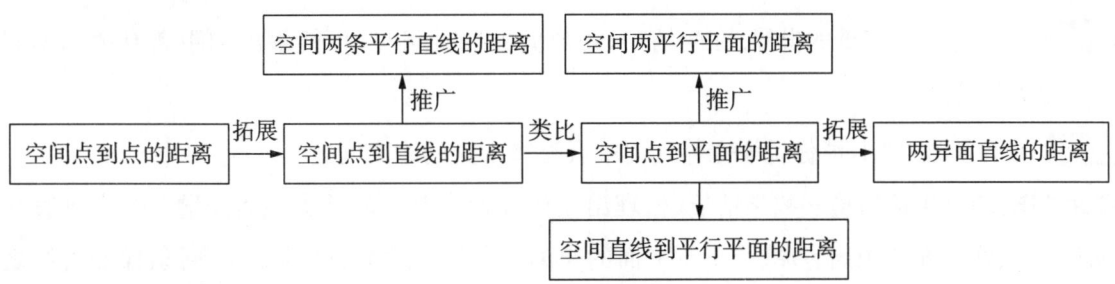

5. 核心问题思考
核心问题:如何用向量法解决立体几何中的距离问题?

问题1:立体几何中常见的距离问题有哪些?

问题2:如何用向量法解决立体几何中常见的两类距离问题?

问题3:用空间向量解决立体几何中距离问题的一般程序是什么?

6. 学生特征分析

（1）学生已经学习了立体几何中距离的概念和空间向量运算的相关知识,刚刚学过用空间向量研究立体几何中直线、平面的平行(垂直)关系,对用空间向量解决立体几何问题的思路比较熟悉.

（2）学生对于向量工具性的认识不够深刻,对于利用投影向量刻画距离并求相关距离的转化过程比较陌生.

7. 教学目标确定

（1）结合已有经验,选择合适的向量,合理地表达空间元素.

（2）结合向量数量积的知识,建立向量的模与距离的联系,利用投影向量刻画点到直线的距离.

（3）通过类比点到直线距离的研究过程,用向量表示点到平面的距离,合理转化其他距离问题,体会转化与化归思想,形成解决距离问题的程序,体会程序化思想.

（4）在利用向量法求解相关距离的过程中,感悟距离公式的推导过程,建立不同距离问题之间的联系,进一步认识向量法的工具作用,体会几何问题代数化的思想.

8. 数学课程类型

数学原理课

教学环节 1 问题提出阶段——发现问题、分析问题、形成问题

教学问题 1 立体几何中常见的距离问题有哪些?

(1) 发现问题

情境 我们生活在三维的世界.在生活中,距离问题随处可见,你能举出和距离有关的不同类型的实例吗?

追问 结合所述实例,请你说说立体几何中有哪些常见的距离问题.

设计意图:结合生活情境和数学情境,梳理出立体几何中常见的几类距离问题——点到直线的距离、点到平面的距离、直线与平行平面的距离、两平行平面之间的距离、两条异面直线之间的距离等.

(2) 分析问题

问题 1 要解决立体几何中的距离问题,关键是要解决哪几类距离问题?

设计意图:认识到空间中的距离问题本质上都是两点之间的距离问题,将常见距离问题转化为两类——点到直线的距离和点到平面的距离.

3 形成问题

问题2 类比利用空间向量刻画直线、平面位置关系的过程,如何用空间向量解决上述几类距离问题呢?

追问 用向量法解决距离问题的关键是什么?

设计意图:认识到首先要将相关的距离转化为向量的模,然后关键是求出相关向量的模,明确后续解决问题的方向.

教学环节2 公式推导阶段——方法探究、公式推导、转化推广

教学问题2 如何用向量法求直线外一点到直线的距离?

1 方法探究

问题3 给定一条直线 l 和直线 l 外一点 A,如何用向量法求点 A 到直线 l 的距离?如果将点 A 到直线 l 的距离转化为向量 $\overrightarrow{AA'}$ 的模,那么如何求向量 $\overrightarrow{AA'}$ 的模呢?

追问1 已知直线 l,如何刻画直线 l 的方向?

追问2 结合相关条件和向量的知识,容易求出图 3.4-1 中哪些线段的长度?

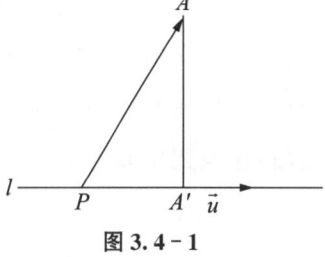

图 3.4-1

设计意图:在直线上取一点 P,得到向量 $\overrightarrow{PA}$,进而求出向量 $\overrightarrow{PA}$ 的模;借助直线的一个方向向量 $\vec{u}$,可以求出向量 $\overrightarrow{PA}$ 在向量 $\vec{u}$ 上的投影向量 $\overrightarrow{PA'}$ 的模;利用勾股定理求出向量 $\overrightarrow{AA'}$ 的模.

2 公式推导

活动1 请推导点 A 到直线 l 的距离公式.

设直线 l 的一个方向向量为 $\vec{u}$,则 $|\overrightarrow{PA'}|$ 即为向量 $\overrightarrow{PA}$ 在向量 $\vec{u}$ 上的投影向量的模,由向量的数量积可得 $|\overrightarrow{PA'}| = \dfrac{|\overrightarrow{PA} \cdot \vec{u}|}{|\vec{u}|}$,从而得到

$$|\overrightarrow{AA'}| = \sqrt{|\overrightarrow{PA}|^2 - |\overrightarrow{PA'}|^2} = \sqrt{|\overrightarrow{PA}|^2 - \dfrac{|\overrightarrow{PA} \cdot \vec{u}|^2}{|\vec{u}|^2}}.$$

设计意图:在解决问题的过程中,进一步体会投影向量模的关键作用.

3 转化推广

问题4 如何求两条平行线之间的距离?

设计意图:将两条平行线之间的距离转化为点到直线之间的距离,建立知识之间的联系.

教学环节3 类比探究阶段——问题分析、公式推导、类比推广

教学问题3 如何用向量法求平面外一点到平面的距离?

1 问题分析

问题5 类比点到直线距离的求法,如何求平面 α 外一点 P 到平面 α 的距离?

从直线的方向向量类比平面的法向量,构造投影向量,利用向量的数量积解决问题.

设计意图:类比前述思路,抓住投影向量. 如图 3.4-2 所示,将点 P 到平面 α 的距离转化为向量 $\overrightarrow{PA}$ 的模,进而转化为向量 $\overrightarrow{PB}$ 在平面 α 的法向量 $\vec{n}$ 上的投影向量的模.

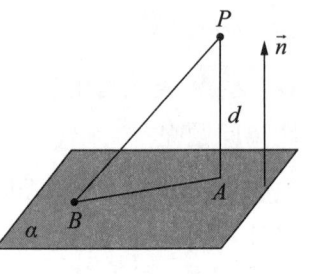

图 3.4-2

② 公式推导

活动2 请推导点 P 到平面 α 的距离公式.

已知点 P 是平面 α 外一点,平面 α 的一个法向量为 $\vec{n}$,$PA \perp$ 平面 α,点 A 为垂足,点 B 是平面 α 内的定点,则由向量的数量积可得点 P 到平面 α 的距离

$$|\overrightarrow{PA}| = \frac{|\overrightarrow{PB} \cdot \vec{n}|}{|\vec{n}|}.$$

追问 点到平面的距离与点到直线的距离的向量表示有何区别?为什么?

设计意图:学生自主推导,进一步加深对利用投影向量的模求相关距离这一核心思想的理解. 通过对比两种距离的向量表示,发现在点到直线的距离公式推导过程中,投影向量垂直于垂线段;在点到平面的距离公式推导过程中,投影向量平行于垂线段. 这是由给定图形本身的几何特征决定的.

③ 类比推广

问题6 类比上述探究过程,你还能求出立体几何中哪些常见的距离?

设计意图:将直线与平行平面之间的距离、两平行平面的距离转化为点到平面之间的距离,建立知识之间的联系. 学有余力的同学可进一步思考如何求两条异面直线之间的距离.

教学环节4 公式应用阶段——巩固应用、形成结构、总结拓展

教学问题4 用空间向量解决立体几何中距离问题的一般程序是什么?

① 巩固应用

例题1 如图 3.4-3 所示,正方体 $ABCD-A_1B_1C_1D_1$ 的棱长为 1,M,N 分别是 BB_1,B_1C_1 的中点.

(1) 求点 M 到直线 AD_1 的距离;

(2) 求直线 MN 到平面 ACD_1 的距离.

解析 如图 3.4-4 所示,建立空间直角坐标系,则 $A(1,0,0)$,$A_1(1,0,1)$,$B_1(1,1,1)$,$C(0,1,0)$,$D_1(0,0,1)$.

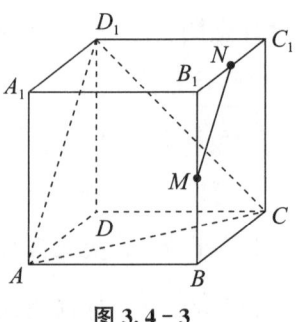

图 3.4-3

(1) $M\left(1,1,\dfrac{1}{2}\right)$,$\overrightarrow{AD_1}=(-1,0,1)$,$\overrightarrow{AM}=\left(0,1,\dfrac{1}{2}\right)$,$|\overrightarrow{AM}|=\dfrac{\sqrt{5}}{2}$,

向量 $\overrightarrow{AM}$ 在向量 $\overrightarrow{AD_1}$ 上的投影向量的模 $\dfrac{|\overrightarrow{AM}\cdot\overrightarrow{AD_1}|}{|\overrightarrow{AD_1}|}=\dfrac{\sqrt{2}}{4}$,则点 M 到直线 AD_1 的距离为 $\dfrac{3\sqrt{2}}{4}$.

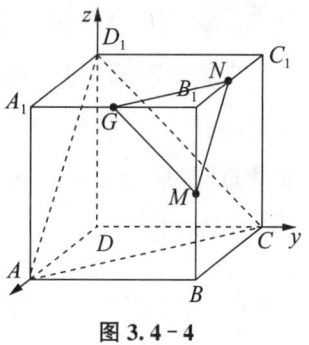

图 3.4-4

(2) $N\left(\dfrac{1}{2},1,1\right)$, $\overrightarrow{MN}=\left(-\dfrac{1}{2},0,\dfrac{1}{2}\right)$, $\overrightarrow{AD_1}=(-1,0,1)$, $\overrightarrow{AC}=(-1,1,0)$, $\overrightarrow{MN}//\overrightarrow{AD_1}$,故 MN 平行于平面 ACD_1,点 M 到平面 ACD_1 的距离即为直线 MN 到平面 ACD_1 的距离.

设平面 ACD_1 的一个法向量为 $\vec{n}=(u,v,w)$,则 $\begin{cases}\vec{n}\cdot\overrightarrow{AD_1}=0,\\ \vec{n}\cdot\overrightarrow{AC}=0,\end{cases}$ 即 $\begin{cases}-u+w=0,\\ -u+v=0,\end{cases}$ 取 $\vec{n}=(1,1,1)$,则点 M 到平面 ACD_1 的距离为 $\dfrac{\overrightarrow{AM}\cdot\vec{n}}{|\vec{n}|}=\dfrac{\sqrt{3}}{2}$.

$G\left(1,\dfrac{1}{2},1\right)$, $\overrightarrow{MG}=\left(0,-\dfrac{1}{2},\dfrac{1}{2}\right)$, $\overrightarrow{CD_1}=(0,-1,1)$,

因为 $\overrightarrow{MN}//\overrightarrow{AD_1}$, $\overrightarrow{MG}//\overrightarrow{CD_1}$,所以平面 $MNG//$ 平面 ACD_1.

因此,点 M 到平面 ACD_1 的距离即为平面 MNG 与平面 ACD_1 的距离,即 $\dfrac{\sqrt{3}}{2}$.

变式 在上题中,若 G 是 A_1B_1 的中点,求平面 MNG 与平面 ACD_1 的距离.

问题 7 除了向量法,还可以如何解决上述问题?你有何体会?

设计意图:形成用向量法解决距离问题的一般程序,养成规范的表达习惯.在对比向量法和综合几何方法的过程中,先引导学生选择合适的方法,再优化解题策略、加深理解,最后提出两条异面直线 MN 与 CD_1 之间距离的求法,供学生课后思考.

2 形成结构

问题 8 在本节课中,我们是如何用向量法解决立体几何中的距离问题的?

立体几何中距离问题的本质是空间两点之间的距离,可以转化为向量的模来解决.对于点到直线的距离,我们转化为了已知向量在直线方向向量上的投影向量的模;对于点到平面的距离,我们转化为了已知向量在平面法向量上的投影向量的模.

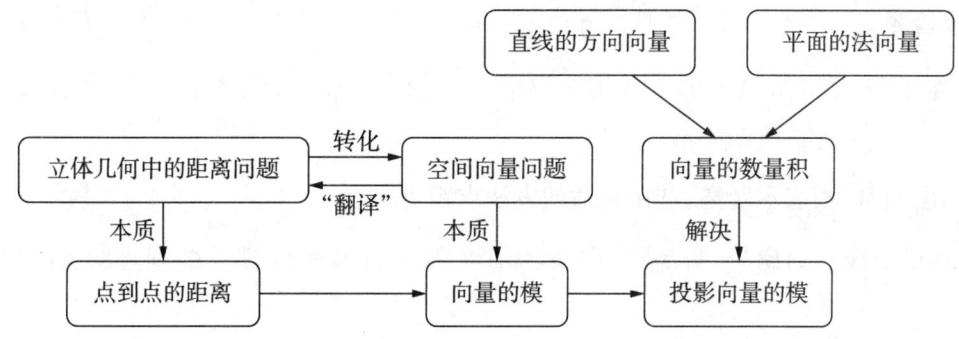

问题9 用向量法解决立体几何中距离问题的一般程序是什么？

求解距离问题的一般程序：将立体几何问题转化为向量问题，通过向量运算得出结果，将向量运算结果"翻译"成几何结论．

设计意图：从宏观到微观，抓住利用向量法解决距离问题的关键——投影向量的模．

3 总结拓展

知识技能	求点到直线的距离、求点到平面的距离、解决问题的一般程序
思想方法	几何问题代数化、转化思想
迁移拓展	向量法还可以解决立体几何中的哪些度量问题

教学评价

1 核心特色

本教学设计从立体几何大单元的视角出发，关注单元知识的整体性，关注前后内容的联系和研究思路的一致性，关注知识的发展性；从核心问题出发，以向量的模为基础，借助直线的方向向量与平面的法向量，将距离问题转化为投影向量的模，利用向量的数量积解决问题，注重数学知识的发展序与学生认知的展开序的有效统一，关注学生探究，关注学生发现问题、提出问题、分析问题、解决问题能力的培养，指向学生数学素养的提升．

2 难点突破

如何将距离问题转化为向量问题解决是本节课的难点．为帮助学生较为自然地突破难点，本教学设计将距离问题牢牢建立在向量的模的基础上：首先借助直线的方向向量，引导学生结合已知条件和向量的相关知识，利用问题驱动、追问等方式，将点到直线的距离与已知向量在直线方向向量上的投影向量建立联系；然后按照同样的思路，借助平面的法向量进一步将点到平面的距离转化为已知向量在平面法向量上的投影向量的模；最终借助向量的数量积解决问题．

3 效果检测

检测1：在平行六面体 $ABCD-A_1B_1C_1D_1$ 中，$AB=AD=\sqrt{2}$，$AA_1=1$，$\angle DAB=60°$，$\angle DAA_1=\angle BAA_1=45°$，则 $AC_1=$ _____ ．

检测点：用向量的模表示距离，选用合适的方法求距离．

检测2：在正三棱柱 $ABC-A_1B_1C_1$ 中，若 $BB_1=2\sqrt{2}$，$AB=2$，则点 C 到直线 AB_1 的距离为 _____ ．

检测点：利用投影向量求点到直线的距离．

检测 3：已知动直线 l 过点 $A(1,-1,2)$，与 l 垂直的一个向量为 $\vec{n}=(-3,0,4)$，则 $P(3,5,0)$ 到 l 确定的平面的距离为 _____.

检测点：求点到平面的距离.

检测 4：在长方体 $ABCD\text{-}A_1B_1C_1D_1$ 中，已知 $AA_1=9, BC=6\sqrt{3}$，N 为 BC 的中点，求直线 D_1C_1 与平面 A_1B_1N 的距离.

检测点：求直线到平面的距离，体会转化思想.

参考答案

检测 1：$\sqrt{11}$. 检测 2：$\dfrac{\sqrt{33}}{3}$. 检测 3：$\dfrac{14}{5}$. 检测 4：9.

（上海市松江二中　白军鹏）

3.5 利用空间向量求角的大小

教学分析

1. 学科分支思想

几何问题代数化：用向量法解决立体几何问题

2. 单元主题划分

单元主题：空间向量在立体几何中的应用

单元划分：利用空间向量求角的大小（1 课时，时长为 40 min）

3. 教学主线分析

问题提出—公式推导—公式应用—总结提升

4. 知识内容结构

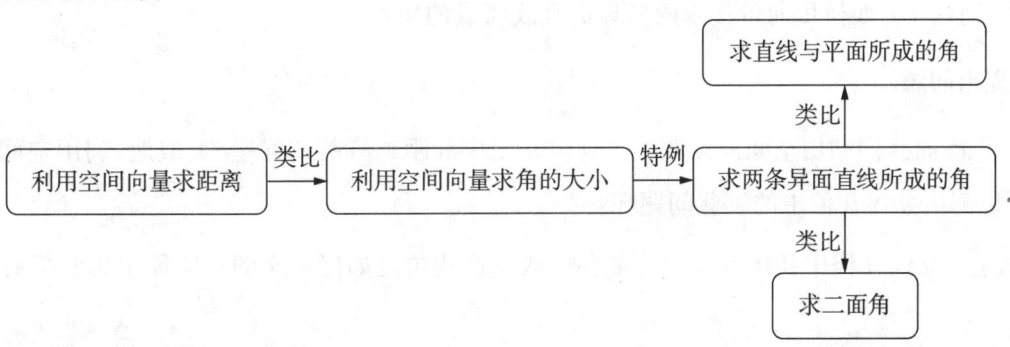

5. 核心问题思考

核心问题：如何用向量法解决立体几何中的求角问题？

问题1：立体几何中的求角问题有哪些？

问题2：如何用向量法解决立体几何中的求角问题？

问题3：用空间向量解决立体几何中求角问题的一般程序是什么？

6. 学生特征分析

（1）学生已经在解析几何中学习了如何利用向量数量积求两直线的夹角，又在空间向量的学习中学习了如何用向量法判断空间直线、平面的位置关系，上节课又利用空间向量解决了立体几何中的距离问题，对用向量法解决立体几何问题的一般程序比较熟悉.

（2）学生对于相关角的范围的掌握不够准确，对于立体几何相关角与向量夹角关系的理解有一定困难，解题时容易混淆，这直接影响解答的正确性与结论表达的准确性.

7. 教学目标确定

（1）类比利用向量工具刻画立体几何中距离问题的过程，熟练利用直线的方向向量和平面的法向量合理表达空间元素.

（2）经历异面直线所成角公式的研究过程，正确理解直线方向向量的夹角与异面直线所成角的关系，建立准确的表达式.

（3）类比异面直线所成的角，利用向量法研究直线与平面所成角、二面角的求法，体会转化与化归思想和程序化思想.

（4）利用向量法求相关的角，加深对向量工具性的认识，从整体上系统把握向量在立体几何中的应用，更加深刻地体会几何问题代数化的思想.

8. 数学课程类型

数学原理课

> **教学环节1** 问题提出阶段——提出问题、分析实例、归纳概括

> **教学问题1** 如何用向量法求两条异面直线所成的角？

① 提出问题

情境 前面我们利用空间向量解决了立体几何中和距离有关的问题. 类似地，利用空间向量还可以解决立体几何中的哪些问题呢？

追问1 立体几何中和角有关的问题有哪些？这些角是如何定义的？请你说说它们各自的范围.

追问2 异面直线所成的角、直线与平面所成的角、二面角这三大角，本质上都可以转化为怎样的问题？我们可以按照怎样的顺序展开研究？

设计意图：类比利用空间向量求距离的学习，提出另一类基本的度量问题——求角的大小. 通过追问，复习相关内容，将三大角问题转化为两直线的夹角，从而形成"异面直线所成的角—直线与平面所成的角—二面角"的研究顺序.

②分析实例

例题1 如图3.5-1所示，在长方体 $ABCD-A_1B_1C_1D_1$ 中，已知 $AB=2BC=2BB_1=2$，求异面直线 D_1B 和 AC 所成角的余弦值.

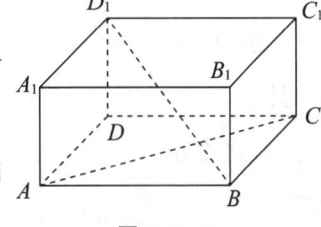

图 3.5-1

问题1 结合用向量法解决距离问题的一般思路，你认为可以如何用向量法解决上述问题？

追问1 如何用向量刻画问题中的几何元素？

追问2 异面直线 D_1B 和 AC 所成角的余弦值与向量 $\overrightarrow{D_1B}$ 和 $\overrightarrow{AC}$ 的夹角的余弦值有何关系？

追问3 如何通过建立空间直角坐标系来解决该问题？

追问4 除了建立空间直角坐标系，还可以如何求向量 $\overrightarrow{D_1B}$ 和 $\overrightarrow{AC}$ 的夹角？

设计意图：类比求解距离问题的一般步骤，先将异面直线所成角问题转化为向量问题，再通过向量运算得出结果，最后将向量运算结果"翻译"成几何结论. 追问1和追问2是为了让学生在体会向量法解决问题一般思路的基础上，准确理解向量的夹角与异面直线所成角之间的关系，追问3是为了让学生归纳总结出用向量求角的主要步骤，追问4则是为了让学生意识到除了"坐标法"，利用"基底"进行几何分解也是一种常用的方法.

③归纳概括

问题2 我们是如何利用空间向量解决两条异面直线所成角的问题的？

追问1 用向量法解决两条异面直线所成角问题的关键是什么？

转化为两条异面直线的方向向量的夹角.

追问2 一般地，若两条异面直线 l_1, l_2 所成的角为 θ，其方向向量分别为 $\vec{u}, \vec{v}$，如何表示 l_1, l_2 所成的角 θ 的余弦值？

$$\cos\theta = |\cos\langle \vec{u}, \vec{v} \rangle| = \frac{|\vec{u} \cdot \vec{v}|}{|\vec{u}||\vec{v}|}.$$

设计意图：通过对实例解决过程的进一步提炼概括，形成"几何问题—向量问题—向量运算—几何解释"的一般步骤，更加准确地抓住问题解决的关键——转化为向量的夹角，利用向量的数量积解决，为后续自主推导公式打好基础.

教学环节 2 公式推导阶段——自主推导、成果交流、巩固应用

教学问题 2 如何用向量法求直线与平面所成的角、二面角？

1 自主推导

活动 1 给定直线 l 与平面 α，如何用向量法求直线 l 与平面 α 所成的角？

活动 2 给定半平面 α_1 与半平面 α_2，如何用向量法求这两个半平面所成的二面角？

设计意图：经历了异面直线所成角的解决过程，学生已经具备解决上述问题的能力，因此，让学生在独立思考的基础上，结合适当的合作交流解决问题，以培养学生举一反三、自主探究的习惯。

2 成果交流

问题 3 你是如何利用空间向量解决直线 l 与平面 α 所成角的问题的？

追问 解决该问题的关键是什么？需要注意什么？

如图 3.5-2 所示，一般地，若直线 l 与平面 α 所成的角为 θ，直线 l 的方向向量为 $\vec{u}$，平面 α 的法向量为 $\vec{n}$，则

$$\sin\theta = |\cos\langle \vec{u}, \vec{n}\rangle| = \frac{|\vec{u}\cdot\vec{n}|}{|\vec{u}||\vec{n}|}.$$

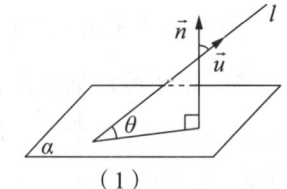
（1）

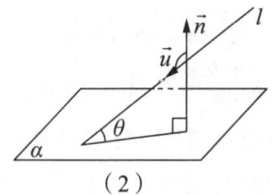
（2）

图 3.5-2

问题 4 你是如何利用空间向量解决半平面 α_1 与半平面 α_2 所成二面角的问题的？

追问 解决该问题的关键是什么？需要注意什么？

如图 3.5-3 所示，一般地，若半平面 α_1 与半平面 α_2 所成二面角的平面角为 θ，半平面 α_1 的法向量为 $\vec{n_1}$，半平面 α_2 的法向量为 $\vec{n_2}$，法向量 $\vec{n_1}$ 与 $\vec{n_2}$ 的夹角为 φ，则 $\theta = \varphi$ 或 $\theta = \pi - \varphi$，角 θ 与 φ 的余弦值满足

$$|\cos\theta| = |\cos\varphi| = \frac{|\vec{n_1}\cdot\vec{n_2}|}{|\vec{n_1}||\vec{n_2}|}.$$

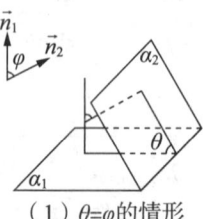
（1）$\theta = \varphi$ 的情形

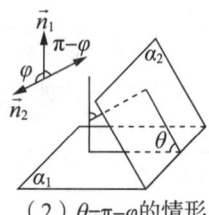
（2）$\theta = \pi - \varphi$ 的情形

图 3.5-3

设计意图:在交流的过程中,进一步体会解决问题的关键是将空间角的问题转化为两向量的夹角,同时需要注意角的范围的不同.

3 巩固应用

例题 2 如图 3.5-4 所示,在长方体 $ABCD\text{-}A_1B_1C_1D_1$ 中,$AB=2BC=2BB_1=2$,E 为 D_1C_1 中点.

(1) 求 BC_1 与平面 BCE 所成角的大小;

(2) 求平面 A_1BE 与平面 BCE 所成的锐二面角的大小.

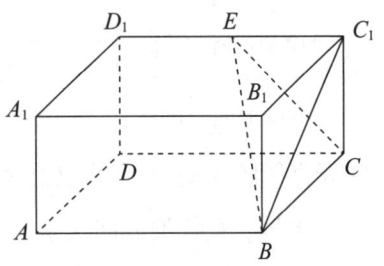

图 3.5-4

解析 (1) 如图 3.5-5 所示,建立空间直角坐标系,则 $\overrightarrow{BC_1}=(-1,0,1)$,$\overrightarrow{BC}=(-1,0,0)$,$\overrightarrow{CE}=(0,-1,1)$.

设平面 BCE 的法向量为 $\vec{n}=(u,v,w)$,则由 $\begin{cases}\overrightarrow{BC}\cdot\vec{n}=0,\\ \overrightarrow{CE}\cdot\vec{n}=0,\end{cases}$ 得 $\begin{cases}u=0,\\ w-v=0,\end{cases}$ 取 $\vec{n}=(0,1,1)$.

设 BC_1 与平面 BCE 所成角为 θ,则 $\sin\theta=\dfrac{|\overrightarrow{BC_1}\cdot\vec{n}|}{|\overrightarrow{BC_1}||\vec{n}|}=\dfrac{1}{2}$,即 BC_1 与平面 BCE 所成角的大小为 $30°$.

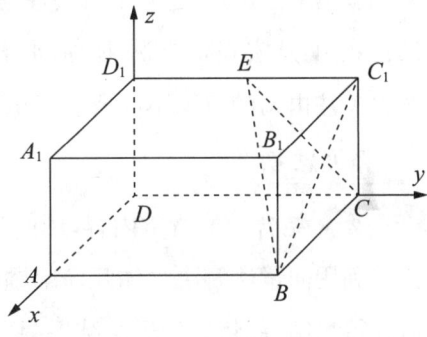

图 3.5-5

(2) 可得 $\overrightarrow{A_1B}=(0,2,-1)$,$\overrightarrow{BE}=(-1,-1,1)$.

设平面 A_1BE 的法向量为 $\vec{n_1}=(u,v,w)$,则由 $\begin{cases}\overrightarrow{A_1B}\cdot\vec{n_1}=0,\\ \overrightarrow{BE}\cdot\vec{n_1}=0,\end{cases}$ 得 $\begin{cases}2v-w=0,\\ -u-v+w=0,\end{cases}$ 取 $\vec{n_1}=(1,1,2)$.

由(2)可得平面 BCE 一个法向量为 $\vec{n}=(0,1,1)$.

设平面 A_1BE 与平面 BCE 所成的锐二面角的大小为 θ,则 $\cos\theta=\dfrac{|\vec{n}\cdot\vec{n_1}|}{|\vec{n}||\vec{n_1}|}=\dfrac{3}{\sqrt{2}\times\sqrt{6}}=\dfrac{\sqrt{3}}{2}$,即平面 A_1BE 与平面 BCE 所成的锐二面角的大小为 $30°$.

设计意图:通过例题 1 的变式,巩固对相关公式的应用,养成规范的表达习惯.

教学环节 3 **总结提升阶段——形成结构、拓展思考、归纳提升**

教学问题 3 用空间向量解决立体几何中求角问题的一般程序是什么?

1 形成结构

问题 5 在本节课中,我们是如何用向量法解决立体几何中的求角问题的?

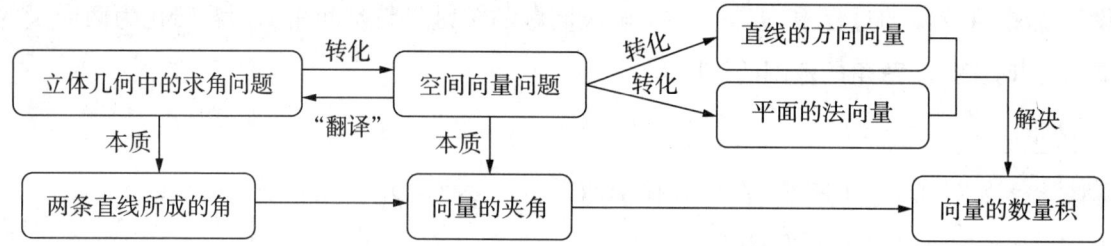

立体几何中求角问题的本质是求两条直线所成的角,可以转化为向量的夹角解决.关于异面直线所成的角,我们转化为了两条直线的方向向量的夹角;关于直线与平面所成的角,我们转化为了直线的方向向量与平面的法向量的夹角;关于二面角,我们转化为了两个平面的法向量的夹角.

追问 解决问题的过程中需要注意什么?

设计意图:从宏观到微观,抓住利用向量法解决求角问题的关键——向量的夹角,进一步引导学生关注由角的范围不同所引起的公式形式上的不同.

② 拓展思考

问题 6 结合前面所学内容,用向量法解决立体几何中相关问题的一般程序是什么?

利用向量法解决立体几何问题的一般程序:将立体几何问题转化为向量问题,通过向量运算得出结果,将向量运算结果"翻译"成几何结论.

追问 为什么利用向量法可以解决立体几何中的这些问题?

设计意图:将利用向量法解决立体几何问题的程序一般化,结合向量集数与形于一体的特点,体会从定性到定量,从证明直线与直线、直线与平面、平面与平面特殊位置关系到解决距离与求角问题的过程,进一步深刻理解向量的桥梁作用及几何问题代数化的思想.

③ 归纳提升

问题 7 你能总结一下立体几何中点线面位置关系相关问题的解决思路吗?

问题类型	解决方法	理论基础	解决关键
位置关系的判断	综合几何法	判定定理与性质定理	寻找定理成立的条件
	向量法	位置关系的向量刻画	判断向量之间的关系
距离问题	综合几何法	立体几何距离的知识	转化为相应的垂线段
	向量法	向量的模、向量的数量积	转化为(投影)向量的模

续表

问题类型	解决方法	理论基础	解决关键
求角问题	综合几何法	立体几何中角的知识	作出相应的角
	向量法	向量的夹角、向量的数量积	转化为向量的夹角

设计意图:归纳解决立体几何相关问题的一般方法:综合几何法与向量法.其中,综合几何法以逻辑推理作为工具解决问题,向量法主要通过向量的几何运算与坐标运算解决问题.

教学评价

① 核心特色

本教学设计从立体几何大单元的视角出发,关注单元内容的整体性和联系性,关注研究思路的一致性;从核心问题出发,以向量的夹角为基础,借助直线的方向向量与平面的法向量,将求角问题转化为向量的夹角,利用向量的数量积解决问题.设计注重学生的自主探究,关注合作学习,关注学生发现问题、提出问题的过程,引导学生分析问题、解决问题,注重学生规范的数学表达,关注学生对数学本质的理解.

② 难点突破

立体几何中相关角与向量夹角的关系是本节课的难点.为帮助学生较为自然地突破难点,本教学设计首先通过对异面直线所成角问题的解决,让学生积累初步的解决经验,然后引导学生先独立思考,后合作交流,得到初步结论,最后师生进一步牢牢抓住不同角的范围,结合图形,确认一般结论.在得到一般结论的基础上,通过变式进行巩固应用,从而结合学生的认知特点,一步一个台阶地突破难点.

③ 效果检测

检测 1:设 $\vec{e_1}$,$\vec{e_2}$ 分别为两条异面直线 m,n 的方向向量,且 $\cos\langle\vec{e_1},\vec{e_2}\rangle = -\dfrac{\sqrt{3}}{2}$,则异面直线 m,n 所成的角为_____.

检测点:利用直线的方向向量合理表达空间元素.

检测 2:在四棱锥 $P-ABCD$ 中,底面 $ABCD$ 是矩形,$PA\perp$ 平面 $ABCD$,$AD=1$,$PA=AB=\sqrt{2}$,点 E 是棱 PB 的中点.异面直线 EC 与 PD 所成角的余弦值为_____.

检测点:求异面直线所成的角.

检测 3:在正方体 $ABCD-A_1B_1C_1D_1$ 中,直线 BC_1 与平面 A_1BD 所成角的正弦值为_____.

检测点:求直线与平面所成的角.

检测 4: 在正方体 $ABCD\text{-}A_1B_1C_1D_1$ 中,E,F 分别为 AD,DD_1 的中点,则平面 EFC_1B 和平面 B_1BCC_1 所成锐二面角的正弦值为_____.

检测点: 求二面角.

检测 1: $\dfrac{\pi}{6}$. **检测 2:** $\dfrac{\sqrt{6}}{3}$. **检测 3:** $\dfrac{\sqrt{6}}{3}$. **检测 4:** $\dfrac{2\sqrt{2}}{3}$.

(上海市松江二中　白军鹏)

第四章　数列

本章导读

一、知识导读

① **知识起点**。

在处理现实中的变化问题(如存款利率、购房贷款、放射性物质的衰变、人口增长等)时,通常采用按时序间隔一定时间记录数据的方法收集数据. 例如,一棵树在某一时刻的高度是 2 m,如果在每年的同一时刻记录下这棵树的高度,并按先后顺序排列起来,就得到一个数列.

② **知识核心**。

如果用正整数表示事物发展过程的先后顺序,并且把这样的正整数看作自变量的取值,把事物的对应数值看作相应的函数值,那么数列就是定义在正整数集(或正整数集的有限子集)上的一类离散函数. 因此数列是一类特殊的函数.

③ **知识系统**。

本章采用从特殊到一般、从具体到抽象的方法,先研究两类特殊的数列——等差数列和等比数列,建立它们的通项公式、前 n 项和公式,并结合函数的思想研究,再在此基础上研究一般的数列,同时学习数学归纳法,这是一种证明与正整数有关的数学命题的特殊方法.

④ **知识背景**。

数列自古以来都是人们感兴趣的问题. 古代埃及、巴比伦、中国和印度的文化中都有丰富的数列问题,中外许多著名的古算家都曾对某类数列问题进行过深入研究,例如古巴比伦人刻在泥板上用来刻画一个月中从第 1 天到第 15 天每天月亮可见的数、根据斐波那契数列画出的"斐波那契螺旋线"等.

⑤ **知识应用**。

数列,特别是等差数列和等比数列,有着广泛的实际应用. 例如,鞋的尺码在尺寸相差不大时常按等差数列进行分级;汽车的载重量、包装箱的质量因尺寸相差较大,常按等比数列进行分级. 数列在产品尺寸标准化方面具有重要的作用,比如我国已颁布的供各种生产部门设计产品尺寸用的国家标准,就是按等比数列进行产品分级. 此外,上至一个国家每年的国内生产总值(GDP),下至一个人每年的身高或体重,都可以用数列来表示.

⑥ **知识外部联系**。

数列在整个中学数学的教学内容中处于一个知识汇合点的位置,很多知识都与数列有着密切联系。过去学习的数、式、方程、函数、简易逻辑等知识,以及将要学习的数列的极限、恒等变形、解方程(组)等一些综合性数学问题,常常与等差数列、等比数列有关.

二、主题及其课时划分

主题	课时划分
特殊数列:等差数列	数列的定义及通项:等差数列及其通项公式(1课时) 数列的求和公式:等差数列的前 n 项和(2课时)
特殊数列:等比数列	数列的定义及通项:等比数列及其通项公式(1课时) 数列的求和公式:等比数列的前 n 项和(1课时)
一般概念:数列的概念及其递推	数列的定义及通项:数列的概念及其性质(1课时) 数列的递推:利用递推公式表示数列(1课时) 数列的性质:数列的单调性与最值(1课时)
演绎推理:数学归纳法	演绎推理:数学归纳法(1课时) 方法应用:数学归纳法的应用(2课时)
探究一般数列:归纳猜想证明	探究一般数列:归纳猜想证明(1课时)

三、知识内容结构

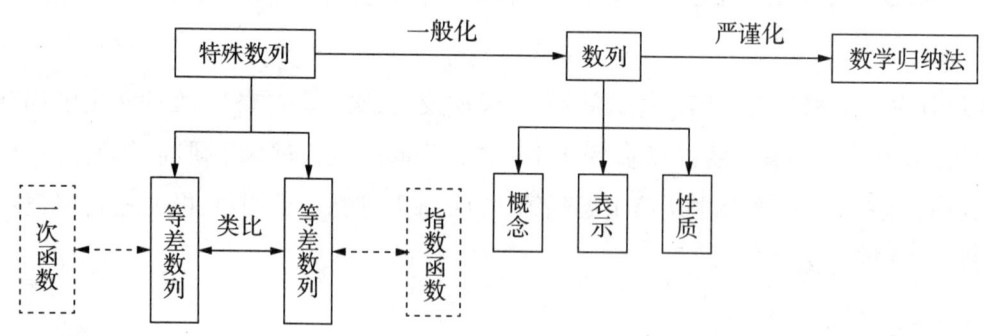

四、教学设计案例

本章将针对"等差数列的前 n 项和""等比数列及其通项公式""数列的概念及其性质""数列的单调性与最值"这四个重点课时的内容进行教学设计的案例建构。

4.1 等差数列的前 n 项和

教学分析

1. 学科分支思想

数列思想：研究"项"与"序"对应关系的离散函数模型

2. 单元主题划分

单元主题：等差数列

单元划分：等差数列的前 n 项和(共 2 课时,第 1 课时主要讲解等差数列的前 n 项和的公式,第 2 课时主要讲解等差数列的前 n 项和的应用.本教学设计针对第 1 课时,时长为 40 min)

3. 教学主线分析

情境铺设—问题引入—公式推导—基本应用—变式应用

4. 知识内容结构

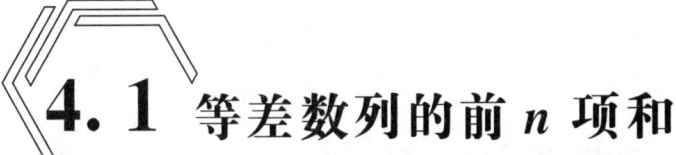

5. 核心问题思考

核心问题：怎样理解等差数列的前 n 项和？

问题 1：怎样推导等差数列的前 n 项和？

问题 2：等差数列的前 n 项和有什么特点？

问题 3：怎样运用等差数列的前 n 项和解决问题？

6. 学生特征分析

(1) 在本节课之前,学生已经学习了等差数列的通项公式及基本性质,也对高斯计算"$1+2+3+\cdots+100$"的故事略有了解,这都为倒序相加法的教学打下了基础.

(2) 高斯的计算方法与一般的等差数列求和方法还稍有不同,如何从首尾配对法引出倒序相加法,这对学生来说是一个难点.

7. 教学目标确定

(1) 在教师的引导下,经历从特殊到一般、再从一般到特殊的过程,探究得到等差数列的前 n 项和的公式,理解倒序相加的原理.

(2) 在理解和运用公式的过程中,掌握五个基本量中的"知三求二",体会方程的思想.

(3) 将等差数列看成特殊的函数,从函数的角度观察和思考等差数列的前 n 项和的公式.

(4) 通过对高斯故事的了解、领悟求和推导中的化归思维方式,培养严谨治学、勇于探索的态度和品质.

8. 数学课程类型
数学公式课

教学设计

教学环节 1 问题引入阶段——情境引入、提出问题

情境 1 世界新七大奇迹之一的泰姬陵坐落于印度古都阿格拉,传说陵寝中有一个三角形图案,由相同大小的圆宝石镶饰而成,共有 100 层,你知道这个图案一共用了多少颗宝石吗?

情境 2 高斯,德国著名数学家,被誉为"数学王子". 200 多年前,高斯的小学数学教师提出了下面的问题:$1+2+3+\cdots+100$ 等于多少?据说,当其他同学忙于把 100 个数逐项相加时,小高斯却用下面的方法迅速算出了正确答案:$(1+100)+(2+99)+\cdots+(50+51)=101\times 50=5\,050$. 这种巧妙算法的本质是什么?

教学环节 2 公式推导阶段——公式推出、公式变形

① 公式推出

问题 1 在情境 1 的图案中,第 1 层到第 51 层一共有多少颗宝石?

组织学生进行分组讨论,在合作中学习,并把小组发现的方法一一呈现. 学生可能出现以下方法:

方法 1:原式 $=(1+2+3+\cdots+50)+51$.

方法 2:原式 $=0+1+2+\cdots+50+51$.

方法 3:原式 $=(1+2+\cdots+25+27+\cdots+51)+26$.

设计意图:以上方法实际上是用了化归思想,将奇数个项问题转化为偶数个项问题进行求解.

追问 1 如图 4.1-1 所示,从第 1 层到第 n 层($1<n<100$,$n\in \mathbf{N}^*$)一共有多少颗宝石?

设计意图:学生发现 n 为奇数时不能配对,可能会对 n 为奇数、偶数两种情况分别进行求解,此时教师可引导其利用补形法求解,以避免讨论.

图 4.1-1

追问 2 在公差为 d 的等差数列 $\{a_n\}$ 中,定义前 n 项和 $S_n=a_1+a_2+\cdots+a_n$,如何求 S_n?

根据前面的大量铺垫,学生应容易得出如下过程:

因为 $(a_1+a_n)=(a_2+a_{n-1})=\cdots=(a_{n-1}+a_2)=(a_n+a_1)$(等差数列的性质),所以 $2S_n=\underbrace{(a_1+a_n)+(a_1+a_n)+\cdots+(a_1+a_n)}_{n\text{个}}$.

因此,$S_n=\dfrac{n(a_1+a_n)}{2}$(公式1).

设计意图:让学生经历从特殊到一般、逐步解决问题的过程.

❷ 公式变形

为了更全面、系统地理解公式,教师继续提出以下问题并组织学生进行小组讨论.

问题2 在公式1中,若将 $a_n=a_1+(n-1)d$ 代入,则可得到怎样的公式?

$$S_n=na_1+\dfrac{n(n-1)}{2}d\text{(公式2)}.$$

设计意图:两个公式都含有四个量,只是基本量不同而已,其中公式1含有 a_1,n,a_n,S_n 四个量,公式2含有 a_1,n,d,S_n 四个量.教师应启发学生在特定的应用背景下选取合适的公式.

追问1 从方程的角度来看,这是在解决什么问题?

设计意图:在理解和运用公式的过程中,掌握含有五个基本量的"知三求二"的方程问题.

追问2 如何更好地记忆公式?这些公式跟以前学过的什么公式类似呢?(图 4.1-2)

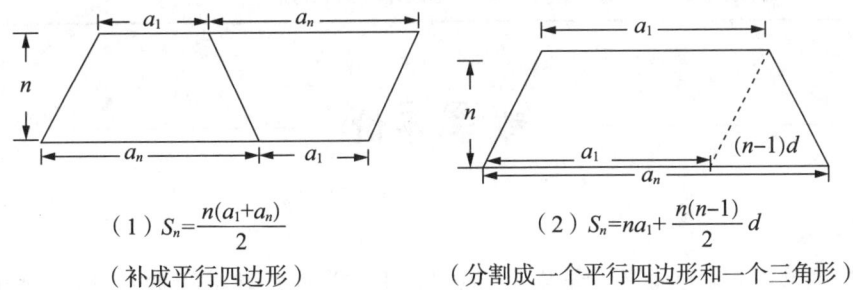

(1) $S_n=\dfrac{n(a_1+a_n)}{2}$　　　(2) $S_n=na_1+\dfrac{n(n-1)}{2}d$

(补成平行四边形)　　　　(分割成一个平行四边形和一个三角形)

图 4.1-2

设计意图:通过构造几何图形,从另一个角度看待公式,培养学生数形结合的意识.

教学环节3　公式应用阶段——实际应用、总结联系

❶ 实际应用

例题1 计算下列算式:

(1) $1+2+3+\cdots+n$;

(2) $1+3+5+\cdots+(2n-1)$;

(3) $1-2+3-4+5-6+\cdots+(2n-1)-(2n)$.

解析 (1) $\dfrac{n(n+1)}{2}$.　(2) n^2.　(3) $-n$.

设计意图:熟悉等差数列前 n 项和公式的基本应用.

例题2 已知一个等差数列 $\{a_n\}$ 前10项的和是310,前20项的和是1220,由这些条件能确定这个等差数列的前 n 项和的公式吗?

解析 $S_n=3n^2+n$.

设计意图：理解通过首项和公差来确定等差数列的前 n 项和的公式.

例题 3 已知数列 $\{a_n\}$ 的前 n 项和为 $S_n=n^2+\dfrac{1}{2}n$，求这个数列的通项公式. 这个数列是等差数列吗？如果是，它的首项与公差分别是什么？

解析 由 $a_n=S_n-S_{n-1}$ 且 $a_1=S_1$，得 $a_n=2n-\dfrac{1}{2}$，$n\in\mathbf{N}^*$，所以 $a_n-a_{n-1}=2$，$\{a_n\}$ 是等差数列，其首项是 $\dfrac{3}{2}$，公差是 2.

设计意图：引导学生在已知前 n 项和的情况下研究数列的性质，培养其逆向思维.

② 总结联系

知识维度	$1+2+3+\cdots+100$——等差数列的求和公式 1——等差数列的求和公式 2
方法维度	通过情境引发兴趣、通过问题串启发思考
思想维度	从特殊到一般地推导等差数列的求和公式；运用方程思想"知三求二"；从函数角度看待数列求和，体现数形结合的思想

教学评价

① 核心特色

本节课把课堂最大限度地还给学生，让他们真正成为课堂教学的主人. 本节课开始引入了两个故事情境，利用青少年的好奇心来激发他们解决问题的欲望；并通过一系列问题串的提出，给学生在推导公式的过程中铺设台阶，引导其自主探究问题，并增强其学习数学的自信心.

② 难点突破

若直接研究等差数列的前 n 项和，学生会难以下手，于是教师可带领其回顾高斯计算"$1+2+3+\cdots+100$"的故事，引导学生从特殊到一般地去研究问题；在如何计算奇数项的求和问题时，学生会遇到瓶颈，此时教师可启发学生使用倒序相加法来突破，同时在此过程中使其感受到转化与化归思想的重要性.

③ 效果检测

检测 1：求 $\sin^2 1°+\sin^2 2°+\cdots+\sin^2 90°$ 的值.

检测点：倒序相加法.

检测 2：设等差数列 $\{a_n\}$ 的前 n 项和为 S_n，若 $a_1=\dfrac{1}{2}$，$S_4=20$，求 S_6.

检测点：等差数列求和公式的基本量法.

检测 3：已知一个等差数列共有 10 项，其中奇数项之和为 15，偶数项之和为 30，求其公差.

检测点：等差数列求和公式的逆用.

检测 4：已知两个等差数列 $\{a_n\}$ 和 $\{b_n\}$ 的前 n 项和分别为 A_n 和 B_n，且 $\dfrac{A_n}{B_n}=\dfrac{7n+45}{n+3}$，求 $\dfrac{a_5}{b_6}$.

检测点：数列中的函数思想.

参考答案

检测 1：$\dfrac{91}{2}$.　　**检测 2**：48.　　**检测 3**：3.　　**检测 4**：$\dfrac{54}{7}$.

（华东师范大学附属东昌中学　颜国连）

4.2 等比数列及其通项公式

教学分析

1. 学科分支思想

数列思想：研究"项"与"序"对应关系的离散函数模型

2. 单元主题划分

单元主题：等比数列

单元划分：等比数列及其通项公式（1 课时，时长为 40 min）

3. 教学主线分析

情境—定义—表示—要素性质—应用

4. 知识内容结构

5. 核心问题思考

核心问题：怎样理解等比数列？

问题 1：等比数列的定义是什么？

问题 2：如何类比等差数列来研究等比数列？

问题 3：如何利用等比数列的定义来推导其通项公式？

6. 学生特征分析

（1）学生已经学习了等差数列的相关概念，对等差数列的定义及其通项公式已经熟练掌握.

(2) 学生的知识迁移能力较强,有利于学生利用类比思想学习等比数列.

(3) 学生接触数列时间还不长,对等比数列的通项公式在生活中的应用可能会有一定的困难.

7. 教学目标确定

(1) 结合情境问题,引导学生从特殊的等比数列中寻找规律并加以归纳概括.

(2) 通过剖析等比数列的定义,明确等比数列的基本量和限定条件.

(3) 熟练运用等比数列的通项公式求数列的项或项数.

(4) 通过类比等差数列的定义和通项公式,加深对等差数列与等比数列之间的关系的理解.

(5) 通过对等比数列的研究,逐步提升学生观察、类比、归纳、猜想等思维能力.

8. 数学课程类型

数学概念课

教学设计

教学环节1 概念建构阶段——引入情境、抽象概括

教学问题1 等差数列的定义是什么?

① 引入情境

情境1 -1 的 1 次幂、2 次幂、3 次幂、4 次幂……依次为 $-1,1,-1,1,\cdots$

情境2 科克雪花曲线,即将一个边长为 1 的等边三角形的每条边三等分,以中间一段为边向外作等边三角形,并擦去中间一段,如此继续下去,得到图形的每条边的长度依次为 $1,\dfrac{1}{3},\dfrac{1}{9},\dfrac{1}{27},\cdots$ 如图 4.2-1 所示,图形的边数依次为 $3,12,48,192,\cdots$

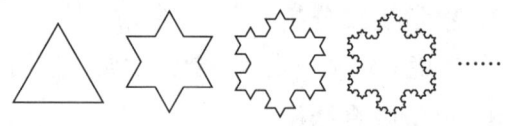

图 4.2-1

追问1 这些数列的共同特征是什么?

追问2 哪一个共同特征可以作为一种本质属性?

② 抽象概况

你能用数学语言来描述它吗?

设计意图:此环节主要运用分组讨论法,启发学生观察并发现如下结论:这三个递推公式都可以写成 $\dfrac{a_n}{a_{n-1}}=q(n\geqslant 2,q$ 是非 0 常数$)$ 的形式,得出相邻两项之间的关系,鼓励学生通过类比等差中项的概念得出等比中项的概念.

教学环节 2 概念理解阶段——概念剖析、概念精致、概念辨析

教学问题 2 等差数列和等比数列的定义有哪些相同点和不同点？

①概念剖析

	等差数列	等比数列
相同点	强调每一项与前一项的关系	
	结果必须是常数	
	数列可由 a_1,d 或 a_1,q 确定	
不同点	强调每一项与前一项的差	强调每一项与前一项的比
	a_1,d 可以为 0	a_1,q 都不为 0
	等差中项唯一	等比中项不唯一

设计意图：进一步掌握等差数列和等比数列的异同点．

②概念精致

例题 1 设 a,b,c 是三个实数，则"$b^2=ac$"是"a,b,c 成等比数列"的_____条件．

解析 当 $a=b=c=0$ 时，满足 $b^2=ac$，但不满足 a,b,c 成等比数列；反之，成立．因此"$b^2=ac$"是"a,b,c 成等比数列"的必要非充分条件．

设计意图：进一步强调等比数列中 a_1,q 都不为 0 这一限制条件．

③概念辨析

例题 2 设 a,b,c 是三个实数，则"$b=\sqrt{ac}$"是"a,b,c 成等比数列"的_____条件．

解析 当 $a=b=c=0$ 时，满足 $b=\sqrt{ac}$，但不满足 a,b,c 成等比数列；反之，若 a,b,c 成等比数列，则 $b=\pm\sqrt{ac}$．因此"$b=\sqrt{ac}$"是"a,b,c 成等比数列"的既非充分又非必要条件．

设计意图：通过概念辨析题，进一步强调等比数列中 a_1,q 都不为 0 这一限制条件和等比中项不唯一的性质．

教学环节 3 概念应用阶段——推导公式、理解公式、应用公式

教学问题 3 你能否类比等差数列的通项公式的推导方法来推导等比数列的通项公式？

①推导公式

问题 1 如何推导等比数列的通项公式？

追问 还有其他推导方法吗？

设计意图：通过类比等差数列的通项公式的推导方法，得出等比数列的通项公式，让学生体会从特殊到一般的数学思想方法及类比的数学思想方法，同时在小组讨论中培养团结协作的精神．

❷ 理解公式

问题2 等比数列的通项公式和等差数列的通项公式有什么区别?

设计意图:通过类比等差数列的通项公式的结构形式,让学生进一步理解等比数列的通项公式,同时让学生理解从等差数列到等比数列的运算已然进行了升级.

❸ 应用公式

例题3 设数列$\{a_n\}$为等比数列.

(1) 已知$a_1=3$,公比$q=-2$,求a_6.

(2) 已知$a_3=20$,$a_6=160$,求a_n.

解析 (1) 由条件得$a_6=a_1q^5=3\times(-2)^5=-96$.

(2) 由$\begin{cases}a_3=a_1q^2=20,\\ a_6=a_1q^5=160,\end{cases}$ 解得$\begin{cases}a_1=5,\\ q=2,\end{cases}$ 因此$a_n=5\times 2^{n-1}$.

设计意图:通过具体例子,引导学生分析等比数列的通项公式中的四个基本量,明确"知三求一",提升学生分析问题、解决问题的能力.

例题4 某种放射性物质不断衰变成其他物质,设每经过1年剩余的这种放射性物质是年初的84%,这种放射性物质的半衰期约为多少年?(结果精确到1年)

解析 设这种放射性物质的最初量为1,经过n年,剩余量是a_n.由条件知,数列$\{a_n\}$是一个等比数列,$a_1=0.84$,公比$q=0.84$.当$a_n=0.5$时,$0.84^n=0.5$,故$n=\log_{0.84}0.5\approx 4$.

设计意图:让学生进一步熟练掌握等比数列的通项公式,并灵活应用相关知识解决实际问题,提升学生的数学抽象和数学运算的素养.

例题5 (1) 已知a,b,c成等差数列,其公差为d,求证:$3^a,3^b,3^c$成等比数列.

(2) 已知正实数a,b,c成等比数列,其公比为q,求证:$\lg a,\lg b,\lg c$成等差数列.

解析 (1) 因为a,b,c成等差数列,所以$2b=a+c$,$3^{2b}=3^{a+c}=3^a\times 3^c$,因此$3^a,3^b,3^c$成等比数列,其公比为$\dfrac{3^b}{3^a}=3^{b-a}=3^d$.

(2) 因为正实数a,b,c成等比数列,所以$b^2=ac$,等式两边同时取以10为底的对数,即$2\lg b=\lg a+\lg c$,因此$\lg a,\lg b,\lg c$成等差数列,其公差为$\lg b-\lg a=\lg\dfrac{b}{a}=\lg q$.

设计意图:进一步运用等比数列的定义,让学生学会利用定义证明一个数列是等比数列.

教学评价

❶ 核心特色

本教学设计从本章目标出发设定教学目标,教学目标明确,教学手段合理.在教学过程中,首先从学生比较感兴趣的实际问题入手,激发学生的求知欲,调动了学生的积极性和主动性,同时快速切入主题;其次设置了层层递进的问题,通过问题驱动,引发学生思考、探索,教师了解学生的最近发展区,在关键处精准点拨,充分体现了学生的主体地位和教师的主导地位.

2) 难点突破

等比数列的通项公式的推导是本节课的教学难点.为了突破这个难点,教学过程中首先让学生夯实基础,理解等比数列的定义及它与等差数列的异同点;其次,在推导公式的时候充分发挥学生的主动性和创造性,让学生充分地思考和讨论,通过类比等差数列的通项公式的推导方法,得出等比数列的通项公式,成功突破教学中的难点.

3) 效果检测

检测 1:"数列 $\{a_n^2\}$ 为等比数列"是"数列 $\{a_n\}$ 为等比数列"的_____条件.

检测点:明确等比数列的基本量和限定条件.

检测 2:等比数列 $\{a_n\}$ 中,

(1) 若 $a_4=1, a_8=16$,则 $q=$ _____;

(2) 若 $a_1=1, a_n=256, q=2$,则 $n=$ _____;

(3) 若 $a_1=1, a_5=9$,则 $a_3=$ _____.

检测点:熟练运用等比数列的通项公式求数列的项或项数.

检测 3:在 2 和 9 之间插入两个数,使前三个数成等差数列,后三个数成等比数列,试写出这个数列.

检测点:等差数列的通项公式和等比数列的通项公式的综合应用.

检测 4:某产品经过 4 次革新后,成本由原来的 105 元下降到 60 元.如果这种产品每次革新后成本下降的百分率相同,那么每次革新后成本下降的百分率是多少?(结果精确到 0.1%)

检测点:等比数列的通项公式的实际应用.

检测 1:必要非充分. **检测 2**:(1) ± 2. (2) 9. (3) 3.

检测 3:$2, \dfrac{1}{4}, -\dfrac{3}{2}, 9$ 或 $2, 4, 6, 9$. **检测 4**:13.1%.

(上海南汇中学 王军)

4.3 数列的概念及其性质

教学分析

1. 学科分支思想

数列思想：研究"项"与"序"对应关系的离散函数模型

2. 单元主题划分

单元主题：数列的概念及其递推

单元划分：数列的概念及其性质（1课时，时长为 40 min）

3. 教学主线分析

情境—定义—表示—要素—性质—应用

4. 知识内容结构

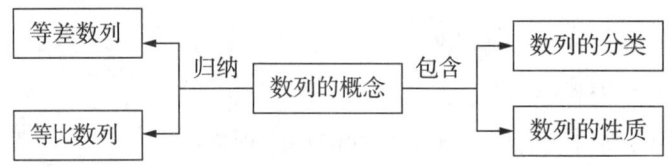

5. 核心问题思考

核心问题：什么是数列？

问题1：如何定义数列？

问题2：为什么要研究数列？

问题3：类比函数，数列有哪些常用性质？

6. 学生特征分析

（1）学生已经学习了等差、等比数列的性质与求和等内容，经历了等差、等比数列的性质与求和的研究过程，具有一定的探究数列的能力.

（2）学生能够根据具体事例归纳数列的概念，但是容易忽略数列的离散性，能够理解数列是特殊的函数，但是在解决具体问题时，不能准确理解数列与函数的区别与联系，对此还需要对数列进行进一步的学习与研究.

7. 教学目标确定

（1）通过对实际问题的分析研究，归纳数列的概念，进而举出生活中有关数列的例子.

（2）根据数列的概念，进而对数列进行简单的分类.

（3）了解数列的表示方法，通过对数列通项公式的研究，推测数列的性质.

(4) 了解数列与函数的区别与联系,利用函数的思想解决数列问题.

(5) 经历观察、猜测、归纳、论证的探究过程,掌握数列的概念,感受从特殊到一般的数学思想方法,体验研究数列的一般路径,提升数学思维的品质.

8. 数学课程类
数学概念课

> **教学环节 1** 概念构建阶段——创设情境、归纳概念、理解概念

> **教学问题 1** 数列的概念是什么?

① 创设情境

除了前面学习的等差数列和等比数列,现实世界中许多事物的数量也可以排成一列数.

情境 1 新型冠状病毒肺炎疫情下,小强对自己的体温进行了 24 h 监控,从 0 时开始记录,每隔 4 h 记录 1 次,共记录 7 次,监测的数据(单位:℃)如下:

$$38.2, 37.3, 37.5, 37.0, 36.8, 37.2, 37.6.$$

情境 2 -1 的 1 次幂、2 次幂、3 次幂……排成一列数:$-1, 1, -1, 1, \cdots$

情境 3 如图 4.3-1 所示,表示正方形点阵的点的数量:$1, 4, 9, 16, \cdots$

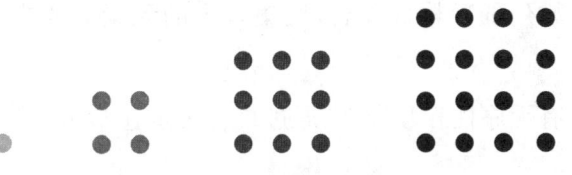

图 4.3-1

情境 4 "人有悲欢离合,月有阴晴圆缺",如果把满月分成 240 份,那么从农历初一到十五,每天月亮的可见部分可用一个代表份数的数来表示. 在两河流域发掘的一块泥板(编号为 K90,约产生于公元前 7 世纪)上,记载了一列数:

$$5, 10, 20, 40, 80, 96, 112, 128, 144, 160, 176, 192, 208, 224, 240.$$

研究发现,这列数依次表示一个月中从第 1 天到第 15 天每天月亮的可见部分.

设计意图:此环节主要借助 PPT、教师讲授的方式给学生展示上述 4 个情境,教师口头说出每个具体的数列并进行板书,让学生对数列的概念有一个初步的整体体验,激发学生的学习兴趣,体会数列是反映自然规律的基本数学模型.

② 归纳概念

问题 1 在情境 1 中,小强的体温数据记为 T,那么 $T_1=38.2, T_2=37.3, T_3=37.5, T_4=37.0, T_5=36.8, T_6=37.2, T_7=37.6$. 我们发现,$T_i$ 中的 i 反映了体温从 1 到 7 的顺序排列时的确定位置,即 $T_1=38.2$ 是排在第 1 位的数,$T_2=37.3$ 是排在第 2 位的数……$T_7=37.6$

是排在第7位的数,它们之间不能交换位置,所以是具有确定顺序的一列数.

观察情境 1~4,寻找本质特征,概括数列的概念,并回答下列问题:

(1) 情境 1~4 中各自的一列数有什么共性?

(2) 这些共性中哪一个可以作为最本质的特征?

活动1 分组讨论,概括总结.

类比上述对情境 1 的描述,小组讨论,概括数列的概念.

通过上述的活动,学生能够抓住数列概念的关键词,得到一个不够准确的概念,借助教材对概念进行细化和完善,进而得到数列的概念.

> 按照一定的顺序排列的一列数统称为数列.

我们将数列中的每个数叫做这个数列的项;排在第一位的数称为这个数列的第一项,排在第二位的数称为这个数列的第二项……排在第 n 位的数称为这个数列的第 n 项;数列的一般形式可以记成 $a_1, a_2, a_3, \cdots, a_n, \cdots$,其中 a_n 是数列的第 n 项,下标 n 是 a_n 的序数,该数列简记为 $\{a_n\}$.

设计意图:通过小组讨论,从具体的实例中找出数列概念的关键词,并了解数列中的项的概念.

③ 理解概念

问题2 若将上述情境中数列的项构成集合,则集合中的元素与原来数列中的项有什么关系?

设计意图:集合中的元素具有无序性和互异性,通过集合表示让学生更深刻地体会到数列中的项是有序的.

▶ 教学环节2 概念分析阶段——概念表示、本质分析、关系分析

▶ 教学问题2 数列的本质是什么?

① 概念表示

问题3 如何表示一个数列?

我们知道数列的项与序数具有对应关系,类比函数的解析式,我们可以得到数列的通项公式的概念.

② 本质分析

问题4 数列与函数之间存在的关系是什么?

活动2 如果情境 3 中是无穷数列,能写出情境 3 中的后 5 项吗?

活动3 把上述情境中的数据利用 Excel 中的图表功能进行列表,通过列表可发现,数列中的项和序数之间形成了一种一一对应的关系,这种一一对应关系和之前学习的哪个知识有联系?

序数	1,	2,	3,	4,	⋯,	n,	⋯
	↓	↓	↓	↓		↓	
项	a_1,	a_2,	a_3,	a_4,	⋯,	a_n,	⋯

活动 4 小组讨论,合作探究数列与函数之间的关系,并将序数与项构成的点画到坐标系中.

设计意图:从数列的定义我们可以知道数列是特殊的函数,数列是定义在正整数集 $\mathbf{N}^*$(或它的子集 $\{1,2,3,\cdots,n\}$)上的函数,所以数列具有函数的属性(比如单调性、最值等性质),但又由于定义域的差别,数列与函数有很大的区别.

③ 关系分析

问题 5 数列的项之间有什么关系?

我们已经总结了四组数据的共同点,得到了数列的概念.请同学们说一下以下六组数列有什么不同点.

分类标准	名称	含义
按项的个数	有穷数列	项数有限的数列
	无穷数列	项数无限的数列
按项的变化趋势	严格递增数列	从第 2 项起,每一项大于它的前一项的数列,即 $a_{n+1}>a_n$
	严格递减数列	从第 2 项起,每一项小于它的前一项的数列,即 $a_{n+1}<a_n$
	常数列	各项相等的数列
	摆动数列	从第 2 项起,有些项大于它的前一项、有些项小于它的前一项的数列,例如:$1,-1,1,-1,\cdots$

设计意图:数列的项数、前后项的大小关系是不一样的.因此,数列根据不同的标准有不同的分类.

活动 4 函数有哪些表示方法?数列如何表示呢?

数列的表示方法	优点	缺点
通项公式	对应关系明确	不是所有的数列都有通项公式
图像	形象直观,清晰呈现数列中的项的变化趋势	图像不够准确,图像是近似的、局部的
列表	直观呈现项与序数的关系	不适合项数多的数列(包括无穷数列)

设计意图:数列的特性是有序,如何表示这种有序关系是教学难点.通过列表让学生发现项与

序数之间的关系,类比函数,我们可以用通项公式、图像、列表来表示这种"序"与"项"的关系,即 a_n 和 n 的关系.

教学环节3 概念应用阶段——巩固概念、运用性质、总结联系

教学问题3 如何利用数列的概念解决问题?

1 巩固概念

例题1 已知数列 $\{a_n\}$ 的通项公式,写出这些数列的前5项,并画出该数列的图像:

(1) $a_n = \dfrac{1}{n+1}$;　　(2) $a_n = \cos\dfrac{n\pi}{2}$.

解析 (1)根据相应的通项公式可以写出数列的前5项:

$a_1 = \dfrac{1}{2}, a_2 = \dfrac{1}{3}, a_3 = \dfrac{1}{4}, a_4 = \dfrac{1}{5}, a_5 = \dfrac{1}{6}$.

> **思考**
> 你能用列表的形式写出前5项吗?

(2)根据相应的通项公式可以写出数列的前5项:

$a_1 = 0, a_2 = -1, a_3 = 0, a_3 = 1, a_5 = 0$.

根据上述数据可以画出数列的图像,如图4.3-2所示.

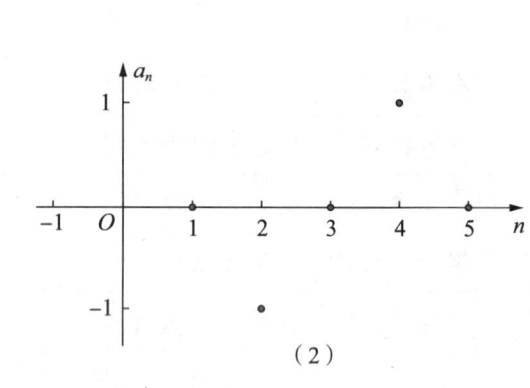

图 4.3-2

设计意图:明确数列的三种表示方法.

例题2 根据下列数列的前4项,写出数列的一个通项公式:

(1) $\dfrac{1}{3}, \dfrac{2}{9}, \dfrac{1}{9}, \dfrac{4}{81}, \cdots$　　(2) $2, 0, 2, 0, \cdots$

解析 (1)根据数列 $\dfrac{1}{3}, \dfrac{2}{9}, \dfrac{1}{9}, \dfrac{4}{81}, \cdots$ 前4项的规律为 $\dfrac{1}{3}, \dfrac{2}{3^2}, \dfrac{3}{3^3},$ $\dfrac{4}{3^4}$,可以写出一个通项公式 $a_n = \dfrac{n}{3^n}$.

> **变式**
> 你能写出数列 2, 0, 2, 0, ⋯ 的其他形式的通项公式吗?

(2)根据数列 2, 0, 2, 0, ⋯ 的前4项,可以写出一个通项公式 $a_n = 1 + (-1)^{n-1}$.

设计意图:数列的项是有规律的,数列的通项公式不一定唯一.

2 运用性质

例题3 判断下列数列的单调性：

(1) $a_n = 1 + \left(\dfrac{1}{2}\right)^n$； (2) $a_n = n - \dfrac{1}{n}$.

解析 (1) 因为 $a_{n+1} - a_n = \left[1 + \left(\dfrac{1}{2}\right)^{n+1}\right] - \left[1 + \left(\dfrac{1}{2}\right)^n\right] = -\left(\dfrac{1}{2}\right)^{n+1} < 0$，所以 $a_{n+1} < a_n$，因此数列 $\{a_n\}$ 为严格递减数列.

(2) 因为 $a_{n+1} - a_n = \left(n + 1 - \dfrac{1}{n+1}\right) - \left(n - \dfrac{1}{n}\right) = 1 + \dfrac{1}{n(n+1)} > 0$，所以 $a_{n+1} > a_n$，因此数列 $\{a_n\}$ 为严格递增数列.

例题4 已知数列 $\{a_n\}$ 的通项公式 $a_n = (n+1)\left(\dfrac{9}{10}\right)^{n-1}$，试问数列 $\{a_n\}$ 是否有最大项？若有，求出最大项和最大项的项数；若没有，说明理由.

解析 因为 $a_{n+1} - a_n = (n+2)\left(\dfrac{9}{10}\right)^n - (n+1)\left(\dfrac{9}{10}\right)^{n-1} = \left(\dfrac{9}{10}\right)^{n-1}\left(\dfrac{8-n}{10}\right)$，所以当 $n \leqslant 7$ 时，$a_{n+1} > a_n$；当 $n = 8$，$a_{n+1} = a_n$；当 $n \geqslant 9$ 时，$a_{n+1} < a_n$.

因此，数列 $\{a_n\}$ 的第 8 项或第 9 项为最大项，其值为 $\dfrac{9^8}{10^7}$.

设计意图：此环节主要运用合作学习法和教师教授的教学方法，首先教师引导学生通过类比函数的性质来研究数列的性质，然后通过小组学习和学生板演的方式，让学生扮演教师的角色以带动身边的同学共同进步.

3 总结联系

知识维度	现实情境—数列的概念—数列的研究—数列的应用
方法维度	通过具体实例，类比集合，提炼概念和本质——直观想象、逻辑推理；通过练习，类比函数，运用性质——直观想象、数学运算
思想维度	用数学语言描述数列，得出数列的一般形式；用函数的观点看数列，明确数列是特殊的函数；运用函数的方法研究数列，介绍数列的三种表示方法

教学评价

1 核心特色

本教学设计紧紧围绕"什么是数列"这一核心问题进行研究，在通过实际问题引入数列的概念后，对数列的函数背景进行了分析，明确数列与函数的关系，指出数列是特殊的函数，数列的通项公式可看作函数的解析式;通过一系列的学生活动让学生体会到数列是反映自然规律的基本数学模型,真正体会到数列是研究"项"与"序"对应关系的离散函数模型.

② 难点突破

首先,数列的概念是抽象的,尤其是数列中的有序性是本节课的教学重点.为了让学生能更直观地感受到数列的有序性,在教学设计中进行了大量的情境设计,通过情境对数列的概念进行抽象概括,另外通过将数列中的项与集合中的元素进行对比,让学生体会到数列是有序的.其次,如何理解数列是特殊的函数是本节课的教学难点.本教学设计通过类比、作图、列表的方法围绕核心问题进行展开,不断给学生提供探究平台,让学生通过与前面等差数列和等比数列的类比、联想、归纳以形成自己的知识结构.

③ 效果检测

检测1:根据图 4.3-3 中相应的点数,找出规律,写出第 n 个图形相应点的个数.

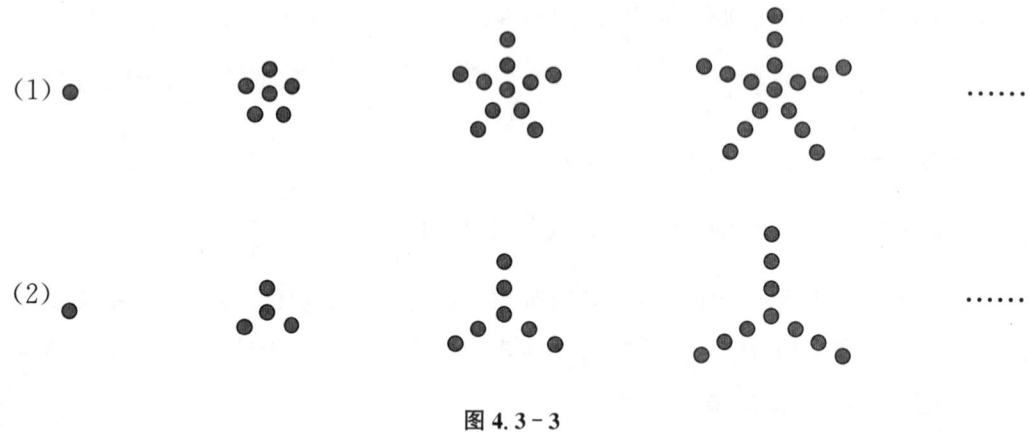

图 4.3-3

检测点:数列的概念.

检测2:下列数列中,既是无穷数列又是递增数列的是( )

A. $1, \dfrac{1}{3}, \dfrac{1}{3^2}, \dfrac{1}{3^3}, \cdots$ B. $\sin\dfrac{\pi}{13}, \sin\dfrac{2\pi}{13}, \sin\dfrac{3\pi}{13}, \sin\dfrac{4\pi}{13}, \cdots$

C. $-1, -\dfrac{1}{2}, -\dfrac{1}{3}, -\dfrac{1}{4}, \cdots$ D. $1, 2, 3, 4, \cdots, 30$

检测点:数列中项与序数的关系.

检测3:已知数列 $\{a_n\}$ 的通项公式 $a_n = |2n-3|, n \in \mathbf{N}^*$,则下列结论错误的是( ).

A. $\{a_n\}$ 是无穷数列   B. $\{a_n\}$ 是单调数列

C. $\{a_n\}$ 存在最小项   D. $\{a_n\}$ 不是单调递增数列

检测点:借助数列的通项公式研究数列中的项的性质.

检测4:已知数列 $\{a_n\}$ 的通项公式 $a_n = \dfrac{2n}{2n-9}$,试问数列 $\{a_n\}$ 是否有最小项和最大项?若有,求出最小(大)项和最小(大项)的项数;若没有,说明理由.

检测点:用函数的观点和方法研究数列问题.

检测 1:(1) $5n-4$.　(2) $3n-2$.　**检测 2**:C.　**检测 3**:D.
检测 4:最小项 $a_4=-8$,最大项 $a_5=10$.

(上海市川沙中学　卢丙清)

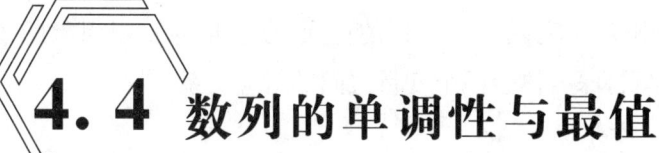

4.4 数列的单调性与最值

1. 学科分支思想
函数思想:数列是"项"与"序"对应关系的离散函数

2. 单元主题划分
单元主题:数列的概念及其递推
单元划分:数列的单调性与最值(1课时,时长为40 min)

3. 教学主线分析
对比引入—辨析定义—问题研究—反思总结

4. 知识内容结构

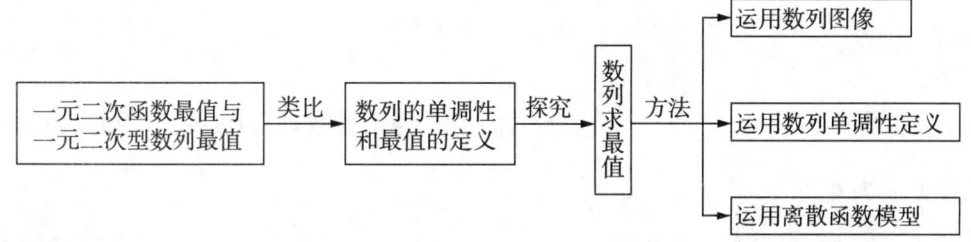

5. 核心问题思考
核心问题:如何用函数观点研究数列的最值问题?
问题1:数列的单调性与最值的定义是什么?
问题2:如何利用数列的单调性求数列的最值?
问题3:用函数观点研究数列最值需要注意什么?

6. 学生特征分析
(1) 学生对一次函数、二次函数、指数函数、"双勾函数"的单调性和最值掌握比较熟练,具有一定的类比迁移能力.

(2) 学生已经学习了函数的单调性与最值的概念,以及递增(减)数列与数列的最大(小)项的概念,但并没有将两者联系起来进行类比学习,对数列的函数本质理解也不深刻.

7. 教学目标确定

(1) 对比一元二次函数与一元二次型数列的求最值问题,正确理解函数与数列的区别与联系.

(2) 运用数列的单调性求最值,初步形成数列求最值的基本经验.

(3) 经历运用数列图像和单调性的定义求最值的过程,熟练掌握数列求最值的基本方法.

(4) 通过分别从"数"与"形"两方面比较研究函数与数列的性质,逐步培养直观想象的核心素养,充分理解数列是离散函数的本质,深入体会两个变量之间的对应关系.

8. 数学课程类型

专题研究课

教学设计

教学环节1 概念引入阶段——设置冲突、温故复习、类比知新

教学问题1 数列的单调性与最值的定义是什么?

① 设置冲突

问题1 (1) 试求函数 $f(x)=-2x^2+7x(x\in \mathbf{R})$ 的最大值.

(2) 试求数列 $a_n=-2n^2+7n$ (n 为正整数)的最大项.

解析 对于(1),配方得 $f(x)=-2\left(x-\dfrac{7}{4}\right)^2+\dfrac{49}{8}$,因为 $x\in\mathbf{R}$,所以 $f(x)\leqslant\dfrac{49}{8}$.因此,当 $x=\dfrac{7}{4}$ 时,$f(x)_{\max}=\dfrac{49}{8}$.

对于(2),配方得 $a_n=-2\left(n-\dfrac{7}{4}\right)^2+\dfrac{49}{8}$,因为 n 为正整数,所以 $n\neq\dfrac{7}{4}$.因此,当 $n=2$ 时,$\{a_n\}$ 的最大项为 6.

追问 这两个问题有何联系与区别?

两者都与一元二次函数 $f(x)=-2x^2+7x(x\in\mathbf{R})$ 有关.

在(1)中,一元二次函数的图像是一条连续的抛物线.

在(2)中,一元二次型数列的图像是相应抛物线上离散的点序列.

设计意图:通过在问题中设置冲突,引发学生思考函数求最值和数列求最值的联系与区别.

② 温故复习

活动1 回忆并理解函数的单调性和最值的概念.

设计意图:复习函数的单调性和最值的概念,为得到数列的单调性和最值的概念做铺垫.

③ 类比知新

活动 2 请尝试通过函数的单调性和最值的概念类比得到数列的单调性和最值的概念.

> 从第 2 项起,每一项都大于它的前一项的数列 $\{a_n\}$ 叫做严格递增数列,此时 $a_{n+1}>a_n$(n 为正整数)成立.
>
> 从第 2 项起,每一项都小于它的前一项的数列 $\{a_n\}$ 叫做严格递减数列,此时 $a_{n+1}<a_n$(n 为正整数)成立.
>
> 数列 $\{a_n\}$ 的第 n_0(n_0 为正整数)项为 a_{n_0},对于任意的正整数 n,如果 $a_n \geqslant a_{n_0}$ 都成立,那么 a_{n_0} 就叫做数列 $\{a_n\}$ 最小项;如果 $a_n \leqslant a_{n_0}$ 都成立,那么 a_{n_0} 就叫做数列 $\{a_n\}$ 最大项.

设计意图:通过函数的单调性和最值的概念类比得到数列的单调性和最值的概念,体会两者的联系与区别.

教学环节 2 最值研究阶段——直观感受、实例分析、方法提炼

教学问题 2 如何利用数列的单调性求解数列的最值?

① 直观感受

例题 1 已知无穷数列 $\{a_n\}$ 的通项公式 $a_n = -3n + \left(\dfrac{1}{2}\right)^n$($n$ 为正整数),试判断此数列是否有最大项?若有,求出第几项最大;若没有,说明理由.

解析 令 $b_n = -3n$,$c_n = \left(\dfrac{1}{2}\right)^n$($n$ 为正整数),显然数列 $\{b_n\}$,$\{c_n\}$ 都是严格递减数列,故数列 $\{a_n\}$ 为严格递减数列.因此,数列 $\{a_n\}$ 的最大项是第 1 项,且最大项 $a_1 = -\dfrac{5}{2}$.

设计意图:通过对数列单调性的分析,直观感受运用单调性求最值的过程.

② 实例分析

例题 2 已知 $a_n = \dfrac{n^2+80}{n}$(n 为正整数),问:该数列 $\{a_n\}$ 的最小项是第几项?

解析 [方法 1] 由 $n>0$ 可知 $a_n = n + \dfrac{80}{n} \geqslant 2\sqrt{n \cdot \dfrac{80}{n}} = 8\sqrt{5}$,等号成立的充要条件是 $n = \dfrac{80}{n}$,即 $n = 4\sqrt{5} \approx 8.94$,故函数 $f(x) = x + \dfrac{80}{x}$($x>0$)的最小值点 $x = 4\sqrt{5}$.

但是 $n = 4\sqrt{5}$ 不是正整数,由 $a_9 = \dfrac{161}{9} \approx 17.89$,$a_8 = 18$ 可知 $a_8 > a_9$,结合图形可知数列 $\{a_n\}$ 的最小项是第 9 项,且最小项 $a_9 = \dfrac{161}{9}$.

以上解答显然用到了数形结合的方法,另外也可以用单调性的定义解答.

[方法 2] 由 $a_{n+1}-a_n=\left[(n+1)+\dfrac{80}{n+1}\right]-\left(n+\dfrac{80}{n}\right)=\dfrac{n^2+n-80}{n(n+1)}>0$,得 $n>\dfrac{-1+\sqrt{321}}{2}\approx 8.46$. 于是当 $n\geqslant 9$ 时,$a_{n+1}>a_n$,即数列 $\{a_n\}$ 为严格递增数列;当 $1\leqslant n\leqslant 8$ 时,$a_{n+1}<a_n$,即数列 $\{a_n\}$ 为严格递减数列. 进一步得到数列各项的大小关系为 $a_1>a_2>\cdots>a_8>a_9$,$a_9<a_{10}<\cdots$,不难看出数列 $\{a_n\}$ 的最小项是第 9 项.

设计意图:深刻理解数列是离散函数的本质,能从数列的通项公式、图像和单调性定义等不同角度综合求数列的最值,并评估最优解法.

③ 方法提炼

问题 2 一般地,可以从哪些角度求解数列的最值问题?

数列的本质是离散函数,因此可以通过类比函数的单调性求解数列的最值问题,一般可以从"形"和"数"两个角度解决:

(1) 运用数列图像;

(2) 运用数列单调性的定义.

教学环节 3 对象应用阶段——巩固提升、融会贯通、总结联系

教学问题 3 用函数观点研究数列最值需要注意什么?

① 巩固提升

例题 3 已知无穷数列 $\{a_n\}$ 的通项公式 $a_n=\left(\dfrac{8}{9}\right)^n(n+2)$($n$ 为正整数),试判断此数列是否有最大项? 若有,求出第几项最大;若没有,说明理由.

解析 数列的单调性很难直接观察出来,不妨用定义来判断该数列的单调性.

作差 $a_{n+1}-a_n=\left(\dfrac{8}{9}\right)^{n+1}(n+3)-\left(\dfrac{8}{9}\right)^n(n+2)=\left(\dfrac{8}{9}\right)^n\left(\dfrac{2}{3}-\dfrac{n}{9}\right)$. 如果 $a_{n+1}-a_n>0$,那么 $\left(\dfrac{8}{9}\right)^n\left(\dfrac{2}{3}-\dfrac{n}{9}\right)>0$,得 $n<6$. 从而可知:当 $n<6$ 时,$a_{n+1}>a_n$,即数列 $\{a_n\}$ 为严格递增数列;当 $n=6$ 时,$a_6=a_7$;当 $n>6$ 时,$a_{n+1}<a_n$,即数列 $\{a_n\}$ 为严格递减数列. 因此,数列 $\{a_n\}$ 的第 6 项或第 7 项为最大项,且最大项 $a_6=a_7=\dfrac{2^{21}}{3^{12}}$.

设计意图:严格运用数列单调性的定义,即用"比差法"或"比商法"研究数列单调性,进一步体会数列的"离散性",感悟运用单调性求最值的规范性.

② 融会贯通

例题 4 已知数列 $a_n=1-\left(-\dfrac{1}{2}\right)^n$,$T_n=a_n-\dfrac{1}{a_n}$($n$ 为正整数),求数列 $\{T_n\}$ 的最小项的值

与最大项的值.

解析 用函数观点看,将 $T_n=a_n-\dfrac{1}{a_n}$ 视作以 a_n 为自变量的函数.

$$a_n=1-\left(-\dfrac{1}{2}\right)^n=\begin{cases}1+\left(\dfrac{1}{2}\right)^n,n\text{ 为正奇数},\\ 1-\left(\dfrac{1}{2}\right)^n,n\text{ 为正偶数}.\end{cases}$$

当 n 为正奇数时,$a_n=1+\left(\dfrac{1}{2}\right)^n$ 是严格递减函数,故 $1<a_n\leqslant a_1=\dfrac{3}{2}$. 又因为 T_n 是关于 a_n 的严格递增函数,故 $0<a_n-\dfrac{1}{a_n}\leqslant a_1-\dfrac{1}{a_1}=\dfrac{5}{6}$,即 $0<T_n\leqslant\dfrac{5}{6}$.

当 n 为正偶数时,$a_n=1-\left(\dfrac{1}{2}\right)^n$ 是严格递增函数,故 $\dfrac{3}{4}=a_2\leqslant a_n<1$. 又因为 T_n 是关于 a_n 的严格递增函数,故 $0>a_n-\dfrac{1}{a_n}\geqslant a_2-\dfrac{1}{a_2}=-\dfrac{7}{12}$,即 $-\dfrac{7}{12}\leqslant T_n<0$.

因此,数列 $\{T_n\}$ 最小项的值为 $-\dfrac{7}{12}$,最大项的值为 $\dfrac{5}{6}$.

设计意图:研究通过基本初等函数复合等方式构造出新数列的最值问题,强化用函数观念和函数模型判断单调性.

⟨3⟩ 总结联系

知识维度	数列单调性与数列最值的概念
方法维度	运用数列图像求最值;运用数列单调性的定义求最值;运用离散函数模型求最值
思想维度	对数列是离散函数的本质理解;从函数研究到数列研究,由此及彼的类比方法

① 核心特色

本教学设计通过类比归纳法研究核心主题"数列的单调性与最值的关系",类比归纳法是通过已知问题探究未知问题的常见方法. 学生对函数的单调性与最值比较熟悉,而数列的本质是离散函数. 通过问题1,设置冲突的情境,让学生注意到数列是离散函数的本质,从而激活旧知识、激发新研究. 围绕核心问题设计问题链,借助函数观点,从图像和单调性的定义等方面研究数列最值,层层递进,不断深入,帮助学生全面透彻地研究问题,培养学生的直观想象及严谨性等方面的素养.

② 难点突破

如何利用数列的单调性求最值是本节课的教学难点,学生很容易忽略数列中 n 为正整数的要求,而直接使用函数求最值的方法.在教学设计中,引导学生从两个不同的方面考虑函数求最值和数列求最值的联系与区别:从代数上看,由函数单调性和最值的概念类比归纳出数列单调性和最值的概念,凸显自变量取值范围不同带来的表达形式的变化;从图形上看,函数图像是连续曲线,数列图像是离散的点序列,进一步突出数列是离散函数的本质.另外,问题链的设置可以启发学生从不同的方面理解数列求最值问题,让学生对数列的单调性与最值的认识更加立体和丰富.

③ 效果检测

检测 1: 在等差数列 $\{a_n\}$ 中,已知 $a_7=0, d<0$,则使它的前 n 项和 S_n 取最大值的正整数 n 是_____.

检测点: 数列的单调性,一元二次型数列的最值.

检测 2: 已知数列 $\{a_n\}$ 满足 $a_n = \dfrac{7n+5}{2n-9}$(n 为正整数),试求 a_n 的最值.

检测点: 反比例函数型数列的最值.

检测 3: 已知数列 $\{a_n\}$ 的通项公式 $a_n = \dfrac{n}{n^2+156}$,则数列 $\{a_n\}$ 的最大项为第_____项.

检测点: "双勾函数"型数列的最值.

检测 4: 已知 $a_n = 2n^2 + \lambda n$(n 为正整数),且满足不等关系 $a_1 < a_2 < a_3 < \cdots < a_n < a_{n+1} < \cdots$,则实数 λ 的取值范围是_____.

检测点: 数列与函数的关系,判断数列单调性的基本方法.

检测 1: 6 或 7.　**检测 2**: 当 $n=4$ 时,a_n 的最小值是 -33;当 $n=5$ 时,a_n 的最大值是 40.
检测 3: 12 或 13.　**检测 4**: $\lambda > -6$.

(上海市祝桥高级中学　董善林)

第五章 一元函数的导数及其应用

本章导读

一、知识导读

① 知识起点。

在数学中,为了描述现实世界中的运动、变化等现象,引入了函数.刻画静态现象的数与刻画动态现象的函数都是数学中非常重要的概念.在对函数的深入研究中,数学家创立了微积分.

② 知识核心。

导数是微积分的核心内容,是现代数学的基本概念,蕴含着微积分的基本思想.通过从平均变化率到瞬时变化率的过程,理解导数概念的精神实质.

③ 知识系统。

本章将帮助学生通过丰富的实际背景理解导数的概念,掌握导数的基本运算,运用导数研究函数的性质,并解决一些实际问题.本章的内容包括导数的概念及其意义、导数的运算、导数在研究函数中的应用.

④ 知识背景。

微积分的创立与处理数学物理中的四类问题有关,即物体在任意时刻的速度与加速度,曲线的切线,函数的最大值与最小值,求长度、面积、体积和重心等.17世纪中期,在前人探索与研究函数的基础上,牛顿与莱布尼茨凭借敏锐的直觉和丰富的想象力,各自独立地创立了微积分.

⑤ 知识应用。

导数定量地刻画了函数的局部变化,是研究函数增减、变化快慢、最大(小)值等性质的基本方法.

⑥ 知识外部联系。

导数是解决诸如增长率、膨胀率、效率、密度、速度、加速度等实际问题的基本工具,导数的作用与意义也是在用导数研究函数和解决实际问题中才能显示出来.

二、主题及其课时划分

主题	课时划分
概念及意义：导数的概念及其意义	概念：导数的概念（1课时） 意义：导数的几何意义（1课时）
运算系统：导数的运算	导数公式：基本初等函数的导数（1课时） 运算法则：导数的四则运算法则（1课时） 复合求导：简单复合函数的导数（1课时）
函数中的应用：导数在研究函数中的应用	研究单调性：利用导数研究函数的单调性（1课时） 研究极值与最值：利用导数研究函数的极值与最值（1课时） 研究实际问题：利用导数解决实际问题（1课时）

三、知识内容结构

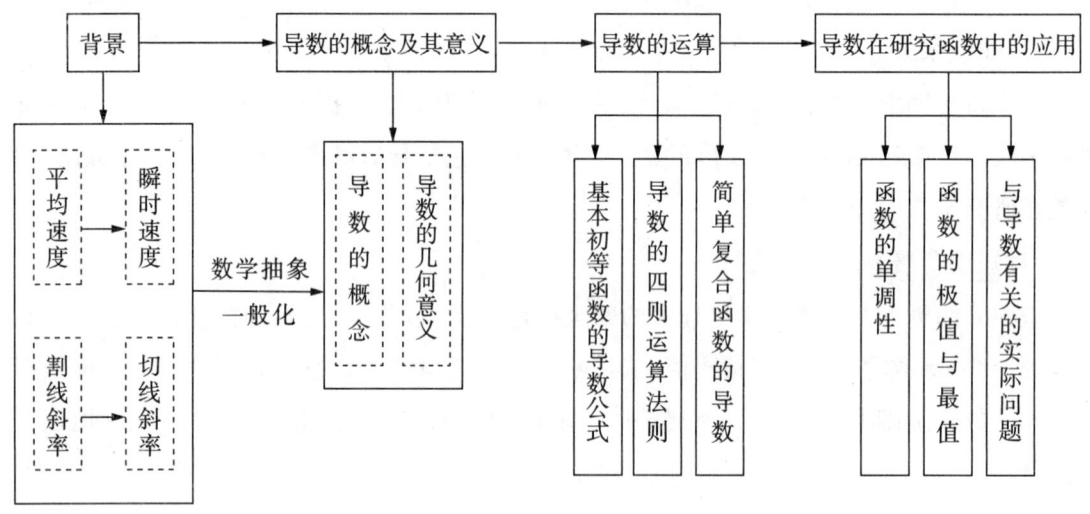

四、教学设计案例

本章将针对"导数的概念""导数的四则运算法则""利用导数研究函数的单调性"这三个重点课时的内容进行教学设计的案例建构。

5.1 导数的概念

教学分析

1. 学科分支思想

极限思想:自变量的局部变化过程中函数的局部变化规律

2. 单元主题划分

单元主题:导数的概念及其意义

单元划分:导数的概念(1课时,时长为 40 min)

3. 教学主线分析

概念形成—概念理解—概念应用—小结提升

4. 知识内容结构

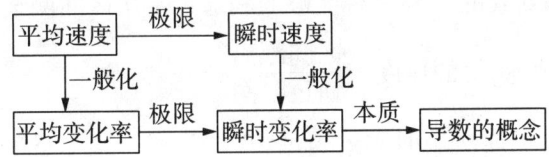

5. 核心问题思考

核心问题:导数是什么?

问题1:如何计算运动物体在 t_0 时刻的瞬时速度?

问题2:如何理解函数 $y=f(x)$ 在 $x=x_0$ 处的导数?

问题3:如何求函数 $y=f(x)$ 在 $x=x_0$ 处的导数 $f'(x_0)$?

6. 学生特征分析

(1) 学生在物理课程中已经学习了瞬时速度,在数学课程中已经学习了函数的单调性等知识,在函数零点的学习过程中已有利用"二分法"逼近函数零点的经验,具备了一定的认知基础.

(2) 由于没有学过极限的概念,学生对形式化的极限符号的理解有一定困难;另外,由于为形成概念提供的情境不够丰富,学生不容易准确理解导数的本质.

7. 教学目标确定

(1) 通过对瞬时速度的分析,经历由平均变化率过渡到瞬时变化率的过程,形成导数的概念.

(2) 结合对导数概念的分析,知道导数是瞬时变化率的数学表达,理解导数的物理意义.

(3) 用导数概念求具体函数在某一点的导数,掌握其求解的基本步骤.

(4) 在求解具体问题的过程中,不断加深对导数本质的理解,体会"以静制动"的极限思想.

8. 数学课程类型

数学概念课

教学设计

> **教学环节1** 概念引入阶段——情境引入、实例分析、提炼结构

> **教学问题1** 如何计算运动物体在 t_0 时刻的瞬时速度?

①情境引入

情境 在高速公路上,往往安装有车辆测速的装置.五一期间,妈妈驾驶小轿车带着小强行驶在限速 120 km/h 的高速公路上,中途遇到了区间测速,从测速开始 A 处到测速结束 B 处的道路总长为 10 km,车辆离开 A 处的距离 s(单位:m)与所用时间 t(单位:s)满足函数关系 $s(t)=0.01t^2+30t$.妈妈驾驶的车辆是否能够顺利通过本次区间测速?

根据区间测速的原理,测得的速度 $=\dfrac{区间距离}{通过时间}$,即 $\dfrac{\Delta s}{\Delta t}$.

易知 $\Delta s=10\,000$ m,测速所用时间 t 满足 $10\,000=0.01t^2+30t$,解得 $t\approx 303$ s,则 $\Delta t=303-0=303$(s),故区间测速的结果是 $\dfrac{10\,000}{303}$ m/s,即 118.8 km/h.因为 118.8<120,所以妈妈驾驶的车辆能够顺利通过本次区间测速.

追问1 当通过测速结束处时,小强发现车辆的仪表盘中车速的指针已经指向了 130 km/h!这引起了小强的思考:车辆已经超速,为何能够顺利通过区间测速?

追问2 你认为用平均速度描述汽车的运动状态有什么问题吗?

设计意图:通过实际情境,认识到平均速度只能粗略地描述汽车在某段时间内的运动状态,并不能精确刻画汽车在每个时刻的运动状态,从而体会计算瞬时速度的必要性.

②实例分析

问题1 我们把物体在某一时刻的速度称为瞬时速度,如何计算车辆在测速结束时刻即 $t=303$ s 时的瞬时速度?

追问1 瞬时速度与平均速度有什么关系?你能利用这种关系计算汽车在 $t=303$ s 时的瞬时速度吗?

设汽车在 t_0 时刻附近某一时间段内的平均速度为 $\bar{v}$,可以想象,如果不断缩短这一时间段的长度,那么 $\bar{v}$ 将越来越趋近于汽车在 t_0 时刻的瞬时速度.

考查 $t=303$ s 附近的情况,可以得到如下表格.

当 $\Delta t<0$ 时,在区间 $[303+\Delta t,303]$ 内		当 $\Delta t>0$ 时,在区间 $[303,303+\Delta t]$ 内	
$\bar{v}=\dfrac{\Delta s}{\Delta t}=\dfrac{s(303)-s(303+\Delta t)}{-\Delta t}$ $=\dfrac{-0.01\Delta t^2-36.06\Delta t}{-\Delta t}=0.01\Delta t+36.06$		$\bar{v}=\dfrac{\Delta s}{\Delta t}=\dfrac{s(303+\Delta t)-s(303)}{\Delta t}$ $=\dfrac{0.01\Delta t^2+36.06\Delta t}{\Delta t}=0.01\Delta t+36.06$	
$\Delta t=-1$ s	$\bar{v}=36.05$ m/s	$\Delta t=1$ s	$\bar{v}=36.07$ m/s
$\Delta t=-0.1$ s	$\bar{v}=36.059$ m/s	$\Delta t=0.1$ s	$\bar{v}=36.061$ m/s
$\Delta t=-0.01$ s	$\bar{v}=36.0599$ m/s	$\Delta t=0.01$ s	$\bar{v}=36.0601$ m/s
$\Delta t=-0.001$ s	$\bar{v}=36.05999$ m/s	$\Delta t=0.001$ s	$\bar{v}=36.06001$ m/s
……	……	……	……

追问 2 当 Δt 趋近于 0 时,平均速度 $\bar{v}$ 有什么样的变化趋势?

我们发现,当时间改变量 $\Delta t\to 0$ 时,即无论 t 从小于 303 s 的一边趋近于 303 s,还是从大于 303 s 的一边趋近于 303 s,平均速度 $\bar{v}\to 36.06$ m/s. 我们把 36.06 叫做当 $\Delta t\to 0$ 时,$\bar{v}$ 的极限值,记作 $v=\lim\limits_{\Delta t\to 0}\dfrac{s(303+\Delta t)-s(303)}{\Delta t}=36.06$(m/s),即汽车在 303 s 时的瞬时速度是 36.06 m/s,即 129.816 km/h. 此时汽车已经超速,需要立刻减速.

设计意图:通过思考当 Δt 趋近于 0 时,平均速度 $\bar{v}$ 的变化趋势,理解平均速度与瞬时速度的内在联系,体会瞬时速度的本质,即 Δt 趋近于 0 时平均速度的极限.

③ 提炼结构

问题 2 刚才我们研究了汽车在 $t=303$ s 时的瞬时速度,类似地,如何计算汽车在 $t=100$ s 时的瞬时速度?

问题 3 一般地,汽车在 $t=t_0$ 时的瞬时速度如何表示?

$$v=\lim_{\Delta t\to 0}\dfrac{\Delta s}{\Delta t}=\lim_{\Delta t\to 0}\dfrac{s(t_0+\Delta t)-s(t_0)}{\Delta t}.$$

设计意图:从 $t=100,t=303$ 上升到任意点 $t=t_0$ 时瞬时速度的表示,在从特殊到一般的过程中,获得更一般的形式化表示,逐渐看清一类问题的结构.

教学环节 2 概念学习阶段——概念形成、概念理解、初步应用

教学问题 2 如何理解函数 $y=f(x)$ 在 $x=x_0$ 处的导数?

① 概念形成

问题 4 一般地,函数 $y=f(x)$ 在 $x=x_0$ 的瞬时变化率如何表示?

追问 为了表示函数 $y=f(x)$ 在 $x=x_0$ 的瞬时变化率，要先表示哪个量？

$\dfrac{\Delta y}{\Delta x}=\dfrac{f(x_0+\Delta x)-f(x_0)}{\Delta x}$ 为函数 $y=f(x)$ 在以 x_0 和 $x_0+\Delta x$ 为端点的区间上的平均变化率.

一般地，对于函数 $y=f(x)$，若 $\dfrac{\Delta y}{\Delta x}$ 在 $x=x_0$ 处的极限值，即 $\lim\limits_{\Delta x\to 0}\dfrac{f(x_0+\Delta x)-f(x_0)}{\Delta x}$ 存在，则把这个极限值称为函数 $y=f(x)$ 在 $x=x_0$ 处的导数，记作 $f'(x_0)$（或 $y'|x=x_0$），即 $f'(x_0)=\lim\limits_{\Delta x\to 0}\dfrac{f(x_0+\Delta x)-f(x_0)}{\Delta x}$.

导数值 $f'(x_0)=\lim\limits_{\Delta x\to 0}\dfrac{f(x_0+\Delta x)-f(x_0)}{\Delta x}$ 就是函数 $y=f(x)$ 在 $x=x_0$ 处的瞬时变化率.

设计意图：借助具体情境，从感性具体到理性具体，再脱离具体情境，从理性具体上升到理性一般，进一步推广到一般函数，形成导数的形式化概念.

②概念理解

问题5 如何理解函数 $y=f(x)$ 在 $x=x_0$ 处的导数？谈谈你的看法.

追问1 函数 $y=f(x)$ 在 $x=x_0$ 处的导数一定存在吗？

不一定. 如函数 $f(x)=|x|$ 在 $x=0$ 处的导数就不存在，这是因为：

当 $\Delta x>0$ 时，$\dfrac{f(x_0+\Delta x)-f(x_0)}{\Delta x}=\dfrac{f(\Delta x)-f(0)}{\Delta x}=1$；

当 $\Delta x<0$ 时，$\dfrac{f(x_0+\Delta x)-f(x_0)}{\Delta x}=\dfrac{f(\Delta x)-f(0)}{\Delta x}=-1$.

即 $\dfrac{\Delta y}{\Delta x}$ 在 $x=0$ 处的极限不存在，故函数 $f(x)=|x|$ 在 $x=0$ 处的导数不存在.

追问2 若函数 $y=f(x)$ 在 $x=x_0$ 处的导数存在，则 $f'(x_0)$ 表示什么？

$f'(x_0)$ 表示函数 $y=f(x)$ 在点 x_0 处平均变化率的极限——瞬时变化率.

若把函数 $y=f(x)$ 看作物体的运动方程（也叫做位移方程，自变量 x 表示时间），则 $f'(x_0)$ 表示物体在 x_0 时刻的速度，即在 x_0 时刻的瞬时速度.

追问3 函数 $y=f(x)$ 在 $x=x_0$ 处的导数 $f'(x_0)$ 还可以如何表示？

$f'(x_0)=\lim\limits_{t\to 0}\dfrac{f(x_0+t)-f(x_0)}{t}=\lim\limits_{x\to x_0}\dfrac{f(x)-f(x_0)}{x-x_0}$.

设计意图：从是否存在、本质、物理意义、表示形式等不同方面帮助学生理解导数的概念.

3 初步应用

例题 1 设 $f(x)=\dfrac{1}{x}$,求 $f'(1)$.

解析 $f'(1)=\lim\limits_{\Delta x\to 0}\dfrac{f(1+\Delta x)-f(1)}{\Delta x}=\lim\limits_{\Delta x\to 0}\dfrac{\dfrac{1}{1+\Delta x}-1}{\Delta x}=\lim\limits_{\Delta x\to 0}\left(-\dfrac{1}{1+\Delta x}\right)=-1.$

设计意图:通过求具体函数在某一点 x_0 处的导数,在应用中进一步熟悉导数的概念.

教学环节 3 小结提升阶段——巩固应用、求导步骤、总结联系

教学问题 3 如何求函数 $y=f(x)$ 在 $x=x_0$ 处的导数 $f'(x_0)$?

1 巩固应用

例题 2 某辆汽车在门窗封闭的情况下在室外停放 5 h,车内气温 $C(t)$(单位:℃)与车辆停放时长 t(单位:h)的关系为 $C(t)=2\sqrt{t^3}+17(0\leqslant t\leqslant 5)$.

(1) 求 $C'(4)$.

(2) $C'(4)$ 的实际意义是什么?

> **变式** 求车辆在 t 时刻温度的瞬时变化率 $[C'(t)=3\sqrt{t}]$.

解析 (1) $C'(4)=\lim\limits_{\Delta t\to 0}\dfrac{C(4+\Delta t)-C(4)}{\Delta t}$

$=\lim\limits_{\Delta t\to 0}\dfrac{2\sqrt{(4+\Delta t)^3}+17-2\sqrt{4^3}-17}{\Delta t}$

$=\lim\limits_{\Delta t\to 0}\dfrac{2(\sqrt{4+\Delta t}-\sqrt{4})[8+\Delta t+\sqrt{4(4+\Delta t)}]}{\Delta t}$

$=\lim\limits_{\Delta t\to 0}\dfrac{2(8+\Delta t+2\sqrt{4+\Delta t})}{\sqrt{4+\Delta t}+\sqrt{4}}=6.$

(2) $C'(4)$ 表示车辆在 $t=4$ h 时温度的瞬时变化率为 6 ℃/h.

设计意图:通过解决实际问题,进一步熟悉求函数在某一点 x_0 处导数的步骤.

2 求导步骤

问题 6 你能归纳出求函数 $y=f(x)$ 在点 x_0 处导数的步骤吗?

求函数 $y=f(x)$ 在点 x_0 处导数的步骤	
第 1 步	求函数的增量:$\Delta y=f(x_0+\Delta x)-f(x_0)$
第 2 步	求平均变化率:$\dfrac{\Delta y}{\Delta x}$
第 3 步	取极限,得导数:$f'(x_0)=\lim\limits_{\Delta x\to 0}\dfrac{\Delta y}{\Delta x}$

设计意图:结合导数的概念及相应的例题进行归纳,明确求导数的步骤,形成程序化知识,掌

握操作技能.

③ 总结联系

知识维度	平均速度—瞬时速度—导数
方法维度	利用导数的概念求在点 x_0 处导数的步骤
思想维度	用有限刻画无限、以静制动的极限思想

问题7 你能结合 $s(t)=0.01t^2+30t$ 的函数图像,解释实例中求 $t=303$ s 时瞬时速度的过程吗?由此,你对导数的意义有什么新的认识吗?

设计意图:从知识、方法、思想及研究思路几个方面进行小结,同时从图像的角度提出新的问题,启发学生思考,为导数几何意义的学习埋下伏笔.

教学评价

① 设计特色

　　本教学设计遵循从特殊到一般的研究思路,从学生比较熟悉的物理实例出发,将数学史中导数概念的形成过程融入其中,通过研究具体时刻瞬时速度的计算,展现平均速度逐渐逼近瞬时速度的过程,从而让学生理解瞬时速度是平均速度的极限;在经历了具体情境的研究之后,将其一般化,由平均变化率过渡到瞬时变化率,得到形式化的导数概念.对于概念的理解,坚持让学生各抒己见,在师生讨论的过程中完成从不同角度对概念的理解.

② 难点突破

　　如何理解导数的本质是本节课的难点.首先,在具体实例的分析中,引导学生不断体会瞬时速度是平均速度极限的本质;其次,在学生通过具体实例抽象概括出导数概念的基础上,通过对函数在某点处导数存在条件的分析、导数的代数本质、物理意义及符号表征等不同方面的分析,引导学生不断加深对导数本质的理解;最后,通过两道例题的巩固,让学生在计算中进一步体会导数的本质.

③ 效果检测

检测1:若一质点的运动方程为 $s=t^2+1$,则质点在时间段 $[1,2]$ 中的平均速度是_____,质点在 $t=1$ 时的瞬时速度是_____.

检测点:求质点的平均速度和瞬时速度.

检测2:如果函数 $f(x)=\sqrt{x}$ 在 $x=x_0$ 处的瞬时变化率是 $\dfrac{\sqrt{3}}{3}$,那么 x_0 的值为_____.

检测点:求函数 $y=f(x)$ 在 $x=x_0$ 处的导数.

检测3:若 $f'(x_0)=2$,则 $\lim\limits_{\Delta x\to 0}\dfrac{f(x_0)-f(x_0+\Delta x)}{2\Delta x}=$_____.

检测点:对导数概念的理解.

检测 4:某种型号的飞机从着陆到停止的过程中,若滑行路程 s(单位:m)与着陆时间 t(单位:s)之间的函数关系为 $s=60t-1.5t^2$,则此飞机着陆后滑行 5s 时的瞬时速度是_____m/s.

检测点:对导数本质的理解.

参考答案

检测 1:3,2. 检测 2:$\dfrac{3}{4}$. 检测 3:-1. 检测 4:45.

(上海市松江二中 白军鹏)

5.2 导数的四则运算法则

教学分析

1. 学科分支思想

极限思想:因变量关于自变量的变化率的极限

2. 单元主题划分

单元主题:导数的运算

单元划分:导数的四则运算法则(1 课时,时长为 40 min)

3. 教学主线分析

定义—特例—法则—应用

4. 知识内容结构

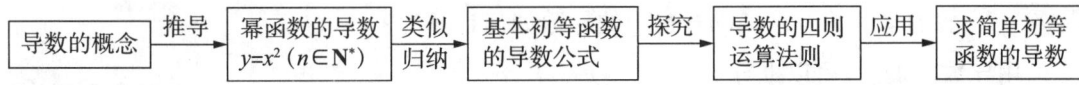

5. 核心问题思考

核心问题:怎样求简单初等函数的导数?

问题 1:怎样推导基本初等函数的导数?

问题 2:什么是导数的四则运算法则?

问题 3:怎么选择合适的求导公式与运算法则求简单初等函数的导数?

6. 学生特征分析

(1) 学生已经学习了导数的概念及导数表示曲线上点的切线斜率的几何意义,会用导数的概念求函数在某点处的导数;学习了数列极限的四则运算法则,有利于对导数的四则运算法则的理解与推导.

(2) 高中阶段要求熟练运用基本初等函数的导数公式及导数的运算法则求简单初等函数的导数,这对学生的运算素养要求较高,同时选择合适的求导公式与运算法则求简单初等函数的导数对学生也有较高的能力要求.

7. 教学目标确定

(1) 利用导数的概念推导 $y=x^n(n\in \mathbf{N}^*)$ 的导数.

(2) 通过探究导数法则的算理,理解并掌握导数的四则运算法则,并能从符号、文字语言上正确表述,提高从特殊到一般的抽象概括能力.

(3) 通过简单初等函数求导的计算过程,提升选择合适的求导公式与法则运算的能力,提高运算素养.

(4) 通过推导、归纳、探究、深化、总结等形式,熟悉数学公式法则课的基本学习套路,提高自我学习的能力.

8. 数学课程类型

数学公式法则课

教学设计

教学环节1 对象引入阶段——复习旧知、典例推导、公式推导

教学问题1 怎样推导基本初等函数的导数?

① 复习旧知

第一节课学习了利用导数的概念求解一些常用函数的导数,例如求解 $y=x$,$y=x^2$ 等简单的幂函数的导数.

② 典例推导

问题1 一般的幂函数 $y=x^n(n\in \mathbf{N}^*)$ 的导数如何计算呢?

运用导数的概念,可以推导

$$\lim_{\Delta x \to 0} \frac{(x+\Delta x)^n - x^n}{\Delta x}$$

$$=\lim_{\Delta x \to 0} \frac{\Delta x[(x+\Delta x)^{n-1} + (x+\Delta x)^{n-2}x + \cdots + (x+\Delta x)x^{n-2} + x^{n-1}]}{\Delta x}$$

$$=\lim_{\Delta x \to 0}[(x+\Delta x)^{n-1} + (x+\Delta x)^{n-2}x + \cdots + (x+\Delta x)x^{n-2} + x^{n-1}]$$

$$=nx^{n-1}.$$

因此 $(x^n)'=n\cdot x^{n-1}(n\in \mathbf{N}^*)$.

更一般地,有 $(x^\alpha)' = \alpha \cdot x^{\alpha-1}(\alpha \in \mathbf{Q})$.

设计意图:选取一般的幂函数(在高中的知识范围内)进行推导,体会极限思想,进一步熟悉用概念求导数的步骤,同时进一步让学生感受学习求导公式的必要性,提升学生的数学运算素养.

③ 公式推导

前面用导数的概念对幂函数 $y = x^n(n \in \mathbf{N}^*)$ 的导数公式加以推导,学生可以类似推导 $y = C(C$ 为常数$), y = x, y = x^3, y = \dfrac{1}{x}, y = \sqrt{x}$ 的导数.

教学环节 2 对象探究阶段——法则探究、法则归纳、法则运用

教学问题 2 如何推导导数得到四则运算法则?

① 法则探究

问题 2 若 $f(x)$ 和 $g(x)$ 的导数分别为 $f'(x)$ 和 $g'(x)$,则 $[f(x)+g(x)]'$,$[f(x)-g(x)]'$ 如何求?

探究 设 $f(x) = x^2, g(x) = x$,你能发现 $[f(x)+g(x)]'$,$[f(x)-g(x)]'$ 与 $f'(x), g'(x)$ 的关系吗?

追问 1 你能否再列举两个具体函数,验证上述发现的关系?

追问 2 由上述特殊函数,你能否猜想 $[f(x) \pm g(x)]'$ 的一般结论?

追问 3 你能用导数的概念证明以上结论吗?

以 $[f(x)+g(x)]' = f'(x)+g'(x)$ 的证明为例,师生共同完成证明:

$$\begin{aligned}
[f(x)+g(x)]' &= \lim_{h \to 0} \dfrac{[f(x+h)+g(x+h)]-[f(x)+g(x)]}{h} \\
&= \lim_{h \to 0} \dfrac{[f(x+h)-f(x)]+[g(x+h)-g(x)]}{h} \\
&= \lim_{h \to 0} \dfrac{f(x+h)-f(x)}{h} + \lim_{h \to 0} \dfrac{g(x+h)-g(x)}{h} \\
&= f'(x)+g'(x).
\end{aligned}$$

类似地,学生可以完成 $[f(x)-g(x)]' = f'(x)-g'(x)$ 的证明.

问题 3 若 $f(x)$ 和 $g(x)$ 的导数分别为 $f'(x)$ 和 $g'(x)$,则 $[f(x)g(x)]' = f'(x)g'(x)$ 成立吗?你如何研究这个问题?

第 1 步,通过举反例说明 $[f(x)g(x)]' = f'(x)g'(x)$ 不成立:

如设 $f(x) = x^2, g(x) = x$,则 $[f(x)g(x)]' = (x^3)' = 3x^2, f'(x)g'(x) = 2x$,于是 $[f(x)g(x)]' \neq f'(x)g'(x)$.

第 2 步，探究 $[f(x)g(x)]'=?$

用概念探究：

$$[f(x)g(x)]' = \lim_{h \to 0} \frac{f(x+h)g(x+h)-f(x)g(x)}{h}$$

$$= \lim_{h \to 0} \frac{[f(x+h)g(x+h)-f(x+h)g(x)]+[f(x+h)g(x)-f(x)g(x)]}{h}$$

$$= \lim_{h \to 0} f(x+h) \cdot \frac{g(x+h)-g(x)}{h} + \lim_{h \to 0} \frac{f(x+h)-f(x)}{h} \cdot g(x)$$

$$= f(x)g'(x) + f'(x)g(x).$$

问题4 我们对两个函数的和、差、积的导数运算法则进行了探究，下面探究 $\left[\dfrac{f(x)}{g(x)}\right]'=?$

追问1 能否利用已有的导数运算法则解决？

追问2 已知 $\left[\dfrac{f(x)}{g(x)}\right]' = \left[f(x) \cdot \dfrac{1}{g(x)}\right]' = f'(x) \cdot \dfrac{1}{g(x)} + f(x) \cdot \left[\dfrac{1}{g(x)}\right]'$，如何求 $\left[\dfrac{1}{g(x)}\right]'$？

用概念探究：

$$\left[\dfrac{1}{g(x)}\right]' = \lim_{h \to 0} \frac{\dfrac{1}{g(x+h)} - \dfrac{1}{g(x)}}{h} = \lim_{h \to 0} \frac{g(x)-g(x+h)}{h \cdot g(x) \cdot g(x+h)} = -\lim_{h \to 0} \frac{\dfrac{g(x+h)-g(x)}{h}}{g(x) \cdot g(x+h)} = -\dfrac{g'(x)}{[g(x)]^2}.$$ 在此基础上，自然推出 $\left[\dfrac{f(x)}{g(x)}\right]' = \dfrac{f'(x)g(x)-f(x)g'(x)}{[g(x)]^2}.$

设计意图：很多教科书一般会直接给出导数的四则运算法则，这里通过探究和问题链形式，抓住了问题的关键，引发了对研究问题的思考，加深了导数概念的应用．

② **法则归纳**

导数的四则运算法则			
运算法则	符号语言	文字语言	记忆口诀
法则1（和）	$[f(x)+g(x)]' = f'(x)+g'(x)$	两个函数和的导数，等于这两个函数导数的和	和导导和
法则2（差）	$[f(x)-g(x)]' = f'(x)-g'(x)$	两个函数差的导数，等于这两个函数导数的差	差导导差
法则3（积）	$[f(x) \cdot g(x)]' = f'(x) \cdot g(x) + f(x) \cdot g'(x)$ 推论：$[C \cdot f(x)]' = C \cdot f'(x)$，$C$ 为常数	两个函数积的导数，等于第一个函数的导数乘第二个函数，加上第一个函数乘第二个函数的导数	前导后不导，后导前不导，中间是加号

续表

	导数的四则运算法则		
法则 4 (商)	$\left[\dfrac{f(x)}{g(x)}\right]' = \dfrac{f'(x) \cdot g(x) - f(x) \cdot g'(x)}{[g(x)]^2}$ [其中 $g(x) \neq 0$]	两个函数商的导数,等于分子的导数与分母的积,减去分母的导数与分子的积,再除以分母的平方	分母平方要记牢,上导下不导,下导上不导,中间是减号

设计意图:以表格形式归纳导数的四则运算法则比较清晰,同时培养学生及时归纳整理知识点的习惯.

③ 法则运用

例题 1 分析求下面函数的导数应该用哪些运算法则,分别计算它们的导数:

(1) $y = x^3 - x^2 + 1$; (2) $y = x\sin x$;

(3) $y = \mathrm{e}^{-x}$; (4) $y = (x^3 + 1)\mathrm{e}^{-2x}$.

解析 (1) $y' = 3x^2 - 2x$. (2) $y' = \sin x + x\cos x$.

(3) $y = \dfrac{1}{\mathrm{e}^x}$, $y' = \dfrac{0 \times \mathrm{e}^x - 1 \times \mathrm{e}^x}{\mathrm{e}^{2x}} = -\mathrm{e}^{-x}$.

(4) $y = \dfrac{x^3 + 1}{\mathrm{e}^{2x}}$,

$y' = \dfrac{(x^3+1)'\mathrm{e}^{2x} - (x^3+1) \cdot (\mathrm{e}^x \cdot \mathrm{e}^x)'}{\mathrm{e}^{4x}} = \dfrac{3x^2\mathrm{e}^{2x} - (x^3+1) \cdot (\mathrm{e}^x \cdot \mathrm{e}^x + \mathrm{e}^x \cdot \mathrm{e}^x)}{\mathrm{e}^{4x}}$

$= \dfrac{3x^2\mathrm{e}^{2x} - (x^3+1) \cdot 2\mathrm{e}^{2x}}{\mathrm{e}^{4x}} = \dfrac{-2x^3 + 3x^2 - 2}{\mathrm{e}^{2x}}$.

设计意图:通过例题引导学生学会分析函数的生成方式,从而选择用哪些运算法则或导数公式计算,同时第(3)(4)小题也为下一课时复合函数的求导做铺垫.

教学环节 3 对象应用阶段——应用探索、方法归纳、总结联系

教学问题 3 你能正确应用导数公式及运算法则求导吗?

① 应用探索

例题 2 求下列函数的导数:

(1) $y = x^2\mathrm{e}^x$; (2) $y = \dfrac{\sin x}{x}$.

解析 (1) $y' = (x^2)'\mathrm{e}^x + x^2(\mathrm{e}^x)' = 2x\mathrm{e}^x + x^2\mathrm{e}^x = (x+2)x \cdot \mathrm{e}^x$.

(2) $y' = \dfrac{(\sin x)'x + \sin x \cdot (x)'}{x^2} = \dfrac{x\cos x + \sin x}{x^2}$.

> **思考**
> 对于例题2,你还有其他方法求导吗?说说你是怎么算的.

例题 3 求下列函数的导数:

(1) $y = x^2(\ln x + \sin x)$; (2) $y = \dfrac{x + \ln x}{x^2}$.

解析 (1) $y' = (x^2)'(\ln x + \sin x) + x^2(\ln x + \sin x)'$

$\qquad = 2x(\ln x + \sin x) + x^2\left(\dfrac{1}{x} + \cos x\right)$

$\qquad = x(2\ln x + 2\sin x + 1) + x^2\cos x.$

(2) $y' = \dfrac{(x+\ln x)' \cdot x^2 + (x+\ln x) \cdot (x^2)'}{x^4}$

$\qquad = \dfrac{\left(1+\dfrac{1}{x}\right) \cdot x^2 + (x+\ln x) \cdot 2x}{x^4}$

$\qquad = \dfrac{3x + 1 + 2\ln x}{x^3}.$

设计意图:通过例题 1、2 的简单初等函数的组合形式求导,引导学生思考不同的求导方法,在联系与变化中巩固求导的运算法则,提升学生的数学运算素养.

② 方法归纳

问题 5 怎样求简单初等函数的导数?

引导学生归纳求简单初等函数的导数的方法,归纳如下:

方法 1:利用导数的概念.

方法 2:利用求导公式与运算法则.

③ 总结联系

知识维度	基本初等函数的导数公式—导数的四则运算法则—求简单初等函数的导数
方法维度	利用导数概念,借助极限思想,推导求导公式——逻辑推理、数学运算;通过从一般到特殊,猜想反例证明,推导运算法则——逻辑推理、抽象概括
思想维度	学会从不同角度理解记忆公式与法则;体会公式法则课的基本学习套路;选择合适的公式与法则进行计算

教学评价

① 核心特色

本节课通过若干层层深入的问题引领(特别是函数积与商的导数运算法则,是导数法则应用中的易错点),并通过探究活动,引发学生思考、增加学习趣味,使学生印象深刻、便于掌握,同时探究过程中的特殊验证、一般猜想、反例说明、概念探究等形式有利于培养学生良好的逻辑推理素养.

本节课的教学蕴含深度教学理念,比如法则的产生经历了法则探究、法则归纳、法则运用,法则的应用经历了应用探索、方法归纳、总结联系,这些过程的教学设计都有利于学生进行深度学习.

② 难点突破

函数和的导数运算法则采用问题引领下反例说明、概念探究等形式突破;函数商的导数运算法则先利用函数积的导数运算法则转化为探究函数倒数的导数问题,再通过概念探究加以突破. 例题的选择既考虑到导数的实际意义,又考虑到基本初等函数的导数公式及导数的四则运算法则的简单应用、综合应用,并为复合函数的求导做好铺垫,例题具有一定的梯度. 针对本节课的公式与法则具有多而散、记忆困难的特点,通过表格、口诀等形式梳理,便于记忆与查阅.

③ 效果检测

检测1:用导数的概念求函数 $f(x)=x^2-3x+2$ 的导数.

检测点:应用导数的概念求函数的导数.

检测2:求下列函数的导数:

(1) $y=\tan x$;   (2) $y=\left(\dfrac{1}{2}\right)^x+2\sin x$.

检测点:应用导数公式与运算法则求函数的导数.

检测3:求下列函数的导数:

(1) $y=(x-2)^2$;   (2) $y=\dfrac{1-\sqrt{x}}{x}+2^x\ln x$.

检测点:灵活应用导数公式与运算法则求函数的导数.

检测1: $f'(x)=2x-3$.

检测2:(1) $\sec^2 x$.   (2) $y=\left(\dfrac{1}{2}\right)^x \cdot \ln\dfrac{1}{2}+2\cos x$.

检测3:(1) $2x-4$.   (2) $\dfrac{\sqrt{x}-2}{2x^2}+2^x\left(\dfrac{1}{x}+\ln 2\ln x\right)$.

(上海市松江二中　卫福山)

5.3 利用导数研究函数的单调性

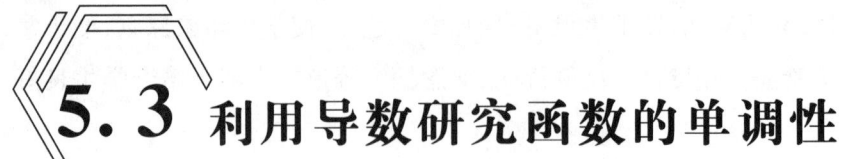

教学分析

1. 学科分支思想

导数思想：定量地刻画函数的局部变化

2. 单元主题划分

单元主题：导数在研究函数中的应用

单元划分：利用导数研究函数的单调性（1课时，时长为 40 min）

3. 教学主线分析

性质—论证—分析—应用

4. 知识内容结构

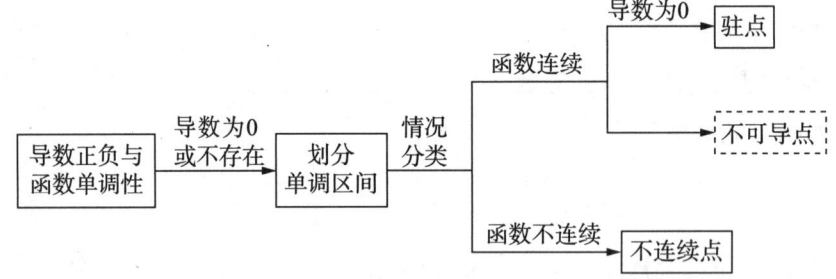

5. 核心问题思考

核心问题：导数和单调性有什么关系？

问题1：导数与单调性是否相关联？

问题2：为何导数可以判断单调性？

问题3：如何利用导数判断单调性？

6. 学生特征分析

（1）学生在前面的阶段已经学习了导数的概念及其运算，可以直观地理解导数并感受极限思想.

（2）学生对较为复杂情形下导数的存在性容易产生疑问，因此在较为严格地研究导数的应用时存在一定困难.

7. 教学目标确定

（1）结合导数的几何意义，正确理解导数正负与函数单调性的关系.

（2）利用简单的函数，准确验证和理解导数在判断函数单调性中的作用.

（3）从具体函数的求导过程中认识函数的驻点及其几何意义.

（4）经历对导数的多种情形的分类讨论，准确掌握函数单调区间的划分.

（5）通过对导数的几何意义和代数表达的研究，逐步培养逻辑推理和数学抽象的核心素养，深入体会极限理论下数学研究的严密性.

8. 数学课程类型

数学概念课

教学设计

教学环节 1 性质引入阶段——呈现背景、实验观察、归纳猜想

教学问题 1 导数可以刻画函数的什么性质？

① 呈现背景

我们在前面的单元学习了导数的代数表达式 $\left[\lim\limits_{h \to 0} \dfrac{f(x+h)-f(x)}{h}\right]$ 及其几何意义（切线斜率），并会求一些简单函数的导数，那么函数的导数对于研究函数的性质究竟有怎样的作用？

设计意图：明确本节课的方向，引导学生回顾导数的代数表达和图形意义.

② 实验观察

活动 1 观察几幅函数与其某点切线的图像，猜想切线斜率与函数的何种性质存在关联.

> 函数切线的走势体现了该点函数图像的走势，切线斜率的正负体现了函数的增减，故切线斜率与函数单调性有关.

设计意图：引入导数与函数单调性的关系.

③ 归纳猜想

活动 2 请结合函数单调性的定义，尝试写出导数正负与函数单调性的严格结论.

> 在区间 I 上，若 $f'(x) > 0$，则函数 $y = f(x)$ 在该区间严格递增；若 $f'(x) < 0$，则函数 $y = f(x)$ 在该区间严格递减.

设计意图：用数学语言归纳猜想，进行数学抽象.

教学环节 2 性质证明阶段——特例验证、推理说明、完善性质

教学问题 2 导数的取值如何体现函数单调性？

① 特例验证

例题 1 确定函数 $f(x) = x^2 - 4x + 2$ 的单调区间，并用导数的方法进行验证.

解析 $f(x)=(x-2)^2-2$，由二次函数图像易知，单调递增区间为 $(2,+\infty)$，单调递减区间为 $(-\infty,2)$.

$f'(x)=2x-4$，在区间 $(2,+\infty)$ 上 $f'(x)>0$，为单调递增区间；在区间 $(-\infty,2)$ 上 $f'(x)<0$，为单调递减区间. 与上述结论一致.

> 在导数值连续变化的情况下，导数值在正负变换的过程中会出现等于 0 的点，即函数的驻点.

设计意图：通过实例验证，加强用导数判断函数单调性的直观感受.

(2) 推理说明

活动 3 请写出函数单调性的代数表达式和导数的代数表达式，尝试从更严谨的角度对上面的猜想进行说明.

以函数单调递增的定义为例，对于区间 I 上任意两点 x_1,x_2，当 $x_1<x_2$（或 $x_1>x_2$）时，总有 $f(x_1)<f(x_2)$［或 $f(x_1)>f(x_2)$］，则函数在该区间严格递增. 上式可写成 $\dfrac{f(x_2)-f(x_1)}{x_2-x_1}>0$，该式左边代表两点间的割线斜率. 若令 $x_2-x_1=h$，则上式也可写成 $\dfrac{f(x_1+h)-f(x_1)}{h}>0$，其形式与导数的概念表达式非常接近，由于 x_1,x_2 取值的任意性，也易得 $f'(x_1)=\lim\limits_{h\to 0}\dfrac{f(x_1+h)-f(x_1)}{h}>0$.

反过来，若在区间上每点的导数都大于 0，也可认为函数处处递增，从而得到递增区间. 更严格地证明需要使用高等数学中的微分中值定理，有兴趣的同学可以自行查找.

设计意图：在直观感受的基础上，予以较为严谨的代数说明，渗透严格推理的思想.

(3) 完善性质

活动 4 当导数值连续变化时，导数值在正负变换的过程中会出现 0 值，即驻点. 反过来是否成立，即导数值在驻点左右是否必然正负变换？

函数 $y=x^3$ 在原点处的导数值为 0，是驻点，但其导数 $y=3x^2\geqslant 0$，导数值在原点左右都为正，并未出现正负变换，故该函数在整个定义域上都严格递增.

> 函数在驻点左右并不一定出现导数值的正负变换，即驻点并不一定成为单调递增区间与单调递减区间的分界点.

例题 2 确定函数 $y=|x|$ 的单调区间.

解析 为运算方便，$y=|x|=\begin{cases} x, & x>0, \\ 0, & x=0, \\ -x, & x<0, \end{cases}$ 则 $y'=\begin{cases} 1, & x>0, \\ \text{不存在}, & x=0, \\ -1, & x<0, \end{cases}$ 易知该函数在

$(0,+\infty)$ 上严格递增,在 $(-\infty,0)$ 上严格递减,$x=0$ 是定义域内唯一的导数不存在的点,恰好成为划分单调区间的分界点.

例题 3 确定函数 $y=x^{-2}$ 的单调区间.

解析 $y'=-2x^{-3}$,解不等式 $y'>0$ 可得 $x<0$,故单调递增区间为 $(-\infty,0)$;解不等式 $y'<0$ 可得 $x>0$,故单调递减区间为 $(0,+\infty)$.而 y' 在 $x=0$ 处无意义,这是由于 $x=0$ 并不在函数的定义域范围之内,恰好成为单调递增区间与单调递减区间的分界点.

图像连续性	函数在区间 I 上连续				函数在区间 I 上不连续
导数值	$f'>0$	$f'<0$	$f'=0$	f' 不存在	f' 不存在
函数单调性	递增	递减	(1) 划分单调区间 (2) 不划分单调区间	(1) 划分单调区间 (2) 不划分单调区间	(1) 划分单调区间(单调性改变) (2) 划分单调区间(单调性不改变)

设计意图:通过几种特例说明驻点与单调性的改变没有必然联系.

教学环节 3 性质应用阶段——操作练习、拓展思考、知识梳理

教学问题 3 如何利用导数判断函数的单调性?

1 操作练习

例题 4 确定 $y=xe^x$ 的单调区间.

解析 通过求导运算可知 $y'=e^x(1+x)$,令 $y'=0$,求得驻点 $x=-1$.该函数在区间 $(-\infty,-1)$ 上 $y'<0$,为单调递减区间;在区间 $(-1,+\infty)$ 上 $y'>0$,为单调递增区间.

设计意图:运用导数的运算来确定较复杂函数的单调区间.

2 拓展思考

例题 5 已知在区间 $(0,1)$ 上 $f'(x)>1$,在图 5.3-1 所示的四个图像中,哪些有可能表示函数 $y=f(x)$?为什么?

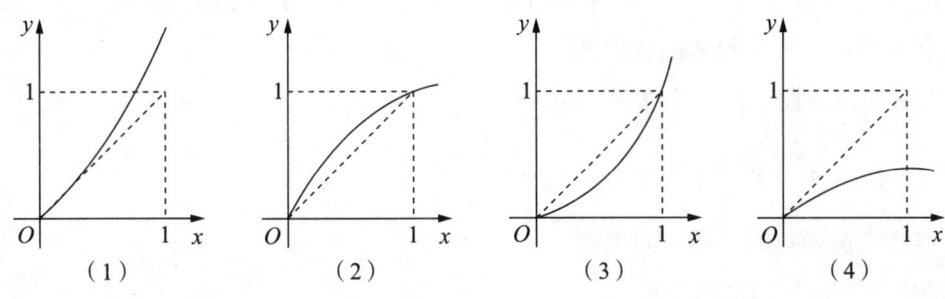

图 5.3-1

解析 导数值的正负与单调性有关,而导数值的大小代表切线的倾斜程度,与函数值增大或

减小的速度有关. $f'(x)>1$ 代表函数 $y=f(x)$ 的增长速度在该区间上大于1,即其切线应当比直线 $y=x$ 更陡峭,故只有图(1)有可能表示函数 $y=f(x)$.

设计意图:拓展导数在研究函数中的应用,在定性的基础上增加定量的分析.

3 知识梳理

活动5 总结使用导数判断函数单调性的方法.

> (1) 对于区间 I 上的连续函数,求出驻点或导数不存在的点. 在该点左右计算导数值的正负,若正负变换则划分单调区间,若正负不变则在该点左右合并为同一个单调区间.
>
> (2) 对于区间 I 上的不连续函数,将区间拆分成若干个连续区间后用(1)的方法确定单调区间.

设计意图:从方法应用角度进行总结,回顾本节课的内容.

教学评价

1 核心特色

本教学设计围绕"导数与函数单调性的关系"这一核心问题展开,从导数直观的几何意义入手得到猜想,再通过代数表达式进行逻辑上的论证,最后通过对导数值穷尽的分类讨论进行完善. 让学生体会猜想、论证、应用的数学推理过程,并以导数取值的分类讨论的完整性为依据,充分调动学生的求知欲,让学生主动探究、主动思考,增强学生的逻辑分析能力.

2 难点突破

学生掌握的难点在于函数并非都是连续光滑的,情况多种多样,其导数的存在性上有较多难点,涉及导数的应用就更容易出问题. 本教学设计从导数值的取值角度进行分类讨论,与函数的连续性进行结合,得到以连续性为大类别下的导数取值细分,用清晰的结构打破理解的障碍.

3 效果检测

检测1:利用导数研究函数 $y=e^x$ 的单调性,并说明所得结果与你之前的认识是否一致?

检测点:利用导数正负来判断函数单调性.

检测2:求出下列函数的驻点及单调区间:

(1) $f(x)=4x^3-9x^2+6x+7$;(2) $f(x)=\dfrac{\ln x}{x}$.

检测点:连续光滑函数的单调区间确定.

检测3:确定下列函数的单调区间:

(1) $f(x)=\dfrac{1}{x}$;(2) $f(x)=|3x-1|$.

检测点:不连续函数、连续不光滑函数的单调区间的确定.

检测 1:$y'=e^x>0$,函数单调递增,与指数函数的图像特点一致.

检测 2:(1) 驻点为 $x=\dfrac{1}{2}$ 和 $x=1$,单调递增区间为 $\left(-\infty,\dfrac{1}{2}\right)$ 和 $(1,+\infty)$,单调递减区间为 $\left(\dfrac{1}{2},1\right)$.

(2) 驻点为 $x=e$,单调递增区间为 $(0,e)$,单调递减区间为 $(e,+\infty)$.

检测 3:(1) 单调递减区间为 $(-\infty,0)$ 和 $(0,+\infty)$.

(2) 单调递减区间为 $\left(-\infty,\dfrac{1}{3}\right)$,单调递增区间为 $\left(\dfrac{1}{3},+\infty\right)$.

(上海市建平中学　李璐璐)

第六章　计数原理

本章导读

一、知识导读

① 知识起点

从孩童时期开始,我们就运用"一个一个数(shǔ)"的方法解决计数问题;在生活中,当遇到复杂的计数问题时,我们会自然而然地通过分类、分步来计算.

② 知识核心

本章通过对分类加法计数原理与分步乘法计数原理这两个基本计数原理的学习,解决两类特殊的计数问题——排列与组合,同时获得两个计数公式——排列数公式和组合数公式,并进一步通过对计数原理与计数公式的应用推导出二项式定理.

③ 知识系统

计数问题是数学研究中的重要问题之一. 本章采用从特殊到一般的方式,抽象概括出两个基本计数原理,运用分类思想将大问题分解成若干小问题并逐一解决. 计数原理不仅与我们的现实生活紧密联系,也对数学的发展有着非常重要的作用.

④ 知识背景

数(shǔ)数(shù)可以追溯到以结计数的远古时代. 最早发现的组合问题是中国古代《易经》中用天干和地支来记载月和年,以及洛书河图中关于幻方的记载. 一般认为,二项式系数最早由贾宪于 11 世纪发现,后由杨辉整理记载于《详解九章算法》一书中,早于西方数百年. 18 世纪,组合学才作为一门学科逐渐发展起来.

⑤ 知识应用

计数问题作为组合学研究的主要问题之一,其主要研究的是数(shǔ)的技巧. 随着人们对客观世界中存在的数与形及其关系的发现和认识的深入,组合学与其他数学分支的联系越来越紧密,形成了如组合拓扑、组合几何、组合数论等交叉学科,同时在其他学科中也有重要的应用,如计算机科学、密码学、物理学、化学、生物学等.

⑥ 知识外部联系

组合学除了在基础数学和其他学科中的应用,在企业管理、交通规划、战争指挥、金融分析等领域也有重要的应用.

二、主题及其课时划分

主题	课时划分
基本计数原理:分类加法计数原理与分步乘法计数原理	基本计数原理:分类加法计数原理与分步乘法计数原理(3课时)
计数模型:排列和组合	计数模型:排列(1课时) 计数工具:排列数(1课时) 计数模型:组合(1课时) 计数工具:组合数(2课时)
计数应用:二项式定理	计数应用:二项式定理(1课时) 定理应用:二项式系数的性质(1课时)

三、知识内容结构

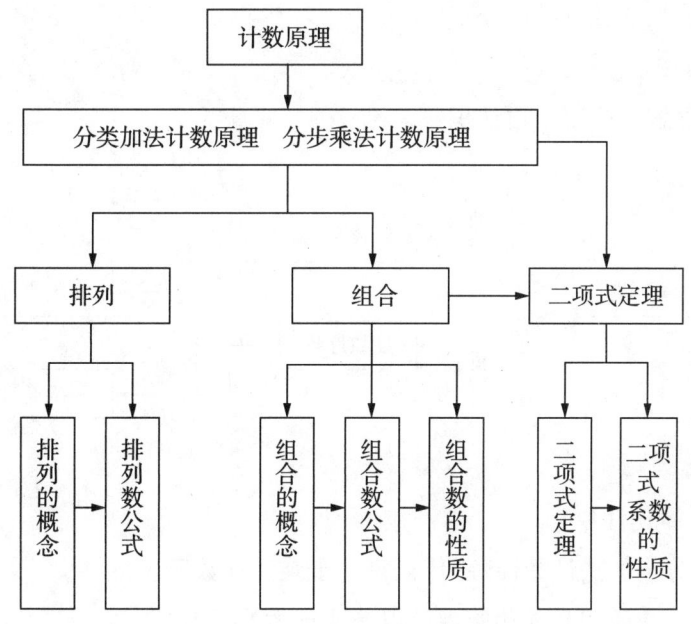

四、教学设计案例

  本章将针对"分类加法计数原理与分步乘法计数原理""排列""二项式系数的性质"这三个重点课时的内容进行教学设计的案例建构.

6.1 分类加法计数原理与分步乘法计数原理

教学分析

1. 学科分支思想

计数思想:怎样简化计数

2. 单元主题划分

单元主题:分类加法计数原理与分步乘法计数原理

单元划分:分类加法计数原理与分步乘法计数原理(共3课时,第1课时主要讲解分类加法计数原理与分步乘法计数原理,第2课时主要讲解分类加法计数原理与分步乘法计数原理的简单应用,第3课时主要讲解分类加法计数原理与分步乘法计数原理的综合应用.本教学设计针对第1课时,时长为40 min)

3. 知识主线设计

发现—归纳—理解—应用—再认识—总结

4. 单元内容结构

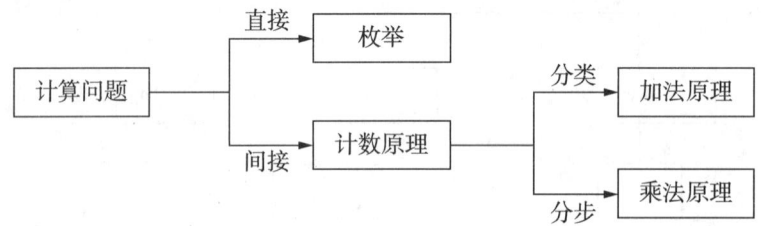

5. 核心问题思考

核心问题:怎样简化计数?

问题1:什么是分类加法计数原理,什么是分步乘法计数原理?

问题2:为什么加法原理和乘法原理可以简化计数?

问题3:如何应用两个基本计数原理进行计数?

6. 学生特征分析

(1)学生已经具有实数的加法和乘法运算经验,并理解两类运算的意义与转化,在解决数学问题时具有一定的分类讨论意识.

(2)学生可能会在对具体问题进行分类、分步的区分上存在认知上的困难.

7. 教学目标确定

(1)通过对情境问题的分析,归纳概括两个基本计数原理,深刻理解由特殊到一般的归纳推理思维,发展学生数学抽象的核心素养.

(2) 通过对两个基本计数原理的剖析,明确辨别两个基本计数原理的联系与区别.

(3) 正确理解两个基本计数原理,并正确解决常见的计数问题.

(4) 综合运用两个基本计数原理,培养逻辑思维能力及解决实际问题时主动应用数学知识的能力.

8. 数学课程类型

数学新授课,数学概念课

教学设计

教学环节 1 原理引入阶段——创设情境、引出原理、类比研究

教学问题 1 除了枚举,还有没有其他的计数方法?

1 创设情境

情境 2018 年俄罗斯世界杯是体育界的一大盛事. 开赛前,电视台通过网络测试了解到观众最感兴趣的欧洲球队、美洲球队和亚洲球队如下表所示.

欧洲球队	美洲球队	亚洲球队
德国	巴西	韩国
英格兰	阿根廷	日本
西班牙	乌拉圭	
意大利		
法国		

问题 1 某位记者决定从这些球队中选择一支进行跟踪采访,试问:他有多少种不同的选法?

追问 1 现在这位记者该如何选择? 如何理解"或欧洲球队""或美洲球队""或亚洲球队"? ($N=5+3+2$)

追问 2 若分成 4 组,每组分别有 m_1,m_2,m_3,m_4 支队伍,则这位记者又该如何选择?($N=m_1+m_2+m_3+m_4$)

1	2	3	4
m_1	m_2	m_3	m_4

追问 3 若分成 n 组呢?($N=m_1+m_2+\cdots+m_n$)

② 引出原理

> **分类加法计数原理**(简称加法原理):如果完成一件事,有 n 类方式,在第 1 类方式中有 m_1 种不同的方法,在第 2 类方式中有 m_2 种不同的方法……在第 n 类方式中有 m_n 种不同的方法,那么完成这件事共有 $N=m_1+m_2+\cdots+m_n$ 种不同的方法.

设计意图:引导学生充分讨论,深入探究,寻求共性,归纳概括出分类加法计数原理.

③ 类比研究

问题 2 已知从 3 个洲的球队中各选择一支进行跟踪采访,试问:这位记者有多少种不同的选法?

追问 1 现在这位记者该如何选择?如何理解"各选择一支"?($N=5\times3\times2$)

追问 2 若有 5 个洲,各有 m_1,m_2,m_3,m_4,m_5 支队伍,则这位记者又该如何选择?($N=m_1\times m_2\times m_3\times m_4\times m_5$)

追问 3 若有 n 个洲呢?($N=m_1\times m_2\times\cdots\times m_n$)

> **分步乘法计数原理**(简称乘法原理):如果完成一件事,需要分成 n 个步骤,且做第 1 步有 m_1 种不同的方法,做第 2 步有 m_2 种不同的方法……做第 n 步有 m_n 种不同的方法,那么完成这件事共有 $N=m_1\times m_2\times\cdots\times m_n$ 种不同的方法.

设计意图:完全类比分类加法计数原理的研究思路,充分讨论,层层设问,得出原理,延伸推广,强调分步,注意"步骤完整,步步相依"。

教学环节 2 原理理解阶段——原理剖析、简单应用、原理比较

教学问题 2 如何理解两个基本计数原理的异同?

① 原理剖析

问题 3 在问题 1 中,若从欧洲球队中选择一支球队,任务有无完成?

追问 1 在问题 1 中,必须是从欧洲球队中选择一支球队吗?

追问 2 以上问题在问题 2 中,又是如何?

追问 3 在问题 2 中,从欧洲球队中选择球队对从美洲球队中选择球队的方法数有没有影响?

追问 4 你能用自己的语言概述问题 1 和问题 2 中完成任务的方法与步骤吗?

根据学生的回答,归纳"完成一件事"的步骤.

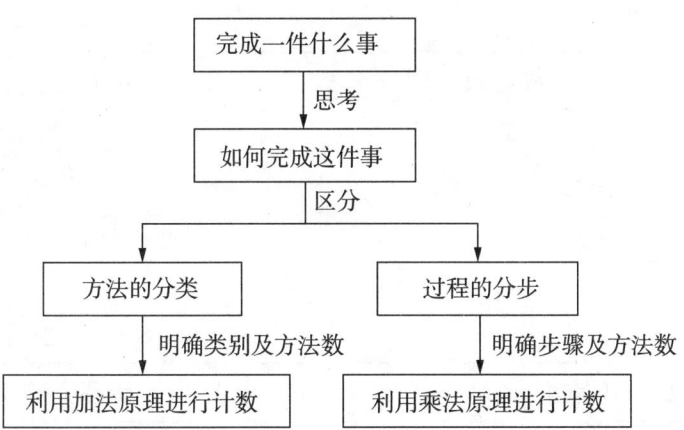

设计意图：为了加深对原理的认识，给出原理的定义，并进一步对原理的内容进行解释，强调"完成一件事""分类(加法)""[或"分步(乘法)"]和"方法数"三个关键词.

2 简单应用

例题 1 书架的第一层中有 4 本不同的计算机书，第二层中有 3 本不同的文学书，第三层中有 2 本不同的体育书.

(1) 从书架上任取 1 本书，有_____种不同的取法.

(2) 从书架的第一、第二、第三层中各取 1 本书，有_____种不同的取法.

解析 (1) 从书架上任取 1 本书，有 3 类方式：第 1 类方式是从第一层中取 1 本计算机书，有 4 种不同的取法；第 2 类方式是从第二层中取 1 本文学书，有 3 种不同的取法；第 3 类方式是从第三层中取 1 本体育书，有 2 种不同的取法. 根据分类加法计数原理，不同的取法种数 $N=4+3+2=9$.

(2) 从书架的第一、第二、第三层中各取 1 本书，可以分成 3 个步骤完成：第 1 步，从第一层中取 1 本计算机书，有 4 种不同的取法；第 2 步，从第二层中取 1 本文学书，有 3 种不同的取法；第 3 步，从第三层中取 1 本体育书，有 2 种不同的取法. 根据分步乘法计数原理，不同的取法种数 $N=4\times3\times2=24$.

设计意图：在同一背景下认识两个基本计数原理，区分两个基本计数原理，尤其区分"类"和"步".

3 原理比较

活动 你能分析两个基本计数原理有什么异同吗？或应用时要注意什么吗？

	分类加法计数原理	分步乘法计数原理
相同点	通过分解的方法来计算"完成一件事"的不同的方法种数	
不同点	整体分类完成，用加法；各类途径之间具有并列独立性；每类途径的每种方法都能独立完成这件事(一步完成)	过程分步完成，用乘法；前后步骤之间具有相依关联性；任意一个步骤都不能完成这件事，只有各个步骤都完成了，这件事才算完成(多步完成)

续表

	分类加法计数原理	分步乘法计数原理
结构特征	开始→m_1, m_2, ……, m_n→结束（并行）	开始→m_1→m_2→……→m_n→结束（串行）
关键词	类类独立、不重不漏、事独达则加	步步相依、步骤完整、事相因则乘
提示	防重堵漏；先分类,再分步	

设计意图：归纳出两个基本计数原理的联系与区别.

▶**教学环节3** 原理应用阶段——实际应用、拓展应用、总结联系

▶**教学问题3** 如何应用两个基本计数原理进行计数？

〈1〉**实际应用**

例题2 (1) 要从甲、乙、丙3幅不同的画中选出2幅,分别挂在左、右两边墙上的指定位置,有多少种不同的挂法？

(2) 用1、2、3、4、5这5个数字可以组成多少个十位上的数字大于个位上的数字的两位数？

解析 (1) 从3幅画中选出2幅分别挂在左、右两边的墙上,可以分成2个步骤完成：第1步,从3幅画中选1幅挂在左边的墙上,有3种不同的选法；第二步,从剩下的2幅画中选1幅挂在右边的墙上,有2种不同的选法.根据分步乘法计数原理,不同的挂法种数$N=3\times2=6$,这6种挂法如图6.1-1所示.

(2) 十位上的数字大于个位上的数字的两位数可以分成4类：第1类是十位上的数字为5,有51、52、53、54,共4个；第2类是十位上的数字为4,有41、42、43,共3个；第3类是十位上的数字为3,有31、32,共2个；第4类是十位上的数字为2,只有21一个.根据分类加法计数原理,十位上的数字大于个位上的数字的两位数共有$4+3+2+1=10$(个).

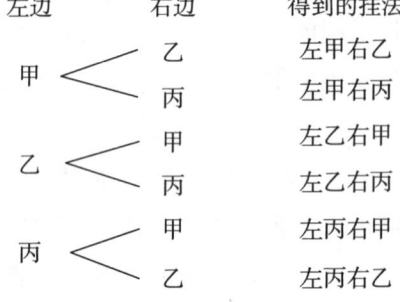

图6.1-1

变式

(1) 用0、1、2、3、4、5这6个数字可以组成多少个无重复数字的两位数？

(2) 用0、1、2、3、4、5这6个数字可以组成多少个无重复数字的两位偶数？

例题 3 如图 6.1-2 所示,要让电路从 A 处到 B 处接通,有多少条不同的路径?

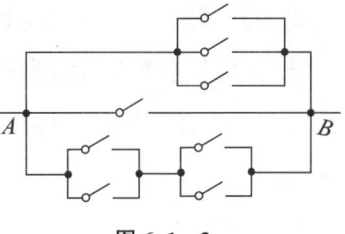

图 6.1-2

解析 电路从 A 处到 B 处接通,有 3 类方式:第 1 类方式有 3 条不同的路径;第 2 类方式有 1 条不同的路径;在第 3 类方式中,可以分成 2 步完成,第 1 步有 2 条不同的路径,第 2 步有 2 条不同的路径,根据分步乘法计数原理,第 3 类方式有 $2\times2=4$(条)不同的路径. 根据分类加法计数原理,该电路从 A 处到 B 处接通,共有 $3+1+4=8$(条)不同的路径.

设计意图:在实际问题中,用"分类"或"分步"的思想去分析事情的完成.

②拓展应用

例题 4 若集合 A_1,A_2 满足 $A_1\cup A_2=A$,则称 $(A_1、A_2)$ 为集合 A 的一种分拆,并规定:当且仅当 $A_1=A_2$ 时,$(A_1、A_2)$ 与 $(A_2、A_1)$ 为集合 A 的同一种分拆. 集合 $A=\{1,2\}$ 的不同的分拆种数是多少?

> **思考**
> (1)集合 $A=\{a_1,a_2,a_3,\cdots,a_n\}$ 的不同分拆的种数是多少?
> (2)如果拆分成 3 个集合呢?
> (3)如果任意拆分呢?(提示:$A_1\cup A_2\cup A_3\cup A_4\cup\cdots\cup A_m=\{a_1,a_2,a_3,\cdots,a_n\}$)

解析 每个元素有三种可能性——在集合 A_1 内、在集合 A_2 内或者同时在 2 个集合内,因此根据分步乘法计数原理,有 3^2 种不同的分拆.

也可用"分类"的思想:当 $A_1=\varnothing$ 时,$A_2=\{1,2\}$;当 $A_1=\{1\}$ 时,A_2 可以是 $\{2\}$ 或 $\{1,2\}$;当 $A_1=\{2\}$ 时,A_2 可以是 $\{1\}$ 或 $\{1,2\}$;当 $A_1=\{1,2\}$ 时,A_2 可以是 $\varnothing,\{1\},\{2\},\{1,2\}$. 因此,不同的分拆种数是 9.

设计意图:培养学生从不同角度分析事情的完成,既可以从过程分步完成事情,也可以从结果分类完成事情.

③总结联系

知识维度	分类(加法)计数原理—分步(乘法)计数原理
方法维度	通过具体实例,归纳内在规律——数学抽象
思想维度	解决计数问题,可用"分"的思想化复杂为简单

教学评价

① 设计特色

本教学设计从学生感兴趣的实际问题出发,采用以问题式教学为主线,辅以启发式、探究式、自主式、讨论式的教学方式. 教学内容以 2018 年俄罗斯世界杯相关问题为背景作为主线展开,辅以实际例子,形成学生对两个基本计数原理的发现、归纳、理解、应用、再认识、总结的过程.本教学设计通过举例、归纳、辨析,使学生深刻理解两个基本计数原理的异同,体会两个基本计数原理的广泛应用;同时培养数学素养,增强学习兴趣,优化学习习惯,提高数学能力.

② 难点突破

如何用"分类"或"分步"的思想完成一件事及如何区分两者是本节课的教学难点.本教学设计首先利用世界杯中存在的计数问题引导学生用"分"的思想去分析事情的完成,第一次是用"分类"的思想(复杂事情简单化,分解为每类简单事情的方法数,再相加),第二次是用"分步"的思想(大事化小,分解为每个步骤的方法数,再相乘);再通过原理剖析、简单应用、原理比较这三个教学环节让学生逐步体会"分类"中每类方法独立完成事情与"分步"中所有步骤完成事情才完成的差异;最后经过原理应用阶段,让学生在实际问题中自觉地用"分类"或"分步"的思想去分析事情的完成,以及在拓展应用中体会有时完成一件事既可以从"分类"的思想又可以从"分步"的思想去考虑,可能繁简不同,突出两个基本计数原理的本质——"简".

③ 效果检测

检测1:张丽的书桌上有3本不同的语文课外读物和2本不同的数学课外读物,现在她想从中取出1本随身携带,以便外出时阅读,有多少种不同的取法?如果她想从语文课外读物和数学课外读物中各取1本随身携带,那么有多少种不同的取法?

检测点:分类加法计数原理与分步乘法计数原理的区别.

检测2:下列关于两个基本计数原理的说法中,正确的是( ).

① 在乘法原理中,"分步"特征包括连续的、有序的、不可重复的.

② 在乘法原理中,"分步"特征包括连贯的、不间断的、可以交叉的.

③ 在加法原理中,"分类"特征包括互异的、连续的、可以交叉的.

④ 在加法原理中,"分类"特征包括相互独立的、无遗漏的、不可重复的.

  A. ①③   B. ①④   C. ②③   D. ②④

检测点:对分类加法计数原理和分步乘法计数原理中"分"的含义的理解.

检测3:用0、1、2、3、…、9这10个数字可以组成多少种不同的银行卡密码?(每种银行卡密码由6个数字组成,数字可以重复,不考虑其他因素)

检测点:分步乘法计数原理的应用.

检测4:从甲地直接走到乙地有2条路,从乙地直接走到丁地有3条路,从甲地直接走到丙地有4条路,从丙地直接走到丁地有2条路,要从甲地去丁地,有多少种不同的走法?

检测点:分类加法计数原理与分步乘法计数原理的综合应用.

参考答案

检测1:5种;6种．　　检测2:B.　　检测3:1 000 000种．　　检测4:14种．

（上海市长岛中学　陈小莉）

1. 学科分支思想

逻辑:从复杂到简单

2. 单元主题划分

单元主题:排列和组合

单元划分:排列(共1课时,时长为40 min)

3. 教学主线分析

情境—概念—辨析—应用

4. 知识内容结构

5. 核心问题思考

核心问题:如何理解通过排列来计数?

问题1:为什么要引入排列?

问题2:什么是排列?

问题3:如何应用排列?

6. 学生特征分析

(1) 学生已经掌握两个基本计数原理,能运用分类或分步的思想去思考计数问题;学生有大量的诸如设置密码、排队等与计数问题有关的生活经验．

(2) 学生的抽象概括能力较弱,对从排列计数方案中抽象出顺序有一定的困难．

7. 教学目标确定

(1) 通过具体实例归纳概括出排列的概念,有效提升抽象概括能力、逻辑思维能力.

(2) 在经历利用乘法原理解决简单排列问题后,正确运用概念来判断具体的计数问题是否为排列问题.

（3）在分析排列问题时,熟练运用树形图和表格来分析所有排列.

（4）在解决与计数有关的问题时,主动联系排列相关知识,初步体会排列知识在实际生活中的应用,增强学习数学的兴趣.

（5）通过激发主动思考、厘清思路,发现排列问题的本质,找到恰当的解决途径.

8. 数学课程类型

数学概念课

教学环节1 概念引入阶段——情境引入、问题探索、开放讨论

教学问题1 为什么要引入排列？

① 情境引入

随着人们生活水平的提高,某城市家庭汽车拥有量迅速增长,汽车牌照号码需要扩容.交通管理部门出台了一种汽车牌照由英文和数字组合的办法,每个汽车牌照必须有3个不重复的英文字母和3个不重复的阿拉伯数字,并且3个字母必须合成一组出现,3个数字也必须合成一组出现,这种英文排序和数字排序分别有多少种？

设计意图：通过生活中的具体情境引出本节课的学习内容,引发学生的思考,引入"排列"的现实意义,引出寻找新的方法来简化计数过程的需要.

② 问题探索

活动1 从1、2、3、4这4个数字中,每次选出3个不同的数字排成1个三位数,一共可以得到多少个不同的三位数？

［方法1］如图6.2-1所示,分为3个步骤完成：第1步,确定百位上的数字,有4种选法；第2步,确定十位上的数字,有3种选法；第3步,确定个位上的数字,有2种选法.运用乘法原理,可以得到不同的三位数共有$4\times3\times2=24$(个).

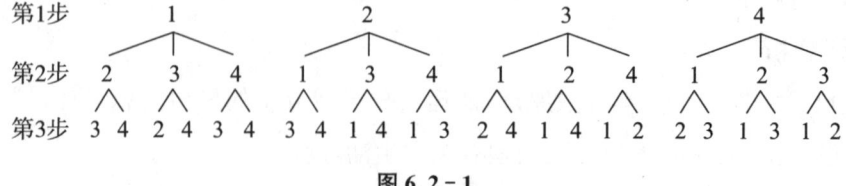

图6.2-1

［方法2］如下表所示,分为2个步骤完成：第1步,从1、2、3、4这4个数字中选出3个不同的数字,有4种选法；第2步,确定这3个数字组成的三位数,有6个.运用乘法原理,可以得到不同的三位数共有$4\times6=24$(个).

第1步(选数)	第2步(排序)
1、2、3	123,132,213,231,312,321
1、2、4	124,142,214,241,412,421
1、3、4	134,143,314,341,413,431
2、3、4	234,243,324,342,423,432

活动2 从5名同学中选4名学生参加4×100 m的接力比赛,有多少种不同的安排方法?

同样可用两种方法解决.

设计意图:启发学生联系乘法原理,并利用树形图和表格,直观形象地通过枚举来解决问题,为抽象概括排列的概念奠定基础.

③开放讨论

讨论问题:请同学们分析活动1和活动2中两种解决方法的优缺点.

	方法1	方法2
步骤数	>2	2
计数难易	较复杂	较简单
理解体验	重复	简洁

设计意图:通过理性辨析和开放讨论,让学生进一步体验排列问题的普遍存在性.

教学环节2 概念建立阶段——抽象推广、引出概念、概念剖析

教学问题2 什么是排列?

①抽象推广

探究1 修改活动1中的问题:从1、2、3、4、5、6这6个数字中,每次取出3个不同的数字排成1个三位数,一共可以得到多少个不同的三位数?可以怎么解决该问题呢?

探究2 若从n个数字中,每次取出3个不同的数字排成1个三位数,则一共可以得到多少个不同的三位数?

探究3 若从n个数字中,每次取出$m(m \leqslant n)$个不同的数字排成1个m位数,则一共可以得到多少个不同的m位数?

探究4 这些问题的共性是什么?

探究5 你能将这些问题的解决方法推广到一般形式吗?

设计意图:梯度设计问题,从特殊到一般,抽象出排列的概念.

② 引出概念

一般地，从 n 个不同元素中取出 $m(m\leqslant n)$ 个元素，按照一定的顺序排成一列，叫做从 n 个不同元素中取出 m 个元素的一个排列．

设计意图：引导学生对排列的概念进行再理解，让学生归纳出值得注意的关键词：(1) n 个不同的元素；(2) 取出 $m(m\leqslant n)$ 个元素；(3) 一定的顺序．

③ 概念剖析

从活动 1 中我们可以发现，对于 123 与 124，因为它们的元素不同，所以不是相同的排列；而对于 123 与 132，虽然元素相同，但是顺序不同，也不是相同的排列．因此两个排列相同，必须是元素和顺序都相同．

设计意图：通过具体的例子，进一步辨析排列的概念．

> **思考**
> (1) 从 1、2、2、3 这 4 个数字中取出 2 个数字组成 1 个两位数，这是排列问题吗？
> (2) 123 与 124 是相同的排列吗？123 与 132 是相同的排列吗？
> (3) 两个排列相同的充要条件是什么？
> (4) 排列问题目前可以用什么方法解决？

教学环节 3 概念应用阶段——问题辨析、排列应用、总结联系

教学问题 3 如何应用排列？

① 问题辨析

例题 1 判定下列问题中哪些是排列问题：

(1) 从 4 名男同学中任选 2 名同学组成一队参加年级乒乓球男双比赛；

(2) 从 4 名男同学中任选 2 名同学分别参加上午、下午的活动；

(3) 从 0~9 这 10 个阿拉伯数字中任选 4 个数字（可重复）作为手机的密码；

(4) 从 8 名同学中，任选 4 人参加 4×100 m 接力赛．

解析 比较问题(1)和(2)，我们可以发现：问题(1)中选出 2 名同学即可，例如选出甲、乙两名同学参加比赛就是 1 种选法，不必区分顺序；而问题(2)中选出 2 名同学分别参加上午、下午的活动，例如选出甲、乙两名同学，甲同学参加上午的活动而乙同学参加下午的活动，以及甲同学参加下午的活动而乙同学参加上午的活动，这是 2 种不同的选法，符合排列的概念，即从 4 个不同的元素中选出 2 个元素进行排序．问题(3)中数字可重复，因此不符合排列的概念．问题(4)可以看成从 8 个不同的元素中选出 4 个元素进行排序，因此符合排列的概念．

> **变式**
> (1) "圆上有 10 个不同的点，在每 2 个点之间画 1 条弦"是排列问题吗？为什么？
> (2) "从 1、3、5、7、11 这 5 个质数中任选 2 个相乘"是排列问题吗？为什么？

设计意图：对具体问题进行辨析，分辨出什么才是真正的排列问题，从而深化学生对排列概念的理解．

2 排列应用

例题2 (1) 从5名同学中随机选3名派往3个不同的地方参加活动,每个地方派1名同学,有多少种方法?

(2) 一名学生有4本不同的书,这些书以不同的方式排在一个单层的书架上,有多少种方式?

解析 (1) 该问题可以理解成从5个不同的元素中选出3个元素进行排序,相当于从5人中选出3人放到3个位子上,考虑一排的3个位子如图6.2-2所示.

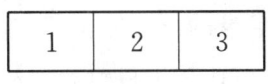

图6.2-2

从左到右将3个位子依次编号为1~3,完成一个排列可以分成以下3个步骤:

第1步,确定放在1号位上的人,有5种方法;

第2步,确定放在2号位上的人,有4种方法;

第3步,确定放在3号位上的人,有3种方法.

根据乘法原理,不同的排法种数为5×4×3=60.于是,从5名同学中随机选3名派往3个不同的地方参加活动,每个地方派1名同学,共有60种方法.

(2) 将4本书排在一个单层的书架上,相当于将这4本书分别放到这4个位子上,这是将4个元素全部进行排序的问题.考虑一排的4个位子如图6.2-3所示.

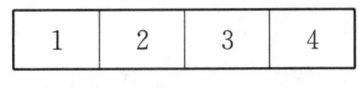

图6.2-3

从左到右将4个位子依次编号为1~4,完成一个排列可以分为以下4个步骤:

第1步,确定放在1号位上的书,有4种方法;

第2步,确定放在2号位上的书,有3种方法;

第3步,确定放在3号位上的书,有2种方法;

第4步,确定放在4号位上的书,有1种方法.

根据乘法原理,不同的排法种数为4×3×2×1=24.于是,将10本不同的书排在一个单层的书架上,共有24种不同的方式.

设计意图:通过具体问题,进一步应用排列的概念来分析并解决问题.

3 总结联系

知识维度	掌握排列的概念,辨别排列问题,简单应用排列,理解排列与计数的关联
方法维度	从特殊到一般归纳排列的概念,从乘法原理与加法原理理解排列
思维维度	用"分类"或"分步"的思想理解排列问题,将具体问题抽象为排列问题

教学评价

① 核心特色

从发现生活中的现象联系到数学问题,体现数学来源于生活而又服务于生活,突现数学的应用价值.通过比较不同的计数方法,让学生明确引入排列的概念来计数的简洁性和必要性.在教学过程的设计中,把握教学目标,正确处理基础和发展的关系,进行"类比""对比""推广""建模"等活动,让每个学生会用自身的情感体验和主动参与数学学习;从学生实际出发,本教学设计符合学生的认知规律,通过让学生自行获取数学知识的方法,促使学生主动参与数学实践,注重学生的个性发展,培养学生的创造能力.

② 难点突破

排列概念的发现及抽象是本节课的教学难点,教师通过放手让学生去发现规律、联系生活、形成概念,渗透从特殊到一般的数学思想.重要的是,本节课的教与学使学生经历探索—发现—体会的全过程,从而培养学生的数学能力,并从中感受数学思想,提高学生应用数学知识去解决现实生活及数学世界中排列问题的意识.

③ 效果检测

检测 1: 从 n 个元素中选取 m 个元素($m \leqslant n$)的排列问题不可以是(　　).

　　A. 全班同学排队上车

　　B. 从课题组 4 人中选 2 人发言

　　C. 有多少种 4 位数字的密码

　　D. 从全校同学中选 10 人参加数学竞赛

检测点: 排列问题的判断,辨析排列的概念.

检测 2: 从集合 $\{3,5,7,9,11\}$ 中任取 2 个元素,下列问题中属于排列问题的是哪几个?

　　① 把这 2 个元素相加可得多少个不同的和?

　　② 把这 2 个元素相除可得多少个不同的商?

　　③ 把这 2 个元素分别作为椭圆 $\dfrac{x^2}{a^2}+\dfrac{y^2}{b^2}=1$ 中的 a、b,可以得到多少个焦点在 x 轴上的椭圆方程?

　　④ 把这 2 个元素分别作为双曲线 $\dfrac{x^2}{a^2}-\dfrac{y^2}{b^2}=1$ 中的 a、b,可以得到多少个焦点在 x 轴上的双曲线方程?

检测点: 理解排列的概念,掌握排列与乘法原理的关系,辨别排列问题.

检测 3: 从甲、乙、丙 3 名同学中选出 2 名同学参加一项活动,其中 1 名同学参加上午的活动,另 1 名同学参加下午的活动,有多少种不同的选法?请用树形图表示.

检测点: 理解树形图与排列问题的关系,掌握树形图的表示方法.

检测4：从15件不同的礼品中取出4件礼品分别送给4名学生,每人分得1件礼品,有多少种不同的送法?

检测点：解决排列问题,体会排列的应用.

检测5：对于问题"一条铁路线上原有若干个车站,为了适应客运需要,新增加了部分车站,因而该线路内的客运车票增加了232种,求原有车站数",请尝试求解并谈一谈你的求解思路与体会.

检测点：对于排列问题找到恰当的解决途径,厘清排列问题蕴含的数学思维.

检测1：A.　　检测2：②④.　　检测3：6 种,树形图略.　　检测4：32 760 种.

检测5：116 或 11. 本题的求解思路如下：首先设未知数、建立方程,然后利用整除性来解方程.

（上海南汇中学　顾彦琼）

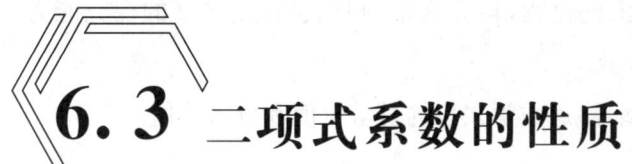

教学分析

1. **学科分支思想**

   应用"归纳—猜想—论证"探究问题

2. **单元主题划分**

   单元主题：二项式定理

   单元划分：二项式系数的性质(1课时,时长为 40 min)

3. **教学主线分析**

   观察—归纳—猜想—论证—应用

4. **知识内容结构**

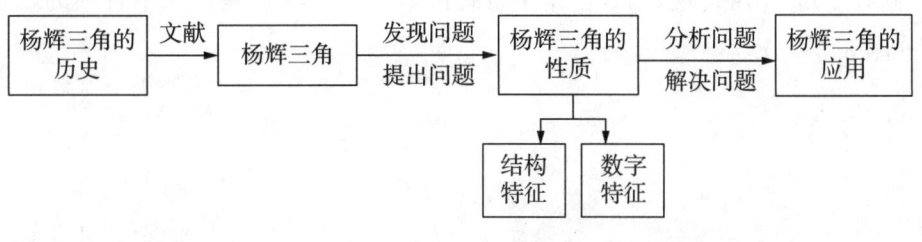

5. 核心问题思考

核心问题:杨辉三角具有哪些性质和应用?

问题1:杨辉三角和二项式系数有什么关系?

问题2:杨辉三角具有哪些性质?

问题3:如何运用和拓展杨辉三角?

6. 学生特征分析

(1) 学生已学过组合数的性质,对从特殊到一般的研究思路有所了解.

(2) 学生对杨辉三角的数学特征充满好奇,并能通过联系组合数的性质来证明一些简单的结论.

(2) 学生对杨辉三角的结构特征所蕴含的规律认识不足,缺乏深入分析并解决问题的能力.

7. 教学目标确定

(1) 结合二项式定理的有关性质及组合数的性质,探究杨辉三角的若干特殊性质,并用数学归纳法等方法证明.

(2) 经历独立思考、勇于探究、合作交流的过程,培养观察、归纳、猜想、论证的探究能力,让不同发展水平的学生都能探究并有所收获.

(3) 在数学史中感受古代经典数学模型,渗透数学文化的科学价值和育人价值.

8. 数学课程类型

探究实践课

教学环节1 问题提出阶段——背景分析、知识回顾、提出问题

教学问题1 杨辉三角和二项式系数有什么关系?

① 背景分析

中国古代数学家在许多数学领域中的研究都处于世界领先的地位,北宋数学家贾宪在约1050年首先使用"开方作法本源图"进行高次开方运算,人们称之为贾宪三角. 直到1261年,南宋数学家杨辉在《详解九章算法》一书中记载并保存了这个图形(图6.3-1),后来人们习惯上称之为杨辉三角. 不难发现,杨辉三角中各行的数字与二项式展开式中各项的二项式系数完全吻合(图6.3-2).

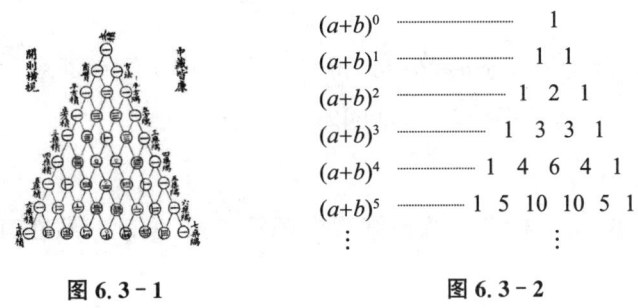

$(a+b)^0$ —————— 1
$(a+b)^1$ —————— 1 1
$(a+b)^2$ —————— 1 2 1
$(a+b)^3$ —————— 1 3 3 1
$(a+b)^4$ —————— 1 4 6 4 1
$(a+b)^5$ —————— 1 5 10 10 5 1
⋮   ⋮

图 6.3 - 1   图 6.3 - 2

2 知识回顾

观察杨辉三角，我们不难发现以下性质：

(1) 每行的第一个数和最后一个数都是 1；数的分布具有左右对称的性质，即 $C_n^r = C_n^{n-r}$.

(2) 在每行中，除了第一个数和最后一个数，每个数等于它"肩"上的两个数之和，即 $C_n^r = C_{n-1}^{r-1} + C_{n-1}^r$.

(3) 当 n 为偶数时，最大值是中间一项；当 n 为奇数时，最大值是中间两项.

(4) 第 n 行所有数之和为 2^n（奇数项、偶数项的和均为 2^{n-1}）.

其中，性质(3)(4)的证明如下：

性质 3 在杨辉三角中，对于第 n 行 $C_n^0, C_n^1, C_n^2, \cdots, C_n^n$，当 n 为偶数时，最大值是中间的一项 $C_n^{\frac{n}{2}}$；当 n 为奇数时，最大值是中间的两项 $C_n^{\frac{n-1}{2}}, C_n^{\frac{n+1}{2}}$.

证明：(公式、单调性)

利用组合数的公式，因为 $C_n^k = \dfrac{n(n-1)(n-2)\cdots(n-k+1)}{(k-1)!\,k} = C_n^{k-1} \cdot \dfrac{n-k+1}{k}$，所以 $\dfrac{C_n^k}{C_n^{k-1}} = \dfrac{n-k+1}{k} = g(k)$，因此 $g(k)$ 的单调性由 $\dfrac{n-k+1}{k}$ 决定. 当 $g(k) > 1$ 即 $k < \dfrac{n+1}{2}$ 时，二项式系数是逐渐增大的；由对称性可知，它的后半部分是逐渐减小的，且在中间取得最大值.

综上，当 n 为偶数时，最大值是中间的一项 $C_n^{\frac{n}{2}}$；而当 n 为奇数时，最大值是中间的两项 $C_n^{\frac{n-1}{2}}, C_n^{\frac{n+1}{2}}$.

性质 4 在杨辉三角中，第 n 行所有数之和为 2^n，即 $C_n^0 + C_n^1 + \cdots + C_n^n = 2^n$.

证法 1：(数学归纳法)

(1) 当 $n = 1$ 时，左边 $= C_1^0 + C_1^1 = 2^n =$ 右边，等式成立.

(2) 假设当 $n = k$ 时等式成立，即 $C_k^0 + C_k^1 + \cdots + C_k^k = 2^k$. 当 $n = k+1$ 时，

$C_{k+1}^0 + C_{k+1}^1 + \cdots + C_{k+1}^r + C_{k+1}^{r+1} + \cdots + C_{k+1}^k + C_{k+1}^{k+1}$

$= C_{k+1}^0 + (C_k^0 + C_k^1) + \cdots + (C_k^{r-1} + C_k^r) + (C_k^r + C_k^{r+1}) + \cdots + (C_k^{k-1} + C_k^k) + C_{k+1}^{k+1}$

$= 2(C_k^0 + C_k^1 + \cdots + C_k^r + \cdots + C_k^{k-1} + C_k^k) = 2 \times 2^k = 2^{k+1}$，

即当 $n = k+1$ 时等式也成立. 根据(1)和(2)可知，对于任意正整数 n，等式都成立.

证法2：(赋值法)

在二项式定理$(a+b)^n$中，令$a=b=1$，得$C_n^0+C_n^1+\cdots+C_n^n=2^n$.

推论：$C_n^0+C_n^2+\cdots=C_n^1+C_n^3+\cdots=2^{n-1}$，证明略.

3 提出问题

通过对以上性质的回顾，你能继续仔细观察杨辉三角，发现隐藏在其中的更多奥秘并用所学知识进行证明吗？

▶**教学环节2** 问题解决阶段——定性观察、定量论证、形成结论

▶**教学问题2** 探究杨辉三角的每行、每条斜线上具有哪些数字特征？

1 定性观察

活动1 观察杨辉三角各元素之间的关系，从每行、每条斜线的角度分析，通过"圈一圈""连一连""算一算"等手段尝试发现新的规律，如图6.3-3所示.

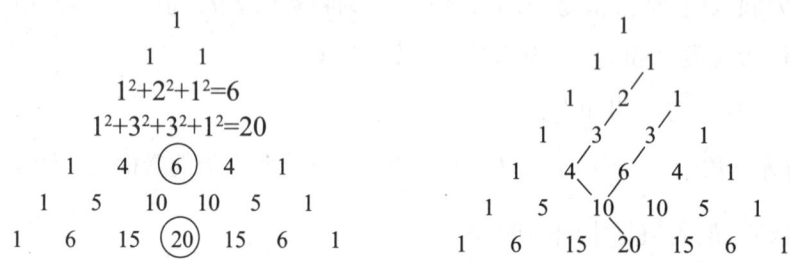

图6.3-3

2 定量论证

性质5 在杨辉三角中，第n行所有数的平方和为C_{2n}^n，即$(C_n^0)^2+(C_n^1)^2+\cdots+(C_n^n)^2=C_{2n}^n$.

证明：构造多项式$(1+x)^n(1+x)^n=(1+x)^{2n}$，分别研究等号两边展开式中$x^n$的系数.

因为$(1+x)^n(1+x)^n=(C_n^0+C_n^1x+C_n^2x^2+\cdots+C_n^nx^n)(C_n^0+C_n^1x+C_n^2x^2+\cdots+C_n^nx^n)$，展开式中$x^n$的系数为$C_n^0C_n^n+C_n^1C_n^{n-1}+C_n^2C_n^{n-2}+\cdots+C_n^nC_n^0$，而$(1+x)^{2n}$展开式中$x^n$的系数为$C_{2n}^n$，所以两者相等.

又因为$C_n^m=C_n^{n-m}(0\leq m\leq n)$，所以$(C_n^0)^2+(C_n^1)^2+\cdots+(C_n^n)^2=C_{2n}^n$.

性质6 如图6.3-4所示，在杨辉三角中，第m条斜线上(从右上到左下)前n个数的和，等于第$m+1$条斜线上第n个数，即对于第1条斜线，有$1+1+\cdots+1=C_n^1$；

对于第2条斜线，有$1+2+3+\cdots+C_{n-1}^1=C_n^2$；

对于第3条斜线，有$1+3+6+\cdots+C_{n-1}^2=C_n^3$；

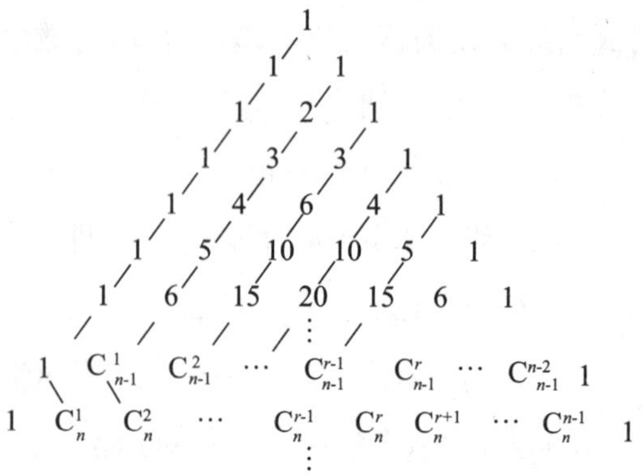

图6.3-4

……

对于第$(r+1)$条斜线,有$C_r^r+C_{r+1}^r+\cdots+C_{n-1}^r=C_n^{r+1}$.

证明:由组合数的性质$C_n^r=C_{n-1}^{r-1}+C_{n-1}^r$,不难证明$C_r^r+C_{r+1}^r+\cdots+C_{n-1}^r=C_{r+1}^{r+1}+C_{r+1}^r+\cdots+C_{n-1}^r=C_{r+2}^{r+1}+C_{r+2}^r+\cdots+C_{n-1}^r=C_{n-1}^{r+1}+C_{n-1}^r=C_n^{r+1}$.

3 形成结论

观察杨辉三角中每行的数字特征,发现组合数恒等式,并运用以数学归纳法为主、组合数公式为辅的方法,证明上述性质,初步揭示了观察归纳、猜想、论证的探究路径和方法,为后续研究其他性质奠定基础.

	结构特征	数字特征
性质1	对称性	$C_n^r=C_n^{n-r}$
性质2	在每行中,除了第一个数和最后一个数,每个数等于它"肩"上的两个数之和	$C_n^r=C_{n-1}^{r-1}+C_{n-1}^r$
性质3	当n为偶数时,最大值是中间一项;当n为奇数时,最大值是中间两项	当n为偶数时,$C_n^{\frac{n}{2}}$最大;当n为奇数时,$C_n^{\frac{n-1}{2}},C_n^{\frac{n+1}{2}}$最大
性质4	第n行所有数之和为2^n(奇数项、偶数项的和均为2^{n-1})	$C_n^0+C_n^1+\cdots+C_n^n=2^n$
性质5	每行所有数的平方和规律	$(C_n^0)^2+(C_n^1)^2+\cdots+(C_n^n)^2=C_{2n}^n$
性质6	每条斜线上的数字规律	$C_r^r+C_{r+1}^r+\cdots+C_{n-1}^r=C_n^{r+1}$
……	……	……

教学环节3 问题深化阶段——深化问题、巩固新知、提炼方法

教学问题3 进一步探究杨辉三角的不同行、不同斜线上具有哪些数字特征?

1 深化问题

活动2 继续观察杨辉三角,从不同行、不同斜线的角度分析,探索发现新的规律.

性质7 在杨辉三角中,第(2^k-1)行都是奇数(k为正整数).

证明:(数学归纳法)

(1) 当$r=0$时,$C_{2^k-1}^0=1$;当$r=1$时,$C_{2^k-1}^1=2^k-1$.它们都是奇数,命题成立.

(2) 假设当$r=l(l\geqslant0)$时命题成立,即$C_{2^k-1}^l$是奇数.当$r=l+1$时,

$$C_{2^k-1}^{l+1}=\frac{(2^k-1)(2^k-2)\cdots(2^k-l)(2^k-l-1)}{(l+1)\times l\times(l-1)\times\cdots\times2\times1}=\frac{2^k-l-1}{l+1}\times\frac{(2^k-1)(2^k-2)\cdots(2^k-l)}{l\times(l-1)\times\cdots\times2\times1}=$$

$$\frac{2^k-l-1}{l+1}\times C_{2^k-1}^l.$$

当 l 为偶数时,因为 $2^k-l-1, l+1$ 都是奇数,所以 $C_{2^k-1}^{l+1}$ 是奇数.

当 l 为奇数时,即 $l=2m+1(m\in\mathbf{N})$,$\frac{2^k-l-1}{l+1}=\frac{2^k-2m-2}{2m+2}=\frac{2^{k-1}-m-1}{m+1}$,对 m 的奇偶性再进行分类讨论,这样无穷递推下去,因为 k 是有限的,所以只要经过有限步的变化就可使 $\frac{2^k-l-1}{l+1}$ 变为 $\frac{\text{奇数}}{\text{奇数}}$.

由归纳假设可知,这个命题对 $r=l+1$ 也成立.

由(1)(2)可知,命题对 $r\in\{0,1,2,\cdots,2^k-1\}$ 都成立.

性质8 如图 6.3-5 所示,在杨辉三角中,斜线上各数之和为 $1,1,2,3,5,8,13,\cdots$ 构成数列 $F_n=C_n^0+C_{n-1}^1+C_{n-2}^2+\cdots$,不难发现此数列 $\{a_n\}$ 满足:

$$F_1=F_2=1, F_{n+2}=F_n+F_{n+1}(n\geq 1).$$

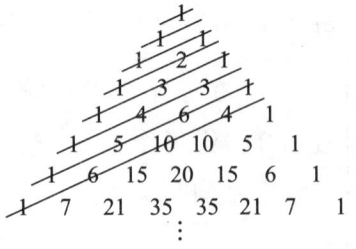

图 6.3-5

这正是我们熟悉的斐波那契数列.中世纪意大利数学家斐波那契的传世之作《算术之法》中提出了一个有趣的问题:假设一对刚出生的小兔子过一个月就能长成大兔子,再过一个月就生下一对小兔子,并且以后每个月都生下一对小兔子.设生下的一对小兔子均为一雌一雄,且均无死亡,求一对刚出生的小兔子在一年内可以繁殖成多少对兔子。不难发现答案就是上述数列的第 13 个数字,即 233.

②巩固新知

例题 某城市的街道纵横交错,东-西方向的 5 条道路、南-北方向的 5 条道路组成方格网,如图 6.3-6 所示.行人只能沿由西向东、由北向南的方向行走.某人欲从最西北的 A 处前往最东南的 B 处,有多少种不同的走法?

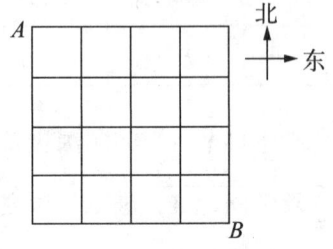

图 6.3-6

解析 把图顺时针转动,使 A 在正上方,在交叉点处标上杨辉三角中的相应数,这就是从 A 处到达该点的不同的走法种数,因此到达 B 处共有 $C_8^4=70$(种)不同的走法.

③提炼方法

通过对杨辉三角的探究,熟练掌握二项式系数的性质及证明;通过对实际问题的分析与解决,让学生在分析问题、解决问题的过程中经历完整的探究、应用过程,感受从特殊到一般的数学思想,提升数学思维的品质.

> 教学环节 4 反思升华阶段——归纳反思、拓展探究、巩固思想
>
> 教学问题 4 如何应用探究杨辉三角性质的方法来研究三项式系数的规律?

① 归纳反思

回顾二项式定理的证明过程,应用数学归纳法和组合数性质两种基本方法.通过对杨辉三角的探究,利用"圈""连""算"等手段,对各行、各斜线上的数进行分析,观察并发现规律,根据其组合数的背景进行恒等式猜想,应用数学归纳法等方法证明,体验从特殊到一般的过程,完整经历观察、归纳、猜想和论证的探究过程.

通过对杨辉三角性质的证明,经历独立思考、勇于探究、合作交流的过程,让不同发展水平的学生都能探究并有所收获.

② 拓展探究

探究内容:三项式$(a+b+c)^n$展开式的系数规律.

探究路径:

(1) 展开三项式$(a+b+c),(a+b+c)^2,(a+b+c)^3$,观察系数规律;如图 6.3-7 所示,从中可以找到杨辉三角的影子.

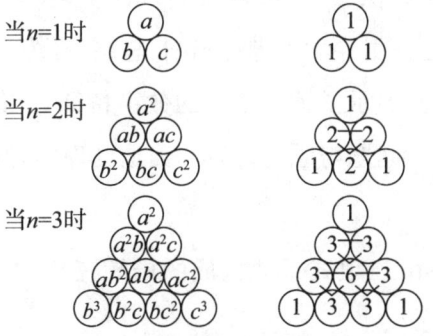

图 6.3-7

(2) 继续探索$(a+b+c)^4$展开式的系数规律,尝试寻找其与杨辉三角和对应二项式系数的关系;如图 6.3-8 所示,不难发现三项式系数等于杨辉三角和对应二项式系数之积.

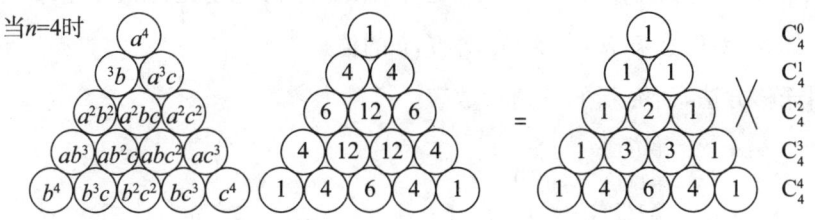

图 6.3-8

(3) 根据$(a+b+c)^n$展开式的系数规律,探究其组合数的内在关系.

猜想结论:三项式系数等于杨辉三角和对应二项式系数之积.

③ 巩固思想

通过对三项式系数的研究,观察发现其与二项式系数的联系,经历从特殊到一般的探究过程,归纳、猜想其结论并进行推广.

教学评价

① 核心特色

本教学设计通过揭示杨辉三角的组合数表示,建立新、旧知识之间的联系;回顾、复习二项式定理和组合数恒等式的证明过程,开展对杨辉三角的探究活动,以运算为手段,揭示图形中的结构特征与数字特征,培养观察、归纳、猜想和论证的探究能力;经历独立思考、勇于探究、合作交流的过程,挑战数学智慧,让不同发展水平的学生都能探究并有所收获,并在数学史中感受古代经典数学模型,渗透数学文化的科学价值和育人价值.

② 难点突破

教师在激发学生兴趣、探究杨辉三角中所蕴含规律的过程中,遵循从特殊到一般的数学思想,并引导学生运用数学归纳法、组合数性质加以证明;在教学过程中,积极回应、点评学生,善于把握学生提出的问题并引导学生进行归纳、总结、提炼,兼顾预设与生成,以加深学生对问题的理解;在课堂小结中,揭示杨辉三角中的数字特征,不仅体现图形结构特征的"美",更需要学会发现其背后的数学问题与原理,揭示"美是真理的光辉"的哲学意义.

③ 效果检测

检测1:如图 6.3-9 所示,在由二项式系数构成的杨辉三角中,第_____行中从左到右第 14 个数与第 15 个数的比为 2∶3.

检测点:杨辉三角中组合数性质的应用.

检测2:把自然数按上小下大、左小右大的原则排成如图 6.3-10 所示的三角形数表(每行比上一行多 1 个数),设 $a_{ij}(i,j\in \mathbf{N}^*)$ 是位于这个三角形数表中从上往下数第 i 行、从左往右数第 j 个的数,如 $a_{43}=9$. 已知 $a_{ij}=2\,006$,求 i,j 的值.

检测点:运用迁移方法,研究新的三角形数表.

```
第0行              1                           1
第1行             1 1
第2行            1 2 1                       2 3
第3行           1 3 3 1
第4行          1 4 6 4 1                   4 5 6
第5行         1 5 10 10 5 1               7 8 9 10
           ⋮                              ⋮
          图 6.3-9                      图 6.3-10
```

检测3：将杨辉三角中的每个数 C_n^r 都换成 $\dfrac{1}{(n+1)C_n^r}$，得到一个如图 6.3-11 所示的分数三角形，称为莱布尼茨三角形.从图中可得 $\dfrac{1}{(n+1)C_n^r}+\dfrac{1}{(n+1)C_n^{r+1}}=\dfrac{1}{nC_{n-1}^r}$，令 $a_n=\dfrac{1}{3}+\dfrac{1}{12}+\dfrac{1}{30}+\cdots+\dfrac{1}{nC_{n-1}^2}+\dfrac{1}{(n+1)C_n^2}$，求 a_n 的值.

检测点：应用杨辉三角的性质，研究莱布尼茨三角形的数字特征.

$$\begin{array}{c}
\dfrac{1}{1} \\
\dfrac{1}{2}\quad\dfrac{1}{2} \\
\dfrac{1}{3}\quad\dfrac{1}{6}\quad\dfrac{1}{3} \\
\dfrac{1}{4}\quad\dfrac{1}{12}\quad\dfrac{1}{12}\quad\dfrac{1}{4} \\
\dfrac{1}{5}\quad\dfrac{1}{20}\quad\dfrac{1}{30}\quad\dfrac{1}{20}\quad\dfrac{1}{5} \\
\dfrac{1}{6}\quad\dfrac{1}{30}\quad\dfrac{1}{60}\quad\dfrac{1}{60}\quad\dfrac{1}{30}\quad\dfrac{1}{6} \\
\dfrac{1}{7}\quad\dfrac{1}{42}\quad\dfrac{1}{105}\quad\dfrac{1}{140}\quad\dfrac{1}{105}\quad\dfrac{1}{42}\quad\dfrac{1}{7} \\
\vdots
\end{array}$$

图 6.3-11

参考答案

检测1：34. **检测2**：$i=63, j=53$. **检测3**：$a_n=\dfrac{1}{2}-\dfrac{1}{n(n+1)}$.

(上海市建平中学　王文皓)

第七章 随机变量及其分布

本章导读

一、知识导读

① **知识起点**。

在必修课程中,我们已经理解了样本空间与事件等概念,能够通过古典概型、概率的性质、事件的运算及频率估计等多种方法求解随机事件的概率.

② **知识核心**。

概率的研究对象是随机现象. 在本章中,我们将看到更为丰富和完善的概率运算法则,以及对于随机现象更为直观和实用的刻画. 借助条件概率公式、全概率公式和贝叶斯公式等概率公式,可以便于求解复杂的随机事件的概率. 引入随机变量的概念及其分布,通过期望和方差等数字特征分析随机现象,并通过离散的二项分布、超几何分布和连续的正态分布等常用概率分布模拟随机现象. 本章为刻画随机现象提供了有力的运算工具和常用的数学模型.

③ **知识系统**。

条件概率本质上是缩小的样本空间上的概率,全概率公式和贝叶斯公式则由用简单事件的运算结果表示复杂事件归纳可得. 随机变量本质上是由样本空间到实数集上的映射,不同于函数,其取值依赖于样本,具有随机性,且重在研究取值的概率.

④ **知识背景**。

概率论的起源与欧洲文艺复兴时期的赌博活动密切相关,"数学期望"这一概念便诞生于数学史上著名的赌金分配问题. 为人们所熟知的"正态分布"之所以在生活中随处可见并非偶然,是因为概率论中的中心极限定理给出了必然的答案.

⑤ **知识应用**。

随着概率论的不断发展,概率在实际生活中的应用屡见不鲜,例如贝叶斯公式在医学、市场预测及人工智能中都扮演着重要的角色.

⑥ **知识外部联系**。

概率的发展很大程度地推动了数理统计的发展,以条件概率和贝叶斯公式为基础形成了系统的统计推理与决策方法,而正态分布则为最小二乘法提供了理论依据.

二、主题及其课时划分

主题	课时划分
概率的计算:条件概率与相关公式	概率的计算:条件概率(1课时) 概率的计算:全概率公式(1课时) 概率的应用:贝叶斯公式(1课时)
概率的应用:随机变量的分布与特征	概率的应用:随机变量与分布(1课时) 概率的分析:随机变量的数字特征(2课时)
概率的模型:常用分布	概率的模型:二项分布(1课时) 概率的模型:超几何分布(1课时) 概率的模型:正态分布(1课时)

三、知识内容结构

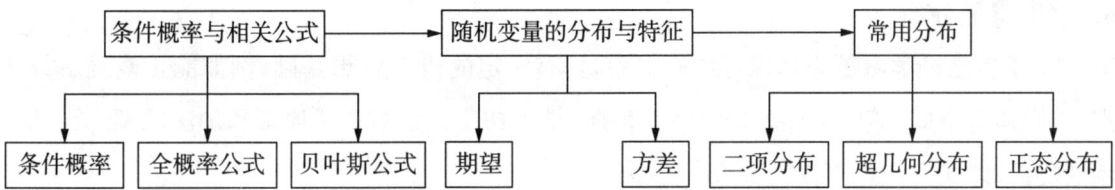

四、教学设计案例

本章将针对"条件概率""随机变量与分布""随机变量的数字特征""超几何分布""正态分布"这五个重点课时的内容进行教学设计的案例建构.

7.1 条件概率

教学分析

1. 学科分支思想

随机思想:研究随机现象,度量随机事件发生的可能性大小

2. 单元主题划分

单元主题:条件概率与相关公式

单元划分:条件概率(1课时,时长为40 min)

3. 教学主线分析

情境—概括—公式—应用

4. 知识内容结构

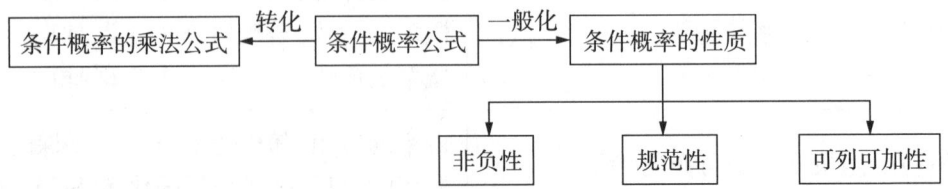

5. 核心问题思考

核心问题:如何认识条件概率?

问题1:条件概率是什么?

问题2:如何计算条件概率?

问题3:条件概率的性质是什么?

6. 学生特征分析

(1) 学生已经学习了必修课程中的概率,具有一定的概率思想基础,例如能正确理解样本点、有限样本空间、随机事件等概念及其性质;学生初步具备对乘法原理和加法原理的灵活应用的经验,能研究简单事件的概率.

(2) 学生有较好的学习态度和一定的数学学习意愿,但将数学联系实际的能力较弱,数学抽象思维较薄弱.

7. 教学目标确定

(1) 通过计算概率,巩固对古典概型的理解.

(2) 通过对具体情境的分析,初步理解条件概率的含义.

(3) 在理解条件概率的基础上,将知识技能化,学会用两种方法求条件概率,并能利用条件概率的性质简化条件概率的计算.

(4) 通过实例激发学生的学习兴趣,在辨析条件概率时培养学生的思辨能力,让学生亲身经历条件概率的形成过程.

(5) 体会从特殊到一般、再从一般到特殊的思维方式,理解不同样本空间下的概率,培养数学统计素养和研究随机现象的能力.

8. 数学课程类型

数学概念课

教学设计

教学环节 1 情境分析——创设情境、寻找共性、概念生成

教学问题 1 条件概率是什么?

① 创设情境

情境 三张奖券中只有一张能中奖,现分别由三名同学无放回地抽取,最后一名同学抽到中奖奖券的概率是否比前两名同学小?

解析 根据古典概型的计算公式,三名同学抽到中奖奖券的概率均为 $\frac{1}{3}$.而"思考"中因为已知第一名同学没有抽到中奖奖券,以此为前提条件,所以最后一名同学抽到中奖奖券的概率就是 $\frac{1}{2}$.

设计意图:围绕本节课的核心问题,即一个随机事件的发生对另一个随机事件发生的影响设问,在学生还不具备相应知识的条件下,通过在情境中设问来引发学生的兴趣与思考.

思考 如果已经知道第一名同学没有抽到中奖奖券,那么最后一名同学抽到中奖奖券的概率是多少?

② 寻找共性

活动 1 一个盒子中有 16 个球,具体如表下所示,任取 1 个球,记 A = "取到蓝球",B = "取到玻璃球".

(1) 从这个盒子中任取 1 个球,取到蓝球的概率有多大?

(2) 如果已知取到的为玻璃球,那么取到蓝玻璃球的概率有多大?

(单位:个)

	玻璃球	木质球	合计
红色球	2	3	5
蓝色球	4	7	11
合计	6	10	16

解析 (1) 显然这是一个古典概型问题.样本空间 Ω 包含的样本点总数为 16,事件 A 包含的样本点总数为 11,故 $P(A) = \frac{11}{16}$.

(2) 如果已知取到的为玻璃球,那么取到蓝玻璃球的概率就是在事件 B 发生的条件下,事件 A 发生的概率,记作 $P(A|B)$.在事件 B 发生的条件下,可能取得的样本点总数应为玻璃球的总数,即把样本空间压缩到玻璃球全体.而在事件 B 发生的条件下,事件 A 包含的样

本点总数为蓝玻璃球的个数,故 $P(A|B)=\dfrac{4}{6}=\dfrac{2}{3}$.

设计意图:利用二维表,促进学生形成关于条件概率的形象直观,关注基本事件范围的变化,同时可以感悟、分析概率之间的关联.

活动 2 掷红、蓝两颗骰子.设事件 A 为"蓝色骰子的点数为 3 或 6",事件 B 为"两颗骰子的点数之和大于 8",在事件 A 发生的条件下,事件 B 发生的概率是多少?

解析 事件 A 发生的基本事件有 12 种,其中事件 B 发生的基本事件有 5 种,因此在事件 A 发生的条件下,事件 B 发生的概率 $P=\dfrac{5}{12}$.

设计意图:通过掷骰子的方式,让学生加深对条件概率的理解,并会利用计数的方法和古典概型的知识去解决条件概率问题,引导学生发现活动 1、2 中两个问题的共性.

3 概念生成

> 在许多实际问题中,除了考虑 $P(B)$,还需要考虑在已知事件 A 发生的条件下,事件 B 发生的概率,我们称这种概率为在事件 A 发生的条件下,事件 B 发生的条件概率,简称条件概率,记为 $P(B|A)$.

例如,在掷骰子试验中,若事件 A 表示"点数为偶数",事件 B 表示"点数不超过 5",则 $P(A)=\dfrac{3}{6}$,$P(B)=\dfrac{5}{6}$,$P(A\cap B)=\dfrac{2}{6}$.若已知事件 A 发生,样本空间缩减为 $\Omega_A=\{2,4,6\}$,求 $P(B|A)$,即在 Ω_A 中求事件 B 发生的概率,则 $P(B|A)=\dfrac{2}{3}$.而 $P(B|A)=\dfrac{2}{3}=\dfrac{\frac{2}{6}}{\frac{3}{6}}=\dfrac{P(A\cap B)}{P(A)}$,故 $P(B|A)=\dfrac{P(A\cap B)}{P(A)}$,显然 $P(B)$ 与 $P(B|A)$ 不同.这个结论虽然是从掷骰子试验中推出的,但它适用于一般情形.

> 设 A、B 是随机试验 E 的两个事件,若 $P(A)>0$,则有
> $$P(B|A)=\dfrac{P(A\cap B)}{P(A)},$$
> $$P(A\cap B)=P(A)P(B|A).$$
> 以上公式为条件概率公式.

设计意图:锻炼学生的概括能力,可以先让学生用语言归纳,然后教师给予启发和补充并强调重点,由学生在此分析条件概率与以前所学概率的区别.

◆ **教学环节 2** 〉条件分析——改变空间、回归定义、多元呈现
◆ **教学问题 2** 〉如何计算条件概率?

⑴ 改变空间

例题 1 一盒子中装有 5 只产品,其中 3 只为一等品,2 只为二等品,从中取产品 2 次,每次任取 1 只,不放回. 设事件 A 表示"第 1 次取到的是一等品",事件 B 表示"第 2 次取到的是一等品",求 $P(B|A)$.

解析 利用样本空间改变法. 因为 $\Omega_A=\{$从 2 只一等品、2 只二等品中任取 1 只的所有取法$\}$,所以 $P(B|A)=\dfrac{C_2^1}{C_4^1}=\dfrac{1}{2}$.

⑵ 回归定义

解析 利用定义法. 因为 $\Omega=\{$从 3 只一等品、2 只二等品中任取 2 只的所有取法$\}$,所以 Ω 包含的基本事件数为 $C_5^2=5\times 4=20$.

因为 $A\cap B$ 表示"从 3 只一等品、2 只二等品中任取 2 只,第 1 次取到 1 只一等品,第 2 次取到 1 只一等品",所以 $A\cap B$ 包含的基本事件数 $k_1=3\times 2=6$.

因为 A 表示"从 3 只一等品、2 只二等品中任取 2 只,第 1 次取到 1 只一等品,第 2 次任取 1 只",所以 A 包含的基本事件数 $k_2=3\times 4=12$.

因此,$P(B|A)=\dfrac{P(A\cap B)}{P(A)}=\dfrac{\frac{6}{20}}{\frac{12}{20}}=\dfrac{1}{2}$.

思考 对于任意两个事件 A 与 B,如果已知 $P(A)$ 与 $P(B|A)$,那么如何计算 $P(A\cap B)$ 呢?

若 $P(A)>0$,则有 $P(A\cap B)=P(A)P(B|A)$,该式为条件概率的乘法公式.

设计意图:考查条件概率的两种计算方法,难度梯度上升,有利于引导学生利用条件概率的定义去求解问题中的条件概率. 用不同方法计算条件概率,可以让学生体会从不同角度求解条件概率的特点.

⑶ 多元呈现

	表征	意义
几何直观		设 $A\subseteq\Omega$,$B\subseteq\Omega$,条件概率 $P(B\|A)=\dfrac{P(A\cap B)}{P(A)}$,实际上是仅局限于事件 A 这个范围来考查事件 B 发生的概率

	表征	意义
概率直观	$P(B)$可解释为试验前人们根据以往积累的资料和经验对事件B发生的(绝对)可能性大小的认识,条件概率$P(B\|A)$也可解释为后验概率	通过试验,获得了事件A已发生的新信息,这有助于重新审视事件B发生的可能性大小

设计意图:通过不同方式对概念进行分析和诠释,用数形结合的思想剖析概念,能让学生更全面地理解概念.分别从几何直观和概率直观这两种角度对条件概率公式进行分析,考查学生对条件概率公式的认识,遵循学生的认知规律.

▶**教学环节3** 应用分析——实际应用、归纳性质、总结联系

▶**教学问题3** 条件概率的性质是什么?

①实际应用

例题2 一周的天气情况如下表所示.

	星期日	星期一	星期二	星期三	星期四	星期五	星期六
预报	晴	阴	雨	雨	雨	晴	雨
实际	晴	雨	阴	雨	雨	晴	晴

求在预报有雨的条件下,实际也下雨的概率.

解析 设A为预报有雨的事件,B为实际下雨的事件.

[方法1]因为$n(A)=4,n(A\cap B)=2$,所以$P(B|A)=\dfrac{n(A\cap B)}{n(A)}=\dfrac{2}{4}=\dfrac{1}{2}$.

[方法2]因为$P(A)=\dfrac{4}{7},P(B)=\dfrac{3}{7},P(A\cap B)=\dfrac{2}{7}$,所以$P(B|A)=\dfrac{P(A\cap B)}{P(A)}=\dfrac{\frac{2}{7}}{\frac{4}{7}}=\dfrac{1}{2}$.

设计意图:在原来的基本事件范围内,通过事件的计数来计算条件概率.

②归纳性质

问题1 根据条件概率的定义,应该注意哪些问题呢?

问题2 既然条件概率也是概率,它具备概率的性质吗?若具备,则这些性质分别是什么呢?

性质 1	非负性	对于任一事件 B，有 $P(B|A) \geq 0$
性质 2	规范性	对于必然事件 S，有 $P(S|A)=1$
性质 3	可列可加性	若事件 B 和事件 C 互斥，则 $P(B \cup C|A)=P(B|A)+P(C|A)$

活动 3 请同学们进行小组讨论，举一些具体的例子来说明条件概率的性质的准确性.

设计意图：通过条件概率的例题对其定义进行辨析，同时与概率相联系，让学生认识到条件概率也是概率，具备概率的性质.

3 总结联系

知识维度	理解条件概率的定义，判断条件概率问题；理解条件概率的本质，掌握条件概率公式
方法维度	利用计算条件概率的两种方法解决一些条件概率问题，具备分析问题、解决问题的能力
思维维度	通过归纳、类比方法的应用和对图形的直观分析，经历条件概率概念的形成过程，体会从特殊到一般、再从一般到特殊的思维方式

教学评价

1 核心特色

本教学设计从条件概率概念的本质入手，通过引入生动的例子，激发学生的兴趣，同时借助正例、反例与图形直观来讲清楚概念的内涵，对该概念的基础、缘由、合理性等要素进行了必要的解读，这样的"呈示行为"会让学生对条件概率有基本的认识. 其中，运用文氏图来引导学生从形的角度理解条件概率，有利于发展学生的直观想象素养，教师在讲授时结合多种呈现方式，启发学生深度思考. 在例题讲解过程中，本教学设计既关注于培养规范意识，按照数学建模的理念研究解题方法，牢记问题数学化、事件符号化，也抓住两种计算方法——样本空间改变法和定义法.

2 难点突破

学生要理解条件概率的计算方法，就需要理解"什么是条件"及"条件的影响是什么". 对于"什么是条件"，概率教学研究与实践都表明，最典型的误解主要有两种：因果偏见与时间顺序偏见. 数学理解是构成概念的各个要素互相融合与统一的过程，对条件概率的理解建立在单个事件概率的基础上. 因此，条件概率概念的形成，首先是在与单个事件概率的比较中发展而来的，让学生感悟单个事件概率与条件概率的区别；其次在初步形成条件概率的基础上，让学生比较条件概率和积事件概率的关系，促进学生对概念理解的精致化.

3) 效果检测

检测1:某个班级有 45 名学生,其中男生与女生的人数以及团员与非团员的人数如下表所示,在班级里随机选一人做代表.

(1) 选到男生的概率是多少?

(2) 如果已知选到的是团员,那么选到的是男生的概率是多少?

(单位:名)

	团员	非团员	合计
男生	16	9	25
女生	14	6	20
合计	30	15	45

检测点:条件概率公式的应用.

检测2:一盒子中装有 4 个产品,其中 3 个为一等品,1 个为二等品,从中取产品 2 次,每次任取 1 个,做不放回抽样.设事件 A 表示"第 1 次取到的是一等品",事件 B 表示"第 2 次取到的是一等品",求 $P(B|A)$.

检测点:理解条件概率.

检测3:一个家庭中有两个小孩,假定生男与生女是等可能的,已知这个家庭中有一个小孩是女孩.求:

(1) 另一个小孩是男孩的概率;

(2) 另一个小孩是女孩的概率.

检测点:辨析条件概率.

参考答案

检测1:(1) $\dfrac{5}{9}$.　(2) $\dfrac{8}{15}$.　**检测2**:$P(B|A)=\dfrac{2}{3}$.

检测3:设"有一个小孩是女孩"的事件为 A,"另一个小孩是男孩"的事件为 B,"另一个小孩是女孩"的事件为 C.

(1) $P(B|A)=\dfrac{P(A\cap B)}{P(A)}=\dfrac{\dfrac{1}{2}}{\dfrac{3}{4}}=\dfrac{2}{3}$.　(2) $P(C|A)=\dfrac{P(A\cap C)}{P(A)}=\dfrac{\dfrac{1}{4}}{\dfrac{3}{4}}=\dfrac{1}{3}$.

(上海南汇中学　顾彦琼)

7.2 随机变量与分布

教学分析

1. 学科分支思想

随机思想:对随机事件发生可能性大小的度量研究

2. 单元主题划分

单元主题:随机变量的分布与特征

单元划分:随机变量与分布(1课时,时长为 40 min)

3. 教学主线分析

背景—定义—性质—表达—应用

4. 知识内容结构

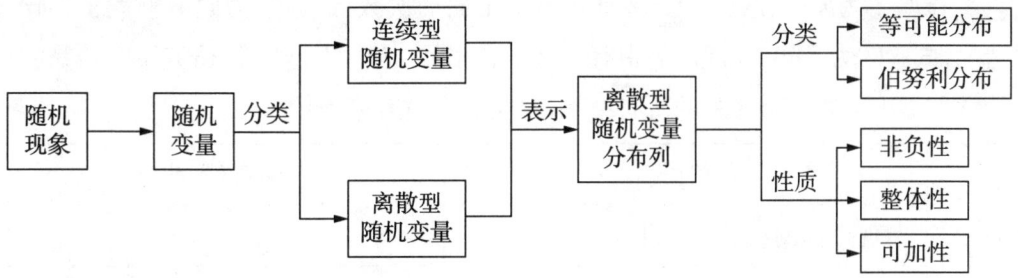

5. 核心问题思考

核心问题:如何整体、定量研究随机现象?

问题1:如何使用随机变量来量化随机现象?

问题2:如何计算并理解离散型随机变量分布列?

问题3:如何利用分布列来整体研究随机现象?

6. 学生特征分析

(1) 学生已经掌握了利用计数原理解决计数问题,会结合古典概型计算随机事件的条件概率.

(2) 学生还缺乏利用随机变量来定量研究整个随机现象、利用整体的观念去看待随机试验的结果的意识和手段.

7. 教学目标确定

(1) 通过具体实例,理解用随机变量刻画随机事件的优越性,了解离散型随机变量的概念.

(2) 根据实际问题，准确地表述并使用随机变量，感悟随机变量与随机事件的关系．

(3) 通过计算概率，完成几类典型的离散型随机变量分布列．

(4) 通过观察离散型随机变量的分布列表，理解离散型随机变量分布列，掌握其相关性质．

(5) 在定量研究随机现象的过程中逐步培养数学运算的核心素养，在建立随机变量分布列的过程中体现整体性的思想．

8. 数学课程类型

数学概念课

教学环节1 概念建构阶段——情境引入、抽象概括、概念引申

教学问题1 如何使用随机变量来量化随机现象？

① 情境引入

情境1 试验①为抛一枚硬币1次，研究出现正面的次数；试验②为抛两颗骰子，研究点数和的情况；试验③为已知10件产品中有2件不合格品，从中任选3件，研究不合格品的件数．

请学生指出上述3个试验的所有结果，并用数学语言来表示．

	自然语言	数学语言（随机变量 X_i）
试验①	出现正面的次数为0,1	$X_1 \in \{0,1\}$
试验②	点数和为2,3,4,5,6,7,8,9,10,11,12	$X_2 \in \{2,3,4,5,6,7,8,9,10,11,12\}$
试验③	不合格品的件数为0,1,2	$X_3 \in \{0,1,2\}$

设计意图：情境1中引入了多个传统的、学生熟知的概率模型，让学生体会随机现象的结果的多样性，从而引入变量思维，用量来刻画随机结果，以体现其简洁性．

② 抽象概括

随机现象的结果可以用数来表示，就称为随机变量．

例题1 连续抛一枚均匀的硬币2次，用 X 表示这2次中出现正面的次数．X 是一个随机变量，请说明下列集合所表示的随机事件，并计算其概率．

(1) $\{X=0\}$； (2) $\{X=1\}$； (3) $\{X\leqslant 1\}$； (4) $\{X>0\}$．

解析 (1) $\{X=0\}$ 表示"2次都出现反面"，其概率为 $\dfrac{1}{4}$．

(2) $\{X=1\}$ 表示"恰有 1 次出现正面",其概率为 $\dfrac{1}{2}$.

(3) $\{X\leqslant 1\}$ 表示"至多 1 次出现正面",其概率为 $\dfrac{3}{4}$.

(4) $\{X>0\}$ 表示"至少 1 次出现正面",其概率为 $\dfrac{3}{4}$.

设计意图:在数学抽象形成概念后,通过一个具体实例,让学生体会使用随机变量来刻画随机事件的优越性,并计算其概率,一方面巩固旧知,另一方面引导学生思考随机变量与概率之间的关系.

③ 概念引申

随机变量是以样本空间为定义域的一个函数,随机变量的取值在随机现象发生前是随机的,其取值是一个事件,其概率是该随机变量在取值上的分布.

> 随机变量所有可能的取值及相应取值的概率,称为随机变量的分布.

设计意图:通过对随机变量的概念进行逐步解释与引申,引入函数观点,提出随机变量的分布.

教学环节 2 概念理解阶段——概念辨析、符号表征、性质分析

教学问题 2 如何计算并理解离散型随机变量分布列?

① 概念辨析

情境 2 ① 某通信公司客服在一天内接听电话的总次数;② 某同学每天进校时的体温;③ 一场篮球比赛中某运动员的得分;④ 某地每天的日落时间.

请用随机变量来描述上述现象,并考虑其与样本空间组成的集合有什么区别.

> 取值能够一一列举出来的随机变量称为离散型随机变量.

设计意图:通过学生之间的讨论与分析,对随机变量进行分类:情境 2 中②和④对应随机变量的取值是连续变化的,而本节课主要研究的是离散型随机变量.

② 符号表征

> 若离散型随机变量 X 的取值为 $x_1,x_2,\cdots,x_n,\cdots$,则随机变量 X 取 x_i 的概率为 p_i $(i=1,2,\cdots,n,\cdots)$,记作 $P(X=x_i)=p_i$ $(i=1,2,\cdots,n,\cdots)$,也可以列表,即 $\begin{pmatrix} x_1 & x_2 & \cdots & x_n & \cdots \\ P_1 & P_2 & \cdots & P_n & \cdots \end{pmatrix}$,其中 $x_1,x_2,\cdots,x_n,\cdots$ 是互异实数,称为离散型随机变量 X 的分布列,简称 X 的分布列.

类似于列表法,分布列共两行,第一行表示随机事件的数量,第二行对应随机事件的概率. 特别注意:在分布列中,数与数之间用空格隔开,不添加任何符号.

设计意图:用数学符号语言来表示随机变量的分布,列表形式直观易懂.

③ 性质分析

离散型随机变量分布列的性质	
非负性	$p_i \geq 0 (i=1, 2, \cdots, n)$
整体性	$p_1 + p_2 + \cdots + p_n = 1$
可加性	$P(x_i \leq x \leq x_j) = p_i + \cdots + p_j (1 \leq i \leq j \leq n; i, j \in \mathbf{N})$

例题 2 已知数列 $\{a_n\}$ 是等差数列,随机变量 X 的分布列为 $\begin{pmatrix} x_1 & x_2 & x_3 & x_4 & x_5 \\ a_1 & a_2 & a_3 & a_4 & a_5 \end{pmatrix}$,求:

(1) a_3;(2) 事件 $\{x_1 < X < x_4\}$ 的概率.

解析 (1) 因为 $a_1 + a_2 + a_3 + a_4 + a_5 = 5a_3 = 1$,所以 $a_3 = \dfrac{1}{5}$.

(2) $P(x_1 < X < x_4) = P(X = x_2) + P(X = x_3) + P(X = x_4)$
$= a_2 + a_3 + a_4 = 3a_3 = \dfrac{3}{5}.$

设计意图:通过例题来引导学生探究分布列的相关性质. 例题 2 中(1)体现整体性,(2)体现可加性.

教学环节 3 概念应用阶段——实践体验、分类概括、总结联系

教学问题 3 如何利用分布列来整体研究随机现象?

① 实践体验

在高中阶段,主要研究离散型随机变量. 在研究离散型随机变量的相关问题时,关键在于离散型随机变量分布列的建立,此过程可大致分成下面 4 个步骤.

第 1 步	第 2 步	第 3 步	第 4 步
确定样本空间(找出随机变量的所有可能取值)	求出每种取值对应的概率(根据已学的概率知识)	列表写出随机变量分布列(有序规范书写)	检验列表是否正确(根据分布列性质)

活动 请同学们分小组完成下列随机事件的分布列:

① 抛一枚硬币,正面朝上的次数记作 X;

② 掷一颗均匀骰子,得到点数为 X;

③ 某人参加射击比赛,击中目标的概率是 0.4,现射击 1 次,击中目标的次数记为 X.

设计意图:学生通过动手实践完成分布列的计算,并通过分析总结完成分布列的基本流程.

❷ 分类概括

对于上面活动中的分布列,可以根据它们的特点进行分类.

> 当随机变量取所有值的概率均相等时,称为等可能分布或者均匀分布.

例如活动中的①②.

> 当随机变量只取两个值0和1时,称为伯努利分布、0—1分布或者两点分布.

例如活动中的①③.

有了这些简单的分布列,我们就可以研究更为复杂的随机变量的分布列.

例题 3 (1)掷两颗均匀骰子,研究点数之和 Z 的分布列.

(2)某人参加射击比赛,击中目标的概率是 0.4,每次射击互相独立,设 ξ 为他射击 5 次时击中目标的次数,求随机变量 ξ 的分布列.

解析 (1)设掷两颗骰子的点数分别为 X_1,X_2 则,

$$P(Z=2)=P(X_1=1)\cdot P(X_2=1)=\frac{1}{36},$$

$$P(Z=3)=P(X_1=1)\cdot P(X_2=2)+P(X_1=2)\cdot P(X_2=1)=\frac{2}{36},$$

……

因此,随机变量 Z 的分布列如下表所示

Z	2	3	4	5	6	7	8	9	10	11	12
P	$\frac{1}{36}$	$\frac{2}{36}$	$\frac{3}{36}$	$\frac{4}{36}$	$\frac{5}{36}$	$\frac{6}{36}$	$\frac{5}{36}$	$\frac{4}{36}$	$\frac{3}{36}$	$\frac{2}{36}$	$\frac{1}{36}$

(2)设射击 1 次时击中目标的次数为 X,则 $P(\xi=k)=C_5^k[P(X=1)]^k[P(X=0)]^{5-k}=C_5^k\left(\frac{2}{5}\right)^k\left(1-\frac{2}{5}\right)^{5-k}.$

因此,随机变量 ξ 的分布列如下表所示.

ξ	0	1	2	3	4	5
P	$\frac{243}{3125}$	$\frac{162}{625}$	$\frac{216}{625}$	$\frac{144}{625}$	$\frac{48}{625}$	$\frac{32}{3125}$

活动 2 比较复杂的分布列可以直接计算,也可以转化为比较简单的分布列,请各位同学结合本节课中出现的简单的分布列,课后分小组查找资料,研究分布列的分类还有哪些.(提示:

有以分布列本身特点命名的,如均匀分布、二项分布、超几何分布等;也有以研究者命名的,如伯努利分布、泊松分布等)

有了分布列,就可以整体地研究随机现象,你还能提出什么问题?(提示:既然是整体,你们关不关心平均值呢?例如掷两颗均匀骰子,点数和的平均数是多少?有了平均数的概念,那有没有方差这个概念呢?)

设计意图:例题3检测学生对本节课内容的掌握程度,培养学生的应用能力,起到"承前"的作用;活动2既调动学生学习的积极性和思维能力,又为学习随机变量的特征做铺垫,起到"启后"的功能.

③ 总结联系

知识维度	随机变量—离散型随机变量—分布列—分布列的性质及分类
方法维度	利用随机变量建立随机现象与实数空间之间的关联;利用列表形式(分布列)反映随机变量的整体特征
思想维度	量化随机现象,利用函数思想整体研究随机现象

教学评价

① 核心特色

本教学设计围绕着随机变量及其分布列逐渐展开:从大量学生熟悉的随机现象出发,逐步量化,慢慢引入随机变量的概念,让学生体会到使用随机变量描述随机现象的便捷之处;通过概念辨析,在引入分布列的基础上,结合具体实例,让学生利用所学的分布列去解决简单的实际问题,并引导他们进行严格、准确的表述;最后环节给了学生很多可以深入探索的空间,充分调动了学生的积极性与求知欲.

② 难点突破

分布列的整体性观念是本节课的教学难点.在讲解整体性时,要关注随机变量取值的不重复性和分布列的整体性与集合中不重不漏之间的内在联系.具体可以体现在不同的环节:在随机变量概念引入环节,强调随机现象的全面性;在分布列计算环节,一定要强调列表的完整性,进而指出所有概率之和为1就是分布列整体性的体现;在巩固练习环节中,用整体性来检验自己的计算是否准确、分布列是否正确.此外,分布列来源于实际,本节课为学生提供大量的实例,引导学生探寻、发现、反思分布列的整体性.

③ 效果检测

检测1:判断下列各变量,哪些是随机变量,哪些不是随机变量.在随机变量中,哪些是离散型随机变量.

① 某国际机场候机厅里某日的旅客数量;

② 体积为 1 000 cm³ 的球的半径;

③ 在一次抽奖活动中,设置一、二、三等奖,某人中奖的奖次;

④ 某日某地的长江水位.

检测点:用随机变量刻画随机现象,了解离散型随机变量的概念.

检测 2:在一次抽奖活动中,每花费 10 元可获得 1 张券.假设 10 张券中有一等奖 1 张,可获得价值 50 元的奖品;有二等奖 3 张,每张可获得价值 10 元的奖品;其余 6 张没有奖品.某顾客花费 20 元从这 10 张券中任抽 2 张,求该顾客获得的总收益 X 的分布列.

检测点:根据实际问题严格、准确地表述并使用随机变量,感悟随机变量与随机现象的关系.

检测 3:下列选项中,属于分布列的是(   ).

A. $\begin{pmatrix} 0 & 1 \\ 1 & 1 \end{pmatrix}$

B. $\begin{pmatrix} -1 & 0 & 1 \\ \frac{1}{2} & \frac{1}{3} & \frac{1}{6} \end{pmatrix}$

C. $\begin{pmatrix} 1 & 2 & 3 \\ \frac{1}{2} & \frac{1}{4} & \frac{1}{8} \end{pmatrix}$

D. $\begin{pmatrix} 1 & 1.2 & 2 & 2.4 \\ -0.5 & 0.5 & 0.3 & 0.7 \end{pmatrix}$

检测点:离散型随机变量分布列的性质.

检测 4:设离散型随机变量 X 的分布列为 $\begin{pmatrix} 0 & 1 & 2 & 3 & 4 \\ 0.2 & 0.1 & 0.1 & 0.3 & m \end{pmatrix}$,求:

(1) $2X+1$ 的分布列;(2) $|X-1|$ 的分布列.

检测点:通过计算概率来完成离散型随机变量分布列,理解离散型随机变量分布列.

检测 1:①③④是随机变量,②不是随机变量,①③是离散型随机变量.

检测 2:

X	-20	-10	0	30	40
P	$\frac{1}{3}$	$\frac{2}{5}$	$\frac{1}{15}$	$\frac{2}{15}$	$\frac{1}{15}$

检测 3:B.

检测 4:(1) $\begin{pmatrix} 1 & 3 & 5 & 7 & 9 \\ 0.2 & 0.1 & 0.1 & 0.3 & 0.3 \end{pmatrix}$. (2) $\begin{pmatrix} 0 & 1 & 2 & 3 \\ 0.1 & 0.3 & 0.3 & 0.3 \end{pmatrix}$.

(华东师范大学附属东昌中学 顾冬磊)

7.3 随机变量的数字特征

教学分析

1. 学科分支思想

统计思想:以数据分析为核心的数据整理、推断和决策的过程

2. 单元主题划分

单元主题:随机变量的分布与特征

单元划分:随机变量的数字特征(共 2 课时,第 1 课时主要讲解随机变量的期望,第 2 课时主要讲解随机变量的方差.本教学设计针对第 1 课时,时长为 40 min)

3. 教学主线设计

问题引入—公式推导—公式运用—拓展应用

4. 知识内容结构

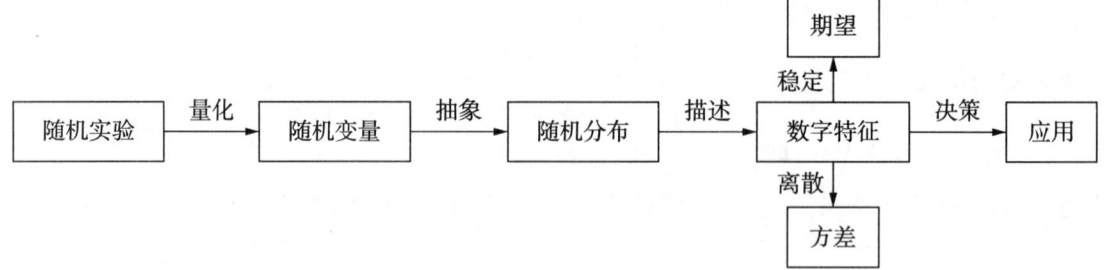

5. 核心问题思考

核心问题:如何定义随机变量的期望?

问题 1:随机变量的期望如何计算?

问题 2:随机变量的期望的性质是什么?

问题 3:随机变量的期望的意义是什么?

6. 学生特征分析学生

(1) 学生已经学习了概率统计及随机变量的分布等内容,也学习了排列与组合等数学运算的相关知识.

(2) 学生对复杂的概率问题很难构建数学模型,不能用数学观点进行抽象,尤其缺乏的是对随机变量描述的能力.

7. 教学目标确定

(1) 通过具体实例,明确学习随机变量的期望的必要性.

(2) 经历对离散型随机变量的期望的概念的探究,体会由特殊到一般的数学思想.

(3) 理解随机变量的期望的公式及性质,正确运用期望公式求解随机变量的期望.

(4) 通过解决具体实例中的问题,明确数学期望的意义.

(5) 通过计算和分析随机变量的数字特征,培养数学运算和数据分析的核心素养,体会数据外在的随机性和内在的规律性.

8. 数学课程类型

数学定理(公式)课

教学设计

教学环节1 问题引入阶段——创设情境、建立模型、探究方法

教学问题1 什么是随机变量的期望?

①创设情境

情境1 设9个数分别为4,5,5,6,8,8,8,9,10,这9个数的平均值是多少?

情境2 某人射击所得环数 ξ 的分布列如下表所示. 如何根据已知的分布列估计 n 次射击的平均环数呢?

ξ	5	6	7	8	9	10
P	0.04	0.06	0.09	0.29	0.3	0.22

情境3 在一次赌博中,事先约定各押32个金币,并以赢了3分为胜. 在甲赢2分、乙赢1分的情况下,赌博因故中断,这64个金币的赌注应该如何分配才合理呢?

设计意图:从常见的情境入手,让学生回顾已经学习的知识,激发学生的探究欲望.

②建立模型

问题1 如何计算情境2中的平均环数?如何合理分配情境3中的64个金币的赌注?这就需要寻找一个合理的数学工具——期望来解决这些问题.

设计意图:通过简单建模,把实际问题转化为数学问题.

③探究方法

计算情境1中的平均值是非常简单的,可以将平均值的计算方法换一个形式,例如 $\frac{4+5+5+6+8+8+8+9+10}{9} = \frac{1}{9} \times 4 + \frac{2}{9} \times 5 + \frac{1}{9} \times 6 + \frac{3}{9} \times 8 + \frac{1}{9} \times 9 + \frac{1}{9} \times 10 = 7$,即利用频率来计算,如下表所示.

取值 ξ	4	5	6	8	9	10
频数 n	1	2	1	3	1	1

续表

频率 $\frac{n}{9}$	$\frac{1}{9}$	$\frac{2}{9}$	$\frac{1}{9}$	$\frac{3}{9}$	$\frac{1}{9}$	$\frac{1}{9}$

类似地,可以计算出情境 2 中的平均环数. 在 n 次射击中,

$$P(\xi=5)\times n=0.04n \text{ 次得 } 5 \text{ 环},$$

$$P(\xi=6)\times n=0.06n \text{ 次得 } 6 \text{ 环},$$

……

$$P(\xi=10)\times n=0.22n \text{ 次得 } 10 \text{ 环}.$$

n 次射击的总环数约等于 $5\times 0.04\times n+6\times 0.06\times n+\cdots+10\times 0.22\times n=(5\times 0.04+6\times 0.06+\cdots+10\times 0.22)\times n$.

因此,n 次射击的平均环数约等于 $5\times 0.04+6\times 0.06+\cdots+10\times 0.22=8.41$.

类似于上述求解的平均值,在概率论中我们称为数学期望,简称期望.

> 如果把概率作为权重,对随机变量的相应取值进行加权平均后得到的值,就称为随机变量的期望.

设计意图:类比平均值(频率)的计算,引出期望的概念.

▶**教学环节 2** 公式推导阶段——公式推导、意义分析、性质研究

▶**教学问题 2** 如何计算随机变量的期望?

① **公式推导**

问题2 一般地,若离散型随机变量的分布列为 $\begin{pmatrix} x_1 & x_2 & \cdots & x_n \\ p_1 & p_2 & \cdots & p_n \end{pmatrix}$,则如何求解这个离散型随机变量的期望?

> 根据期望的概念,若离散型随机变量 X 的分布列为 $\begin{pmatrix} x_1 & x_2 & \cdots & x_n \\ p_1 & p_2 & \cdots & p_n \end{pmatrix}$,则该离散型随机变量的期望 $E(X)=x_1p_1+x_2p_2+\cdots+x_np_n=\sum_{i=1}^{n}x_ip_i$.

设计意图:根据期望的概念及类比平均值(频率)的计算,得到随机变量的期望公式.

② **意义分析**

随机变量的期望是一个确定的数,反映随机变量取值的平均状况. 它是将随机变量不同取值的差异抹平后的结果,但是必须在多次重复试验中才可以明显地体现出来. 例如掷一颗骰子,朝上一面的点数的期望为 3.5,不是一个整数,但是如果重复掷一颗骰子 N 次,所得的

点数分别是 $x_1, x_2, x_3, \cdots, x_N$,那么当 N 很大时,平均点数必定逼近于期望 3.5,这个结果类似于伯努利大数定律.因此,样本期望具有随机性,它围绕随机变量的期望波动.随着重复试验次数的增加,样本期望的波动幅度一般会越来越小.因此,我们常用随机变量的观测值的期望去估计随机变量的期望.另外,期望综合了随机变量的取值和取值的概率,反映了随机变量的平均水平,类似于一个物体的重心.

⟨3⟩ 性质研究

类比总体样本中的平均数、加权平均数的概念,分析并理解随机变量的结构、均值和性质.

	样本	样本增多	随机变量
结构	$x_1, x_2, \cdots, x_n$	m_1 个 x_1, m_2 个 $x_2, \cdots, m_n$ 个 x_n；x_1 的频率为 f_1, x_2 的频率为 $f_2, \cdots, x_n$ 的频率为 f_n	分布列: $\begin{pmatrix} x_1 & x_2 & \cdots & x_n \\ p_1 & p_2 & \cdots & p_n \end{pmatrix}$
均值	$\bar{x} = \dfrac{x_1 + x_2 + \cdots + x_n}{n}$	$\bar{x} = \dfrac{m_1 x_1 + m_2 x_2 + \cdots + m_n x_n}{m_1 + m_2 + \cdots + m_n}$ $= f_1 x_1 + f_2 x_2 + \cdots + f_n x_n$	期望: $E(X) = x_1 p_1 + x_2 p_2 + \cdots + x_n p_n$
性质	$kx_i + b$ 的平均数为 $k\bar{x} + b (1 \leqslant i \leqslant n; k, b$ 为实数)	m_i 个 $(kx_i + b), kx_i + b$ 的频率为 f_i,平均数为 $k\bar{x} + b (1 \leqslant i \leqslant n; k, b$ 为实数)	期望:$E(aX+b) = aE(X) + b(a, b$ 为实数$), E(X+Y) = E(X) + E(Y)$

设计意图:通过联想、对比,加深对概念的理解,让知识结构更加明了.

> **教学环节 3** 公式应用阶段——公式顺用、公式逆用、总结联系

> **教学问题 3** 如何运用随机变量的期望公式?

⟨1⟩ 公式顺用

例题 1 抛 2 枚硬币,用 X 表示正面数,求它的分布列及期望.

解析 这是一个古典概型问题,其基本事件有两正、两反、一正一反.

X 的取值可以为 0,1,2,因为 $P(X=0) = P(X=1) = \dfrac{1}{4}, P(X=2) = \dfrac{1}{2}$,所以 X 的分布列为 $\begin{pmatrix} 0 & 1 & 2 \\ \dfrac{1}{4} & \dfrac{1}{4} & \dfrac{1}{2} \end{pmatrix}$,期望 $E(X) = 0 \times \dfrac{1}{4} + 1 \times \dfrac{1}{4} + 2 \times \dfrac{1}{2} = \dfrac{5}{4}$.

例题 2 甲、乙两支篮球队的赛季总决赛采用 7 场 4 胜制.每场必须分出胜负,场与场之间互不影响,只要有一队获胜 4 场就结束比赛.现已进行了 4 场比赛,甲篮球队已胜 3 场.已知甲

篮球队第5场、第6场获胜的概率均为$\frac{3}{5}$,但由于体力原因,第7场获胜的概率为$\frac{2}{5}$.设X表示决出冠军的比赛场数,求X的分布列及期望.

解析 随机变量X的取值可以为5,6,7.

因为$P(X=5)=\frac{3}{5}$,$P(X=6)=(1-\frac{3}{5})\times\frac{3}{5}=\frac{6}{25}$,$P(X=7)=(1-\frac{3}{5})^2\times 1=\frac{4}{25}$,所以$X$的分布列为$\begin{pmatrix} 5 & 6 & 7 \\ \frac{3}{5} & \frac{6}{25} & \frac{4}{25} \end{pmatrix}$,期望$E(X)=5\times\frac{3}{5}+6\times\frac{6}{25}+7\times\frac{4}{25}=\frac{139}{25}$.

设计意图:理解公式的结构,运用公式求解随机变量的期望.

② 公式逆用

例题3 设某人射击所得环数X的分布列为$\begin{pmatrix} 7 & 8 & 9 & 10 \\ a & 0.1 & 0.3 & b \end{pmatrix}$,已知期望$E(X)=8.9$,求实数$a$和$b$的值.

> **思考**
> 求解随机变量的期望有哪些步骤?

解析 由随机分布的性质可知,$a+b=0.6$ ①.

$E(X)=8.9$,即$7\times a+8\times 0.1+9\times 0.3+10\times b=8.9$ ②.

由①②可得$\begin{cases} a=0.2, \\ b=0.4. \end{cases}$

设计意图:理解与运用期望公式,以求解未知参数.

③ 总结联系

知识维度	随机变量的期望的概念—期望的计算公式—期望的性质
方法维度	通过具体实例,抽象概括,提炼概念本质——直观想象、逻辑推理;公式正反运用,性质运用——直观想象、数学运算
思想维度	从特殊到一般,思考公式的探究,解决一般问题的意识;运用随机变量的期望模型解决实际问题

教学评价

① 设计特色

本教学设计紧紧围绕核心问题及问题链,通过情境引入、概念抽象、公式推导、结构剖析等进行知识展开,让学生能够更好地在已有知识的基础上进一步学习,抓住随机变量的期望的本质,通过类比平均值、频率的概念来加深学生对随机变量的期望的理解.同时,本教学设计在教学过程中,不仅关注数学知识和方法的教授,更注重从特殊到一般、从具体到抽象的数学思想的渗透;在知识应用方面,体现本章的重点、难点内容;在课堂小结中,从知识、方法、思想这三个维度进行总结,有利于不同发展水平的学生去学习.

② 难点突破

本节课的教学难点在于学生对离散型随机变量的期望的引入及对期望公式的理解.教学过程中通过引入大量的情境及类比平均值、频率的概念,让学生抓住随机变量的期望的关键点,从而实现对教学难点的突破;并通过对公式的顺用和逆用,让学生体会从实例到概念的过程,从而实现对概念的准确理解.要会区分随机变量的不同取值,它们可能是有限的,也可能是无限的,从有限到无限的飞跃是一个难点,也是将来继续学习的重要基础.

③ 效果检测

检测 1:已知随机变量 X 的分布列为 $\begin{pmatrix} 1 & 2 & 3 \\ 0.5 & 0.1 & 0.4 \end{pmatrix}$,求 $E(X)$.

检测点:期望的公式.

检测 2:若 $E(X)=10$,则 $E(3X+5)=$ _____.

检测点:期望的性质.

检测 3:已知随机变量 X 的分布列为 $\begin{pmatrix} a & 7 & 9 \\ b & 0.1 & 0.4 \end{pmatrix}$,若 $E(X)=6.3$,则 a 的值为(   ).

  A. 4   B. 5   C. 6   D. 7

检测点:期望公式的逆用.

检测 4:一个口袋中装有大小和质地均相同的 3 个白球和 1 个红球,从中有放回地摸球,每次摸出 1 个,有 3 次摸到红球即停止.记 4 次之内(含 4 次)摸到红球的次数为 X,求随机变量 X 的分布列及期望.

检测点:期望的实际应用.

参考答案

检测 1:$E(X)=1.9$. **检测 2**:35. **检测 3**:A.

检测 4:$,E(X)=\dfrac{255}{256}$.

$\begin{pmatrix} 0 & 1 & 2 & 3 \\ \dfrac{81}{256} & \dfrac{27}{64} & \dfrac{27}{128} & \dfrac{13}{256} \end{pmatrix}$

(上海市川沙中学　卢丙清)

7.4 超几何分布

教学分析

1. 学科分支思想

随机思想:研究随机现象,度量随机事件发生的可能性大小

2. 单元主题划分

单元主题:常用分布

单元划分:超几何分布(1课时,时长为 40 min)

3. 教学主线分析

情境—定义—性质—应用—联系

4. 知识内容结构

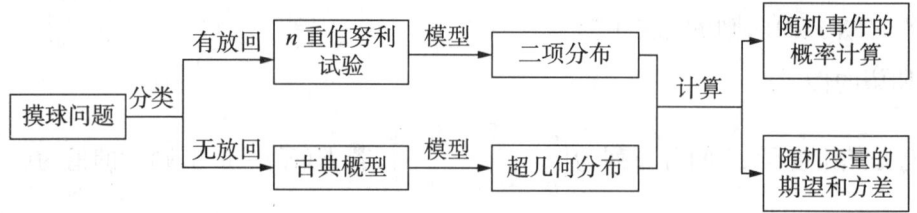

5. 核心问题思考

核心问题:如何理解超几何分布?

问题1:什么是超几何分布?

问题2:超几何分布有什么性质?

问题3:二项分布与超几何分布的区别与联系为何?

6. 学生特征分析

(1) 学生在前面已经了解了古典概型及伯努利试验,并学习了计算概率的一些重要方法,以及分布列的有关内容和二项分布的相关知识,本节课的内容是对前面所学知识的综合应用.

(2) 学生容易对二项分布与超几何分布这两种模型的区别与联系产生混淆,对模型数字特征的计算存在一定的困难.

7. 教学目标确定

(1) 通过具体情境,正确判断古典概型.

(2) 在具体实例中,正确掌握超几何分布的概念.

(3) 结合具体实例,充分了解超几何分布的分布列及其期望的计算.

(4) 结合随机现象的实例,准确掌握二项分布与超几何分布的区别与联系,逐步学会应用超几何分布解决一些简单的实际问题.

(5) 通过对超几何分布模型的理解,逐步发展学生数学抽象与逻辑推理的核心素养;通过对超几何分布模型数字特征的计算,逐步提升学生数学运算的核心素养.

8. 数学课程类型

数学概念课

教学环节 1 模型引入阶段——创设情境、情境分析、建立模型

教学问题 1 什么是超几何分布?

① 创设情境

情境 1 一个盒子中有大小和质地均相同的 6 个白球、4 个黑球,现在有放回地依次摸出 5 个球,摸出的白球个数记为 X,求它的分布列.

情境 2 一个盒子中有大小和质地均相同的 6 个白球、4 个黑球,现在不放回地依次摸出 5 个球,摸出的白球个数记为 X,求它的分布列.

设计意图:通过具体的问题情境,引发学生思考并积极参与互动,从而逐步引出超几何分布的概念.

② 情境分析

活动 1 针对情境 1 和情境 2,回答下面 4 个问题.

(1) 请写出情境 1 中的分布列.

(2) 情境 2 中的摸球试验与情境 1 中的有什么不同?

(3) 情境 2 中的摸球试验与古典概型有什么联系?

(4) 请写出情境 2 中的分布列.

设计意图:通过具体的问题情境,引导学生自己发现两种摸球试验的区别,并总结出超几何分布的概念.

③ 建立模型

> 从一个装有大小和质地均相同的 a 个白球、b 个黑球的袋中,随机且不放回地取出 n 个球,其中白球个数记为 X,X 的分布列是
> $$P(X=k)=\frac{C_a^k C_b^{n-k}}{C_{a+b}^n}, k \leqslant n, k \leqslant a, n-k \leqslant b.$$
> 如果随机变量 X 的分布列具有上式的形式,那么称随机变量 X 服从超几何分布.
> 约定:当 $k<0$ 或 $k>n$ 时,$C_n^k=0$.

教学环节 2 模型分析阶段——结构分析、特征分析、应用分析

教学问题 2 超几何分布有什么性质？

① 结构分析

名称	超几何分布
前提	假设某个有限总体包含 N 个元素，每个元素按其是否具有某种特征被分为两类，具有该种特征的元素个数为 a，其余元素个数为 $b(N=a+b)$
条件	采用不放回抽样方式从中抽取 n 个元素，令 X 表示其中具有该种特征的元素个数
结论	随机变量 X 服从超几何分布
分布	$P(X=k)=\dfrac{C_a^k C_b^{n-k}}{C_{a+b}^n}, k\leqslant n, k\leqslant a, n-k\leqslant b$； 可以得到随机变量 X 的分布列为 $\begin{pmatrix} 0 & 1 & 2 & \cdots & k & \cdots & n \\ \dfrac{C_a^0 C_b^n}{C_{a+b}^n} & \dfrac{C_a^1 C_b^{n-1}}{C_{a+b}^n} & \dfrac{C_a^2 C_b^{n-2}}{C_{a+b}^n} & \cdots & \dfrac{C_a^k C_b^{n-k}}{C_{a+b}^n} & \cdots & \dfrac{C_a^n C_b^0}{C_{a+b}^n} \end{pmatrix}$

设计意图：通过模型结构分析，让学生掌握超几何分布的概念及特点．

② 特征分析

例题 1 计算超几何分布模型的期望．

解析 根据超几何分布的概念，X 的期望 $E(X)=\sum\limits_{k} k \dfrac{C_a^k C_b^{n-k}}{C_{a+b}^n}$．

借助于已经证明的结论"随机抽样中抽样概率与抽样顺序无关"，用 X_k 表示第 k 次摸球的结果，如果是白球，那么 $X_k=1$，如果是黑球，那么 $X_k=0$．记 $X=X_1+X_2+\cdots+X_n$，

$$P(X_k=1)=\dfrac{a}{a+b}, P(X_k=0)=\dfrac{b}{a+b}.$$

因此，$E(X_k)=\dfrac{a}{a+b}$，从而可得

$$E(X)=E(X_1)+E(X_2)+\cdots+E(X_n)=\dfrac{na}{a+b}.$$

X 的期望为摸球的个数乘样本中白球的比例，这与放回摸球情况下取出的白球个数的期望是一样的．

设计意图：通过对超几何分布模型数字特征的计算，提升学生对模型的理解及数据运算能力．

③ 应用分析

例题 2 已知 100 件产品中有 8 件次品，现采用不放回的方式随机抽取 4 件．设抽取的 4 件

产品中次品数为 X，求 X 的分布列及期望．

解析 由题意可知，随机变量 X 服从超几何分布．

分布列：$P(X=k)=\dfrac{C_8^k C_{92}^{4-k}}{C_{100}^4}, k=0,1,2,3,4.$

期望：$E(X)=4\times\dfrac{8}{100}=0.32.$

设计意图：通过问题分析，让学生掌握超几何分布的概念及数字特征．

>**变式**
>（1）求抽取的 4 件产品中至少有 1 件次品的概率．
>（2）求抽取的 4 件产品中既有合格品又有次品的概率．

>**教学环节 3** 模型应用阶段——实际应用、拓展升华、总结联系

>**教学问题 3** 二项分布与超几何分布的区别与联系为何？

① 实际应用

例题 3 袋中有 100 个大小和质地均相同的小球，其中有 40 个黄球、60 个白球，从中随机摸出 20 个球作为样本，用 X 表示样本中黄球的个数．

（1）分别就有放回摸球和不放回摸球，求 X 的分布列．

（2）分别就有放回摸球和不放回摸球，用样本中黄球的比例估计总体中黄球的比例，求误差不超过 0.1 的概率．（结果精确到 0.000 1）

>**思考**
>袋中有 10 000 个大小和质地均相同的小球，其中有 4 000 个黄球、6 000 个白球，从中随机摸出 20 个球作为样本．用 X 表示样本中黄球的个数，分别就有放回摸球和不放回摸球，求 X 的分布列；并结合例题 3 的结果，思考二项分布与超几何分布的区别与联系．

解析 （1）采用有放回摸球，每次摸到黄球的概率为 0.4，且各个试验的结果是相互独立的，因此随机变量 X 服从二项分布，即 $X\sim B(20,0.4)$，分布列为

$$P_{1k}=P(X=k)=C_{20}^k\times 0.4^k\times 0.6^{20-k}, k=0,1,2,\cdots,20.$$

采用不放回摸球，各个试验的结果不独立，因此随机变量 X 服从超几何分布，分布列为

$$P_{2k}=P(X=k)=\dfrac{C_{40}^k C_{60}^{20-k}}{C_{100}^{20}}, k=0,1,2,\cdots,20.$$

（2）样本中黄球的比例 $f_{20}=\dfrac{X}{20}$ 是一个随机变量，由（1）的分布列可求得：

采用有放回摸球，分布列为 $P_1(|f_{20}-0.4|\leqslant 0.1)=P_1(6\leqslant X\leqslant 10)\approx 0.746\ 9$；

采用不放回摸球，分布列为 $P_2(|f_{20}-0.4|\leqslant 0.1)=P_2(6\leqslant X\leqslant 10)\approx 0.798\ 8.$

因此，在相同的误差限制下，采用不放回摸球的估计结果更可靠．

设计意图：通过例题解析，在具体的问题情境中，深化学生对二项分布和超几何分布的理解，发展学生的逻辑推理、数学抽象和数学运算核心素养．

② 拓展升华

活动2 请同学们思考并尝试解决以下问题：

巴拿赫火柴问题是一个古典概型问题,由波兰数学家巴拿赫提出.巴拿赫随身带着2盒火柴,分别放在2个衣袋里,每盒中有 n 根火柴,每次使用时便随机地从中取出1根、已知他将第1盒中火柴用完,求第2盒中剩下的火柴根数 r 的分布规律.

设计意图:通过介绍巴拿赫火柴问题,引发学生对离散型随机变量的概率计算问题的思考,让学生感受到数学与生活息息相关.

③ 总结联系

(1) 区别与联系

模型	抽样方式	每次试验结果	适用情境	联系
二项分布	有放回	独立	n 重伯努利试验	当调查研究的样本容量非常大且抽取的数量足够小时,在有放回地抽取与无放回地抽取的条件下,计算得到的概率非常接近,可以近似把超几何分布认为是二项分布
超几何分布	无放回	不独立	古典概型	

(2) 知识总结

知识维度	当 n 远小于 N 时,超几何分布(无放回) $\xrightarrow{近似}$ 二项分布(有放回)
方法维度	通过情境对比,区分模型特点,抽象模型概念——数学抽象;结合已学知识,总结概率分布,推导数字特征——数学运算
思想维度	加深对离散型随机变量的理解和认识;类比两种模型,揭示两者的辩证与统一;通过概率分布搭建概率和统计的桥梁

教学评价

① 核心特色

本教学设计从教学目标出发,设置基本的生活情境,从两个相似的问题情境中类比抽象出超几何分布的概念并与二项分布进行区分,让学生在原有的认知结构上生成新的认知点,从而在教学实践中基本达成目标;同时,引导学生归纳总结本节课中的概率模型,培养学生的数学建模素养,并通过具体的例题解决过程,让学生在数学情境中发现两个模型的本质联系.

本教学设计有较清晰的教学路径,从情境、概念、性质、应用到联系,前后能形成知识点、知识块,有助于学生数学核心素养的培养;此外,通过对离散型随机变量问题的探究,引发学生的思考,调动学生的积极性和求知欲,让学生感受到数学与生活息息相关.

2) 难点突破

学生容易对二项分布与超几何分布这两种模型的辨析产生混淆.在教学设计中,通过有放回地摸球和无放回地摸球问题,采用同一情境下两种不同的摸球方式分别进行讨论,通过具体问题的引导,让学生自己概括出超几何分布的特点,并与二项分布进行区分;此外,通过典型例题的分析,在加大总体样本个数的前提下,对比两种模型的计算结果,让学生体会到当调查研究的样本容量非常大时,在有放回地抽取与无放回地抽取的条件下,计算得到的概率非常接近,从而体会到两种模型的联系.

3) 效果检测

检测 1:已知 10 件产品中有 2 件次品,连续抽取 3 次,每次抽取 1 件,求:

(1) 不放回抽样时,抽取的次品数 ξ 的分布列及期望;

(2) 放回抽样时,抽取的次品数 η 的分布列及期望.

检测点:二项分布与超几何分布的分布列及数字特征.

检测 2:一批照明灯泡有 100 个,规定使用寿命达到 1 000 h 以上的灯泡为合格品,使用寿命不足 1 000 h 的灯泡为不合格品.从这批灯泡中抽样,若采用抽样方案(5,0),即从这批灯泡中随机抽取 5 个,若全部合格,则验收这批灯泡,否则放弃这批灯泡.

(1) 假定生产方和使用方约定,允许有 3% 的不合格率,实际上这批灯泡中有 7 个不合格品.经检测,这批灯泡未通过验收的概率有多大?(结果精确到 0.001)

(2) 现已知这批灯泡中有 2 个不合格品,写出抽样方案中合格品个数的分布列,并求这批灯泡通过验收的概率.(结果精确到 0.001)

检测点:两种模型的辨析及超几何分布的分布列.

参考答案

检测 1:(1) $P(\xi=k)=\dfrac{C_2^k C_8^{3-k}}{C_{10}^3}, k=0,1,2; E(\xi)=\dfrac{3\times 2}{10}=\dfrac{3}{5}$.

(2) $P(\eta=k)=C_{10}^3 \times 0.2^k \times 0.8^{3-k}, k=0,1,2; E(\xi)=3\times\dfrac{1}{5}=\dfrac{3}{5}$.

检测 2:(1) 0.310. (2) $\begin{pmatrix} 3 & 4 & 5 \\ \dfrac{1}{495} & \dfrac{19}{198} & \dfrac{893}{990} \end{pmatrix}$, 0.902.

(上海市沪新中学 王鑫鑫)

7.5 正态分布

教学分析

1. 学科分支思想

随机思想:用密度函数度量随机事件发生的可能性大小

2. 单元主题划分

单元主题:常用分布

单元划分:正态分布(1课时,时长为40 min)

3. 教学主线分析

定义—表示—性质—意义—应用

4. 知识内容结构

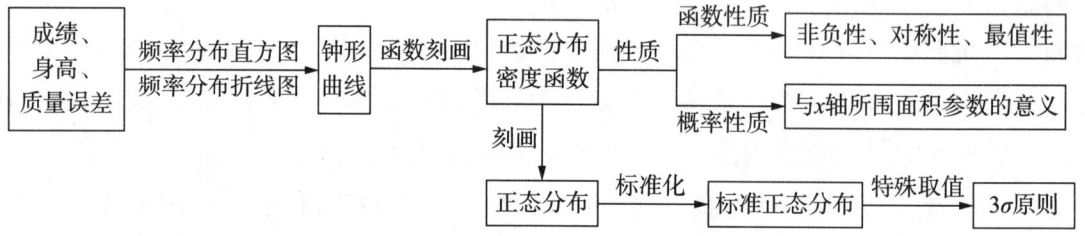

5. 核心问题思考

核心问题:如何研究连续型随机变量?

问题1:什么是正态分布?

问题2:正态分布密度函数有什么性质?

问题3:正态分布有什么应用?

6. 学生特征分析

(1) 学生能够画出所给数据的频率分布直方图和频率分布折线图,且已经学习了二项分布和超几何分布,对离散型随机变量及其分布有了一定的认识,具有一定的统计思想和数据分析能力.

(2) 学生第一次接触连续型随机变量及其分布密度函数,对于从离散型随机变量的频率分布直方图得到连续型随机变量的分布密度函数,在认知上存在一定困难.

7. 教学目标确定

(1) 在日常生活的情境中,充分体会连续型随机变量的存在,建立数据分布的概念.

(2) 绘制频率分布直方图,正确理解正态曲线的来源,建立钟形曲线的直观印象.

(3) 探索正态分布密度函数,系统了解正态曲线的特点及其表示的意义,借助直观图形了

解参数 μ 和 σ 的意义.

(4) 在解决实际问题的过程中,充分了解符合正态分布的随机变量取值的 3σ 原则.

(5) 在探究正态分布的过程中,逐步培养数据分析和数学建模的核心素养,进一步深入理解连续型随机变量在解决实际问题时的作用.

8. 数学课程类型
数学概念课

教学环节 1　模型引入阶段——情境创设、数据分析、模型建构

教学问题 1　正态曲线是如何获得的?

① 情境创设

情境 1　采集全班 50 名同学的数学月考成绩,利用 TI-Nspire 图形计算器,绘制频率分布直方图,如图 7.5-1 所示,观察数据分布有何特点.

情境 2　采集全班 50 名同学的身高,利用 TI-Nspire 图形计算器,绘制频率分布直方图,如图 7.5-2 所示,观察数据分布有何特点.

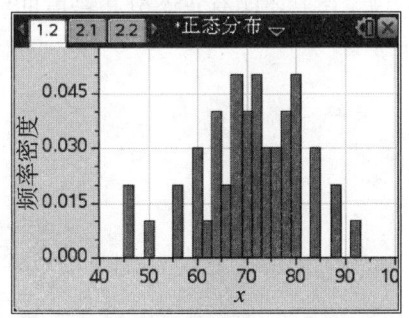

图 7.5-1

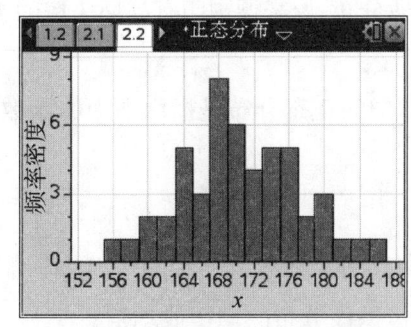

图 7.5-2

情境 3　自动流水线包装的食盐的质量误差频率分布直方图如图 7.5-3 所示,观察数据分布有何特点.

设计意图:通过随机收集的三组数据,引导学生观察数据分布具有中间高、两头低、左右大致对称的规律,感受正态分布在日常生活中随处可见.

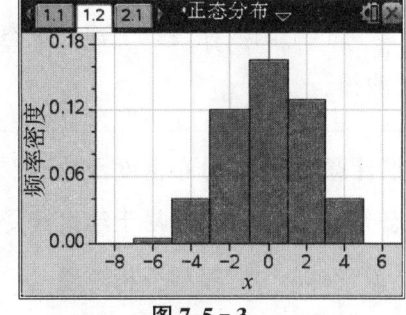

图 7.5-3

② 数据分析

活动 1　学生分组进行高尔顿板试验,教师引导学生画出频率分布折线图. 观察发现,随着试验次数不断增加,组距不断变小,数据呈现中间高、两头低、左右大致对称的"钟形"分布,频率分布折线图越来越光滑,如图 7.5-4 和图 7.5-5 所示.

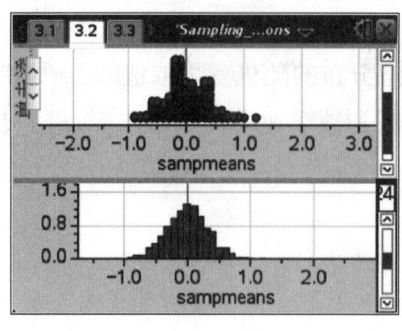
图 7.5-4

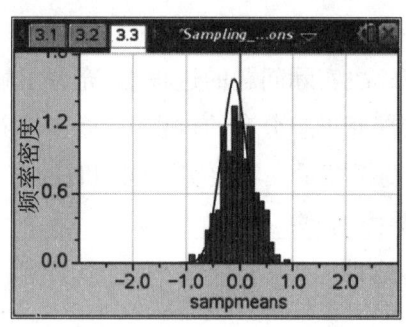
图 7.5-5

设计意图：随机收集的数据数量还不够多，不能很好地体现数据呈正态分布的规律，因此以高尔顿板试验为载体，引导学生直观认识钟形曲线．随着试验次数增加，组距变小，频率分布折线图变光滑，形成正态分布密度曲线，实现了由离散型随机变量到连续型随机变量的过渡，突破学生由离散到连续的认知障碍．

③ 模型建构

正态分布是应用最广泛的一种连续型分布．早在 18 世纪 30 年代，棣莫弗、斯特林等数学家经过十几年的努力，应用求导、对数、无穷级数、积分、变量代换等数学方法推导出这条正态曲线的解析式．数学家高斯在研究测量误差的概率分布时首先用它来刻画误差分布，因此正态分布又称为高斯分布．原来德国印有高斯头像的 10 马克钞票，其上还印有正态分布密度曲线．

数学中的正态分布是指由下面的函数表达的分布：

$$\varphi_{\mu,\sigma^2}(x)=\frac{1}{\sqrt{2\pi\sigma^2}}e^{\frac{(x-\mu)^2}{2\sigma^2}}, -\infty<x<+\infty.$$

其中有两个参数：

(1) μ 是该分布的期望或均值；

(2) σ^2 是该分布的方差，且总是假设 $\sigma>0$．

这个函数在数学上称为正态分布密度函数，因其图像如同钟形，正态曲线又称为钟形曲线．

设计意图：正态分布密度函数的推导超出了高中生的认知能力，因此从数学史的角度介绍正态分布密度函数，既易于学生接受，又渗透了数学的文化价值．

> **教学环节 2** 模型分析阶段——性质分析、参数分析、意义分析

> **教学问题 2** 正态分布密度函数的性质和意义是什么？

① 性质分析

活动 2 利用 TI-Nspire 图形计算器画出正态分布密度函数的图像，观察正态曲线的性质，

如图 7.5-6 所示.

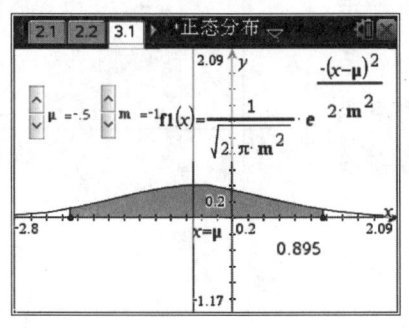

正态分布密度函数的性质	
非负性	曲线位于 x 轴上方,与 x 轴不相交
对称性	曲线是单峰的,它关于直线 $x=\mu$ 对称
最值性	曲线在 $x=\mu$ 处达到峰值 $\dfrac{1}{\sqrt{2\pi\sigma^2}}$
定值性	曲线与 x 轴之间的面积为 1

图 7.5-6

设计意图:正态曲线一方面是函数图像,另一方面用于刻画随机变量的概率分布规律,因此利用 TI-Nspire 图形计算器,从函数和概率这两方面探究正态曲线的特点.

⟨2⟩ **参数分析**

活动3 利用 TI-Nspire 图形计算器调节参数 μ,σ 的值,观察正态曲线的形状与 μ,σ 的关系,如图 7.5-7 和图 7.5-8 所示.

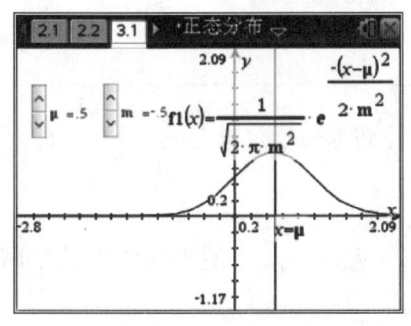   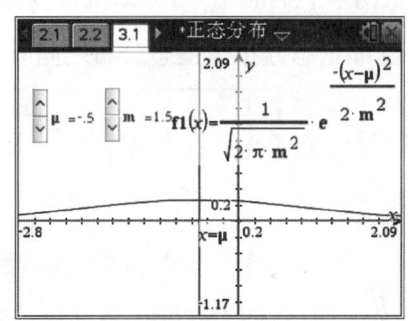

图 7.5-7   图 7.5-8

μ 和 σ 对正态曲线的影响	
当 σ 一定时	曲线的位置由 μ 确定:曲线随着 μ 的变化而沿 x 轴平移
当 μ 一定时	曲线的形状由 σ 确定:σ 越小,曲线越"高瘦",表示总体的分布越集中;σ 越大,曲线越"矮胖",表示总体的分布越分散

设计意图:利用 TI-Nspire 图形计算器探究 μ 和 σ 对正态曲线的影响,调动学生学习的热情和主动性.

⟨3⟩ **意义分析**

探究 1 在高尔顿板试验中,如何计算小球落在某个区间 (a,b) 内的概率?

探究 2 随机变量 X 有什么特点,影响 X 的因素有哪些?

设 X 是一个取实数值的随机变量,如果对于任何给定的实数 a 和 $b(a<b)$,X 落在区间 (a,b) 上的概率 $P(a<X<b)$ 等于 $y=0, x=a, x=b$ 三条直线与正态分布密度函数 $y=\varphi_{\mu,\sigma^2}(x)$ 所围的区域的面积(或者简称作此函数在该区间上的面积,如图 7.5-9 所示),那么 X 服从正态分布.更准确地说,X 服从参数为 μ 和 σ^2 的正态分布,记作 $X \sim N(\mu, \sigma^2)$.

当 $\mu=0, \sigma^2=1$ 时,相应的正态分布称为标准正态分布,记作 $X \sim N(0,1)$,其密度函数 $y=\dfrac{1}{\sqrt{2\pi}} e^{-\frac{x^2}{2}}$,$-\infty<x<+\infty$ 称为标准正态分布的密度函数,记作 $y=\varphi(x)$.

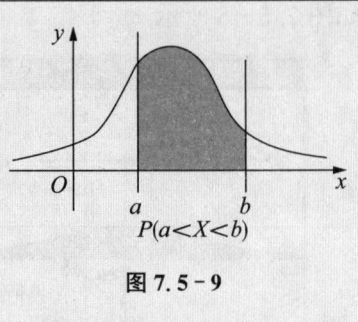

图 7.5-9

设计意图:引导学生建立适当坐标系,认识到小球的落点可看成一个随机变量 X,计算小球落在某个区间 (a,b) 内的概率即计算曲边梯形的面积.进一步感受,如果一个量是由许多微小的独立随机因素影响的结果,那么就可以认为这个量服从正态分布.

探究3 标准正态分布与正态分布之间有何关系?

如果 $X \sim N(\mu, \sigma^2)$,那么 X 平移、伸缩后将服从标准正态分布,即 $\dfrac{X-\mu}{\sigma} \sim N(0,1)$ 成立.

用 $\varphi(x)$ 表示标准正态分布的密度函数 $y=\varphi(x)$ 从 $-\infty$ 到 x 的累计面积,如图 7.5-10 和图 7.5-11 所示,称为标准正态分布函数.$y=\phi(x)$ 满足 $\phi(-x)=1-\phi(x)$.

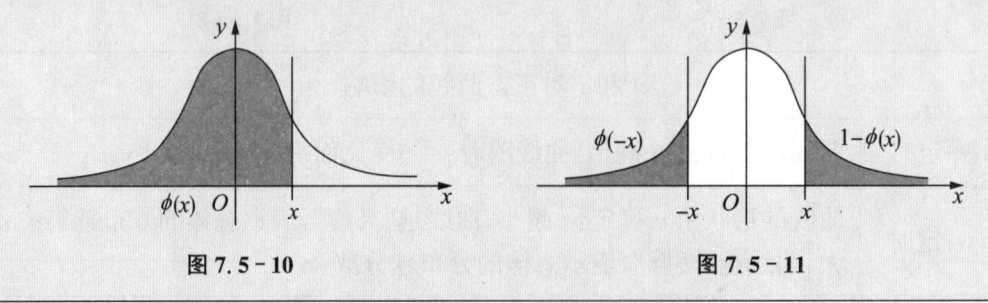

图 7.5-10 图 7.5-11

设计意图:计算正态分布落在任意区间内的概率不好求,因此往往将其转化为标准正态分布进行求解.通过探究活动,帮助学生更好地理解和应用标准正态分布.

教学环节3 模型应用阶段——实际应用、取值规律、总结联系

教学问题3 正态分布如何应用?

①实际应用

例题1 某公司生产的糖果,每包的标识质量是 500 g,但公司承认实际质量存在误差.已知

每包糖果的实际质量服从 $\mu=500, \sigma^2=2.5^2$ 的正态分布,求随意买 1 包糖果,其质量误差超过 5 g(1%)的可能性有多大.(结果精确到 0.1%)

解析 用 X 表示每包糖果的质量,由题意可知 $X \sim N(500, 2.5^2)$. 要求 $|X-500|>5$ 的概率,即求 $P(|X-500|>5)$ 的值. 令 $Y = \dfrac{X-500}{2.5}$,则 $Y \sim N(0,1)$. 于是,就有 $P(|X-500|>5) = P(|Y|>2) = P(Y>2) + P(Y<-2) = 2\phi(-2) = 2[1-\phi(2)] \approx 2 \times (1-0.9772) = 0.0456 \approx 4.6\%$,因此质量误差超过 5 g 的可能性约是 4.6%.

设计意图:在实际情境中利用正态分布计算随机变量取值的概率,体会正态分布的应用价值.

❷ 取值规律

例题 2 设 $X \sim N(2, 2.5^2)$,$Y \sim N(3.5, 0.8^2)$. 利用 TI-Nspire 图形计算器分别求 $|X-2|<2.5$,$|X-2|<5$,$|X-2|<7.5$,$|Y-3.5|<0.8$,$|Y-3.5|<1.6$,$|Y-3.5|<2.4$ 的概率.(结果精确到 0.1%)

解析 在 TI-Nspire 图形计算器中,利用概率计算函数"norm Cdf(a,b,μ,σ)"计算以上概率,如图 7.5-12 所示.

图 7.5-12

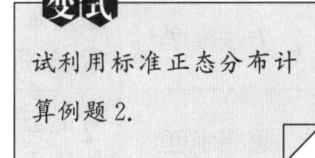

变式 试利用标准正态分布计算例题 2.

设计意图:借助 TI-Nspire 图形计算器内置的概率计算函数解决问题,同时引发学生对结果的思考,引出 3σ 原则.

例题 3 设 X 为任取的有包装误差的某袋产品的质量,且 $X \sim N(\mu, \sigma^2)$,分别求 $|X-\mu|<\sigma$,$|X-\mu|<2\sigma$,$|X-\mu|<3\sigma$ 的概率.(结果精确到 0.1%)

解析 令 $Y = \dfrac{X-\mu}{\sigma}$,则 $P(|X-\mu|<\sigma) = P(|Y|<1)$. 而 $P(|Y|<1)$ 是标准正态分布的密度函数在区间 $(-1,1)$ 上的面积,它等于函数在区间 $(-\infty,1)$ 上的面积减去函数在区间 $(-\infty,-1)$ 上的面积. 这样就有

$$P(|Y|<1) = \phi(1) - \phi(-1) = \phi(1) - [1-\phi(1)] = 2\phi(1) - 1$$
$$\approx 2 \times 0.8413 - 1 = 0.6826 \approx 68.3\%.$$

同理，$P(|Y|<2)=2\phi(2)-1\approx2\times0.9772-1=0.9544\approx95.4\%$，
$$P(|Y|<3)=2\phi(3)-1\approx2\times0.9987-1=0.9974\approx99.7\%.$$

因此随意购买 1 袋该产品，其质量约有 68.3% 的可能性在 μ 左右 σ 的范围内，约有 95.4% 的可能性在 μ 左右 2σ 的范围内，约有 99.7% 的可能性在 μ 左右 3σ 的范围内. 如图 7.5-13 所示，我们称为正态分布的 3σ 原则.

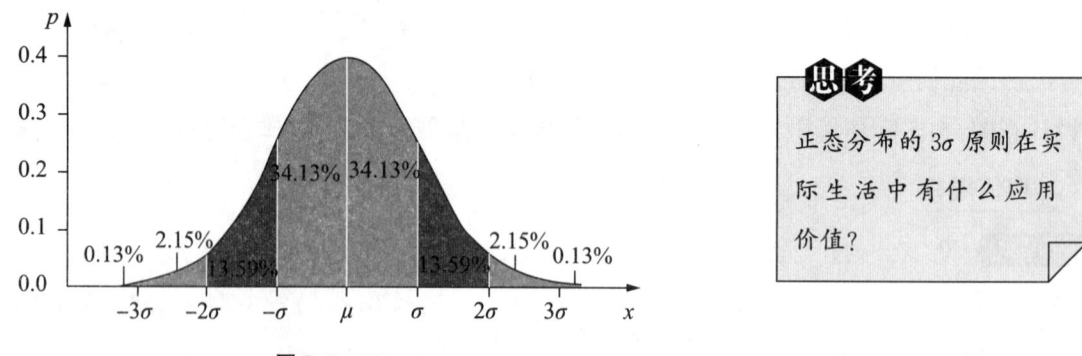

图 7.5-13

思考

正态分布的 3σ 原则在实际生活中有什么应用价值？

设计意图：利用误差模型，帮助学生在解决实际问题的过程中了解正态分布的概率取值规律.

 **总结联系**

知识维度	钟形曲线—正态曲线—正态分布
方法维度	通过随机试验，观察数据分布，建立数学模型——数学建模；借助信息技术，分析密度函数，获得概率性质——数学探究
思想维度	对正态分布的意义与价值的理解和认识；对统计思维与确定性思维差异性的认识

教学评价

① 核心特色

本教学设计围绕"如何研究连续型随机变量"这一核心问题，遵循数学知识的发生、发展过程，将信息技术与数学教学进行了有效的整合，引导学生经历了从直观感知、操作确认到思辨论证的过程，有效突破了学生不知道正态曲线从何而来、密度函数有何性质的认知困难. 教学设计中通过引入大量的现实情境和数学试验，让学生亲自参与正态分布知识的发现、构建和形成的过程，培养了学生的随机思想和模型思想，同时让学生深刻体会到数学来源于生活，生活处处是数学.

② 难点突破

学生对从离散型随机变量的频率分布直方图得到连续型随机变量的分布密度函数存在

认知上的困难,另外,正态分布密度函数具有的性质也是本节课的难点.因此,在教学设计上充分利用 TI-Nspire 图形计算器,演示高尔顿板试验,随着试验次数增加,组距变小,频率分布折线图变光滑,形成正态分布密度曲线,实现了由离散型随机变量到连续型随机变量的过渡,帮助学生突破由离散到连续的认知障碍;在给出正态曲线的解析式后,引导学生利用 TI-Nspire 图形计算器,从函数性质和概率性质这两方面自主探索正态曲线的特点.信息技术不仅使知识直观化,还能让学生自主发现结论,体会掌握知识的快乐.

③ 效果检测

检测 1:若正态分布密度函数 $f(x)=\dfrac{1}{\sqrt{8\pi}}e^{-\frac{x^2}{2}}$,$-\infty<x<+\infty$,则总体的均值和标准差分别为_____.

检测点:对正态分布密度函数及其中参数意义的理解.

检测 2:下列给出的关于正态曲线的叙述中,正确的是( ).

  A. 曲线与 x 轴有交点

  B. 当 $x>\mu$ 时,曲线下降,当 $x<\mu$ 时,曲线上升

  C. 曲线关于直线 $x=\sigma$ 对称

  D. 曲线没有最高点

检测点:正态分布密度函数的性质.

检测 3:若随机变量 $X\sim N(2,\sigma^2)$,且 $P(2<X<4)=0.3$,则 $P(X<0)=$ _____.

检测点:正态分布的意义,数据分析.

检测 4:若 $X\sim N(\mu,\sigma^2)$,则 X 位于区间 $(\mu,\mu+\sigma)$ 内的概率约为多少?(结果精确到 0.1%)

检测点:正态分布概率取值的 3σ 原则.

检测 1:0 和 2. **检测 2**:B. **检测 3**:0.2. **检测 4**:34.1%.

(上海市建平中学 时杰)

第八章 成对数据的统计分析

本章导读

一、知识导读

① 知识起点

在必修课程中,我们系统经历了数据分析的整个过程,掌握了基本的抽样方法和统计图表,对单一变量的数据能够用样本估计总体的分布、数字特征和百分位数等.

② 知识核心

统计的研究对象是数据. 在本章中,我们将可以看到对两个变量的数据分析及其在实际问题中的应用价值,技术将很大程度地为成对数据的统计分析带来便利.

通过散点图对两个变量的成对数据进行直观的描述,相关分析和回归分析可以展现成对数据的相关性;通过 2×2 列联表描述两个分类变量的数据分布,可以采用 χ^2 检验数据的独立性. 本章揭示了成对数据之间的统计规律及其在技术层面的操作.

③ 知识系统

相关分析和回归分析是研究两个变量之间关系的互为补充的方法,相关分析描述了两个变量的相关程度,而回归分析则描述了两个变量的影响程度. 事实上,成对数据的统计方法是由两个变量的属性决定的,例如两个数值变量可以进行相关分析和回归分析,而两个分类变量可以检验其独立性.

④ 知识背景

相关分析和回归分析由英国的统计学家高尔顿首创,高尔顿在研究父母身高和子女身高的遗传问题时发现了数据之间的关系,并引入了相关系数和回归方程等概念,开创了生物统计学研究的先河.

⑤ 知识应用

无论是相关分析、回归分析,还是 χ^2 检验,都属于推断性统计方法,它们在因果分析、结果预测和抽样检验等方面有着广泛的应用.

⑥ 知识外部联系

在大数据时代的背景下,关于海量数据的深入分析成为迫在眉睫的难题,人们开始借助计算机等技术手段分析数据,寻找其背后的规律,"数据挖掘"这门计算机科学便应运而生.

二、主题及其课时划分

主题	课时划分
统计的分析:成对数据的相关分析	统计的思想:成对数据间的关系(1课时) 统计的分析:相关系数(1课时)
统计的分析:一元线性回归分析	统计的思想:一元线性回归分析的基本思想(1课时) 统计的应用:一元线性回归分析的应用举例(1课时)
统计的分析:2×2列联表	统计的分析:2×2列联表独立性检验(1课时) 统计的应用:独立性检验的具体应用(1课时)

三、知识内容结构

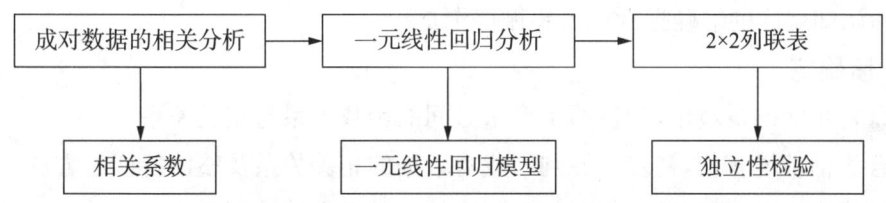

四、教学设计案例

本章将针对"相关系数""一元线性回归分析的基本思想""2×2列联表独立性检验"这三个重点课时的内容进行教学设计的案例建构.

8.1 相关系数

1. 学科分支思想

统计思想:以数据分析为核心的数据整理、推断和决策的过程

2. 单元主题划分

单元主题:成对数据的相关分析

单元划分:相关系数(1课时,时长为40 min)

3. 教学主线分析

情境—定义—定量—意义—应用—联系

4. 知识内容结构

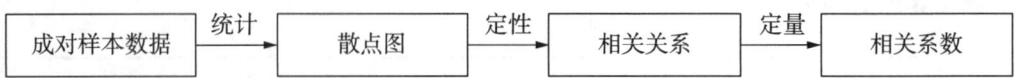

5. 核心问题思考

核心问题：如何研究成对数据的相关性？

问题1：成对数据存在相关关系的特征规律是什么？

问题2：如何定量分析成对数据的相关性？

问题3：如何用相关系数描述成对数据的线性相关性？

6. 学生特征分析

(1) 学生通过必修课程中统计内容的学习，已经初步建立了样本估计总体的思想，为本节学习成对数据的相关系数、推断变量之间的相关性奠定了基础.

(2) 学生在对多个数据相关性的认识从特殊到一般、从具体到抽象的学习过程中，对统计内容逻辑和认知规律的准确把握还需要循序渐进.

7. 教学目标确定

(1) 在日常生活的情境中，辨析两个变量之间的函数关系与相关关系.

(2) 结合生活情境实例，初步掌握判断成对数据的相关关系及整体特征的方法.

(3) 通过代数推理，理解用于判断相关程度的相关系数的计算公式.

(4) 基于相关系数的几何意义和向量解释，正确理解用相关系数描述相关程度的统计意义.

(5) 通过统计数据及进行相关性分析的过程，逐步培养数学建模和数据分析的核心素养，深刻体会样本与总体、感性经验与理性分析的辩证统一思想.

8. 数学课程类型

数学概念课

教学环节1 概念引入阶段——设置冲突、发现关系、辨析特征

教学问题1 成对数据存在相关关系的特征规律是什么？

①设置冲突

情境1 某年级各班学生本学期的数学课本数量与各班人数是否有关系？

情境2 某年级学生的体重与身高是否有关系？"一般而言，个子高的人往往体重较重，个子矮的人往往体重较轻"，这句话对吗？

设计意图：在研究现实生活中的某些现象时，经常会发现两个变量之间有关系，但密切程度又达不到函数关系的程度，此处通过设置冲突来引发学生对两个变量的相关关系的思考.

② 发现关系

> 如果两个变量之间有关系,但又没有确切到可由其中的一个去精确地决定另一个的程度,那么这种关系称为相关关系.两个变量对应的两组数据叫做成对数据.

活动1 分析下列变量是否具有相关关系,并说说它们的特征规律:

(1) 饮水机显示的温度 y 与加热时间 x;
(2) 子女的身高 y 与母亲的身高 x;
(3) 商品的销售收入 y 与广告支出 x;
(4) 空气污染指数 y 与汽车保有量 x.

在(1)中,某一确定加热时刻对应饮水机显示的实时温度是唯一确定的,所以它们是函数关系.在(2)(3)(4)中,通过生活经验可以判断,影响子女身高的因素不只是母亲的身高,广告支出也不是影响商品销售收入的唯一因素,除了汽车保有量还有很多其他因素都会影响空气污染指数.变量 y 的值都不能随变量 x 的值的确定而唯一确定,所以无法直接用函数去描述变量之间的这种关系,它们属于相关关系.

设计意图:通过实例辨析相关关系与函数关系的不同.

③ 辨析特征

活动2 在关于年龄和人体的脂肪含量之间关系的研究中,科研人员获得了一些年龄和脂肪含量的简单随机样本数据,你能根据下表判断人体的脂肪含量和年龄之间存在怎样的关系吗?

年龄/岁	23	27	39	41	45	49	50	53	54	56	57	58	60	61
脂肪含量/%	9.5	17.8	21.2	25.9	27.5	26.3	28.2	29.6	30.2	31.4	30.8	33.5	35.2	34.6

为了更加直观地描述上述成对样本数据中脂肪含量和年龄之间的关系,用横轴表示年龄、纵轴表示脂肪含量,将每对样本数据用直角坐标系中的点来表示,绘制出相应的散点图.如图8.1-1所示,整体呈现脂肪含量随年龄递增的趋势.

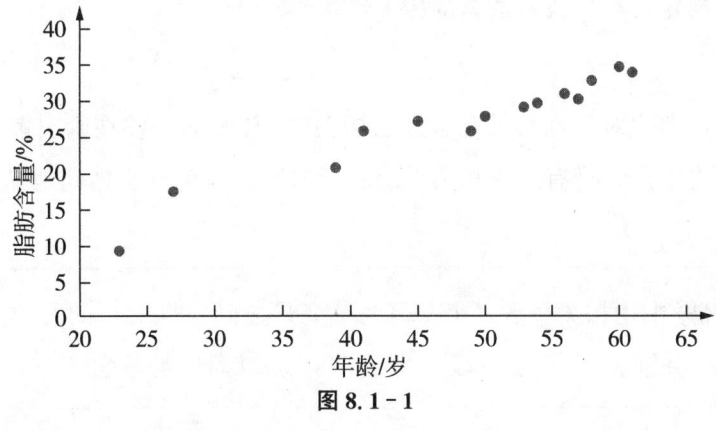

图 8.1-1

通过图像展示成对样本数据的变化特征,用直角坐标系中的点来表示,由这些点组成的统计图称为散点图.统计时,从整体上看,当一个变量的值增加时,如果另一个变量的相应值也呈现增加的趋势,就称这两个变量正相关;当一个变量的值增加时,如果另一个变量的相应值呈现减少的趋势,就称这两个变量负相关.

活动3 如图8.1-2所示,分析这些散点图是否具有相关关系,并说说它们的特征规律.

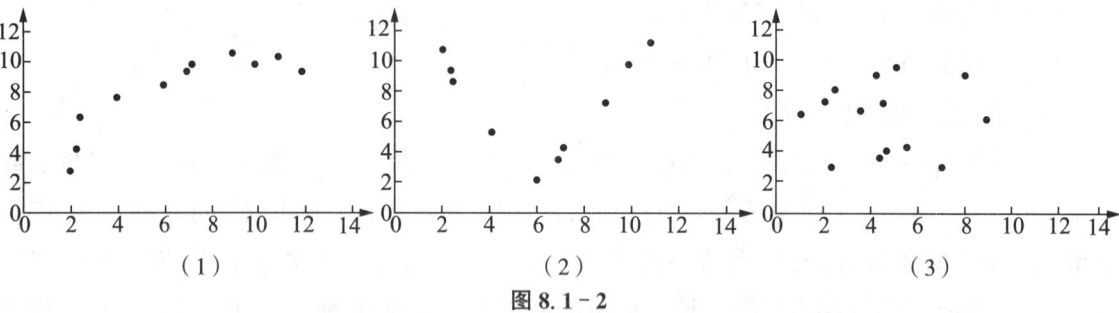

图8.1-2

在(1)中,散点落在某条曲线附近,说明两个变量具有相关性,但不是线性相关;在(2)中,散点落在折线附近,说明两个变量具有相关性,但既不是正相关也不是负相关;在(3)中,散点分布杂乱无章,无明显规律,说明两个变量没有相关性.

对于实例中两个变量之间的相关关系,往往会根据过往积累的经验来做出判断,但仅凭经验判断又有不足,比如具有不同经验的人对同一情形可能会得出不同结论,又比如不是所有情形都有经验可循等.因此,在研究两个变量之间的相关关系时,需要借助数据说话,即通过样本数据分析,从数据中提取信息,并构建适当的模型,再利用模型进行估计或推断.研究成对数据相关性的方法称为相关分析.

设计意图:引出相关分析的概念,寻找相关关系的规律.

▷ **教学环节2** 关系分析阶段——意义分析、思辨分析、形式分析

▷ **教学问题2** 如何定量分析成对数据的相关性?

①**意义分析**

在统计学中,许多成对数据都具有明显的相关性,其中的一些在画出散点图后可以用一条直线进行拟合,也就是说具有线性相关性.在这种情况下,怎样更精确地描述成对数据的相关程度呢?

一般地,统计学中用相关系数 r 来衡量两个变量之间线性关系的大小.设由变量 x 和 y 获得的成对数据分别为 x_i 和 $y_i(1 \leqslant i \leqslant n, n \in \mathbf{N}^*)$,其对应关系如下:

$$r=\frac{\sum\limits_{i=1}^{n}(x_i-\bar{x})(y_i-\bar{y})}{\sqrt{\sum\limits_{i=1}^{n}(x_i-\bar{x})^2}\sqrt{\sum\limits_{i=1}^{n}(y_i-\bar{y})^2}}.$$

其中 $\bar{x}$ 和 $\bar{y}$ 分别是成对数据 x_i 和 y_i 的平均数. 由上述计算公式得到的数值 r 称为变量 x 和 y 的线性相关系数,简称相关系数.

相关关系不是函数关系,关键是因为一个变量无法由另一个变量唯一确定. 为了更精准地描述相关关系,除了利用散点图进行整体直观感受和判断,还会利用相关系数的构造来对成对数据的相关程度进行定量分析. 可以用下表来比较这两种描述方法.

\	成对数据相关关系的描述方法	
描述方法	优势	不足
散点图（定性分析）	观察散点图中成对数据的分布规律,可大致判断两个变量是否存在相关关系、是正相关还是负相关、是线性相关还是非线性相关等	作为统计图的显示方法之一,散点图虽然直观,但无法确切地反映一组成对数据的相关程度,也就无法量化两个变量之间相关程度的大小
相关系数（定量分析）	用简洁的数字特征进行分析,可直观地判断出成对数据相关关系的紧密程度,是对成对数据相关程度的一种量化估计方法	一方面,样本的抽取适切与否会影响数据的分析和判断结果;另一方面,上述相关系数的计算公式无法对非线性相关程度进行量化分析

相关系数 r 可以反映两个分析结果:(1) r 的符号(正负)反映了两个变量之间相关关系的正负性;(2) $|r|$ 的大小反映了两个变量之间的线性相关程度, $|r|$ 越接近于 1,相关性就越强.

相关系数的计算公式及其推导过程都比较复杂,高中阶段不做深入研究,可以拓展自学.

② 思辨分析

例题 1 请结合散点图和相关系数进行数据分析并填空:

(1) 图 8.1-3 左图中相关系数 $r_1=0.97>0$,成对样本数据的相关关系是_____（填"正"或"负"）相关；

(2) 图 8.1-3 右图中相关系数 $r_2=-0.85<0$,成对样本数据的相关关系是_____（填"正"或"负"）相关.

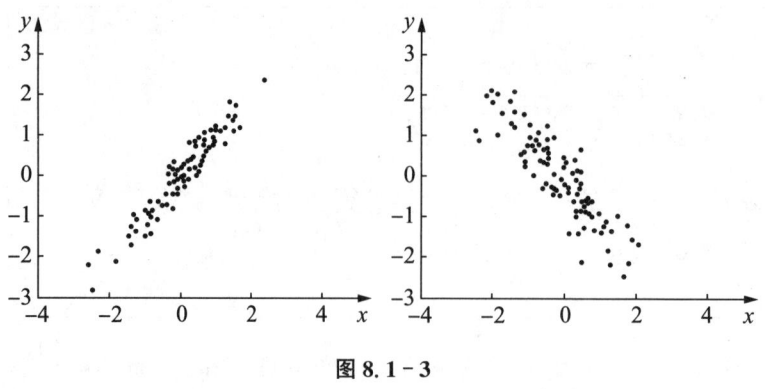

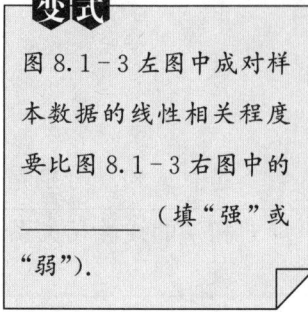

图8.1-3左图中成对样本数据的线性相关程度要比图8.1-3右图中的_____（填"强"或"弱"）.

图8.1-3

解析 根据直接观察,图8.1-3(1)中的相关关系是正相关,图8.1-3(2)中的相关关系是负相关.

设计意图:将成对样本数据相关系数的代数特征与散点图的几何直观建立联系.因为$|r_1|>|r_2|$,所以图8.1-3(1)中成对样本数据的线性相关程度要比图8.1-3(2)中的强.

成对数据相关系数的特点	
目的作用	相关系数描述的是两个变量之间线性关系的方向与程度,是一种定量分析的方法
横纵无关	相关系数的计算公式是关于变量x和y对称的,画散点图时,不论以哪个变量作为横轴(纵轴),得到的相关系数都一样
单位无关	两个变量的相关系数与这两个变量的单位无关,例如在计算身高与体重的相关系数时,身高的单位不管取"m"还是"cm",结果都一样
受制因素	相关系数不仅会受到数据数量多少的影响,还会受到少数异常值的较大影响
前提条件	要用相关系数来描述两个随机变量的相关性,一般要求这两个变量服从正态分布

③ 形式分析

利用$\sum$的代数运算性质,化简得$\sum_{i=1}^{n}(x_i-\bar{x})(y_i-\bar{y})=\sum_{i=1}^{n}x_iy_i-n\bar{x}\bar{y}$ ①.

因此,可以将①进一步化简:

$$r=\frac{\sum_{i=1}^{n}(x_i-\bar{x})(y_i-\bar{y})}{\sqrt{\sum_{i=1}^{n}(x_i-\bar{x})^2}\sqrt{\sum_{i=1}^{n}(y_i-\bar{y})^2}}=\frac{\sum_{i=1}^{n}x_iy_i-n\bar{x}\bar{y}}{\sqrt{\sum_{i=1}^{n}x_i^2-n\bar{x}^2}\sqrt{\sum_{i=1}^{n}y_i^2-n\bar{y}^2}} \quad ②.$$

由②可知,只需要根据成对样本数据得到$\bar{x},\bar{y},\sum_{i=1}^{n}x_iy_i,\sum_{i=1}^{n}x_i^2,\sum_{i=1}^{n}y_i^2$这五个量,就可以得出相关系数$r$的近似值,方便计算.

设计意图：上述形式上的化简变形，一方面，可以方便利用普通科学计算器进行计算；另一方面，在计算机上利用统计软件和相关算法，可以更直接地通过相关功能快速得到相关系数的近似值．

> **教学环节 3** 关系应用阶段——实际应用、拓展升华、总结联系
> **教学问题 3** 如何用相关系数描述成对数据的线性相关性？

① 实际应用

例题 2 根据下表中脂肪含量和年龄的样本数据，判断两个变量是否线性相关，计算样本的相关系数，并描述它们的相关程度．

年龄/岁	23	27	39	41	45	49	50	53	54	56	57	58	60	61
脂肪含量/%	9.5	17.8	21.2	25.9	27.5	26.3	28.2	29.6	30.2	31.4	30.8	33.5	35.2	34.6

解析 观察散点图（图 8.1-4），可以看出样本点基本集中在一条直线附近，由此可以初步判断脂肪含量和年龄线性相关．利用计算机（器）绘制散点图更清晰．

具体的线性相关程度是多少，则需要通过计算它们的相关系数来进一步判断．

根据相关系数的定义，

$$r = \frac{\sum_{i=1}^{14}(x_i-\bar{x})(y_i-\bar{y})}{\sqrt{\sum_{i=1}^{14}(x_i-\bar{x})^2}\sqrt{\sum_{i=1}^{14}(y_i-\bar{y})^2}} = \frac{\sum_{i=1}^{14}x_iy_i - 14\bar{x}\bar{y}}{\sqrt{\left(\sum_{i=1}^{14}x_i^2 - 14\bar{x}^2\right)\left(\sum_{i=1}^{14}y_i^2 - 14\bar{y}^2\right)}}.$$

利用计算工具，计算可得

$$\bar{x} \approx 48.07, \bar{y} \approx 27.26, \sum_{i=1}^{14}x_iy_i = 19\,403.2, \sum_{i=1}^{14}x_i^2 = 34\,181, \sum_{i=1}^{14}y_i^2 = 11\,051.77.$$

代入上式，得 $r \approx \dfrac{19\,403.2 - 14 \times 48.07 \times 27.26}{\sqrt{(34\,181 - 14 \times 48.07^2) \times (11\,051.77 - 14 \times 27.26^2)}} \approx 0.97.$

由相关系数 $r \approx 0.97$ 可以推断，脂肪含量和年龄呈正线性相关，且相关程度很高．

技术应用：建议学习并提高信息技术的应用能力，利用计算机（器）的统计功能得到相关系数 r（图 8.1-5），可以提高计算效率．

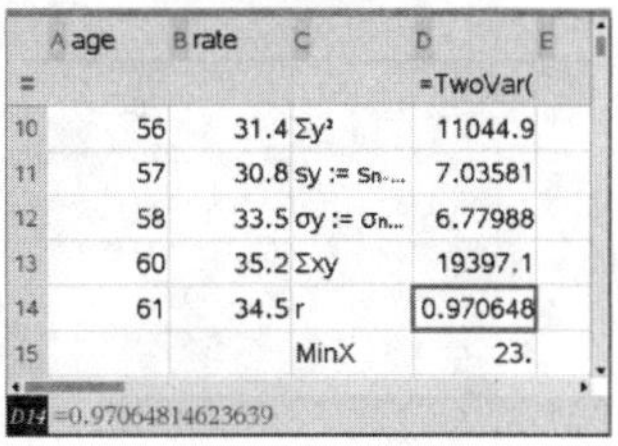

设计意图：通过实例操练，熟悉成对数据相关性分析的步骤，掌握相关系数 r 的计算公式．

图 8.1-4

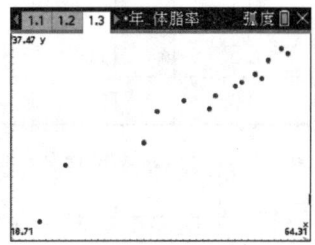

图 8.1-5

例题 3 从某校高一年级中随机抽取 25 名男生,测得他们的身高、体重、臂展等数据,如下表所示.

编号	身高/cm	体重/kg	臂展/cm	编号	身高/cm	体重/kg	臂展/cm
1	173	55	169	4	179	62	177
2	179	71	170	5	182	82	174
3	175	52	172	6	173	63	166
7	180	55	174	17	175	60	173
8	170	81	169	18	169	48	162
9	169	54	166	19	184	86	189
10	177	54	176	20	169	58	164
11	177	59	170	21	182	54	170
12	178	67	174	22	171	58	164
13	174	56	170	23	177	61	173
14	166	66	161	24	173	58	165
15	176	61	166	25	173	51	169
16	176	49	165				

请分析体重与身高、臂展与身高分别具有怎样的相关性.

解析 根据样本数据分别画出体重与身高、臂展与身高的散点图,如图 8.1-6 所示,这两个散点图都呈现出线性相关的特征.

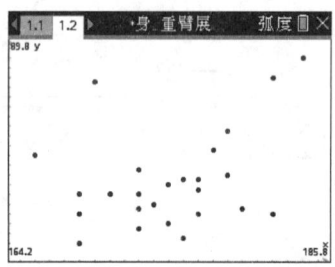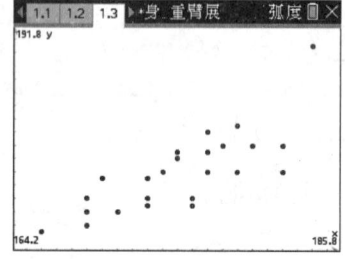

图 8.1-6

通过计算,得到体重与身高、臂展与身高的相关系数分别为 $r_1=0.335$ 和 $r_2=0.782$ (图 8.1-7),说明它们都呈正线性相关,其中臂展与身高的相关程度更高.

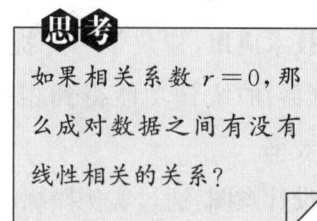

思考
如果相关系数 $r=0$,那么成对数据之间有没有线性相关的关系?

图 8.1-7

设计意图：引导学生认识统计的作用，掌握数据分析方法，提高数据分析的意识和能力．

❷ 拓展升华

相关系数的计算公式与向量夹角的计算公式有相似的结构形式，它们之间是否存在联系？

> 如果我们把两组数据 $x_i,y_i(i=1,2,\cdots,n)$ 分别看作两个 n 维向量 $\vec{a}=(x_1,x_2,\cdots,x_n)$，$\vec{b}=(y_1,y_2,\cdots,y_n)$，并记由两组数据的平均值构成的两个 n 维向量分别是 $\vec{x}=(\bar{x},\bar{x},\cdots,\bar{x})$，$\vec{y}=(\bar{y},\bar{y},\cdots,\bar{y})$，那么 $\vec{a}-\vec{x}=(x_1-\bar{x},x_2-\bar{x},\cdots,x_n-\bar{x})$，$\vec{b}-\vec{y}=(y_1-\bar{y},y_2-\bar{y},\cdots,y_n-\bar{y})$．因此，有
>
> $$\cos(\vec{a}-\vec{x},\vec{b}-\vec{y})=\frac{(\vec{a}-\vec{x})\cdot(\vec{b}-\vec{y})}{|\vec{a}-\vec{x}||\vec{b}-\vec{y}|}=\frac{\sum_{i=1}^{n}(x_i-\bar{x})(y_i-\bar{y})}{\sqrt{\sum_{i=1}^{n}(x_i-\bar{x})^2}\sqrt{\sum_{i=1}^{n}(y_i-\bar{y})^2}}.$$
>
> 通过计算两个向量 $\vec{a}-\vec{x}$ 和 $\vec{b}-\vec{y}$ 的夹角，可知相关系数 $r=\cos<\vec{a}-\vec{x},\vec{b}-\vec{y}>$．

设计意图：从向量的视角分析相关系数的几何意义．

❸ 总结联系

知识维度	成对样本数据(统计)—相关关系(定性)—相关系数(定量)
方法维度	相关系数的计算公式的简化形式、信息技术的使用，可以大大提高计算效率
思想维度	掌握用数据分析、判断现象和规律的思维方式，运用向量理解相关系数

教学评价

❶ 核心特色

本教学设计围绕"如何研究成对数据的相关性"这一核心问题逐层展开，统计学习的过程中不只是要记住一些概念、公式、方法的实施或操作步骤，更是帮助学生了解这些概念的统计含义、统计方法和统计思想．只有了解了统计的含义和思想，才能正确运用所学概念和方法去解决实际问题．教学中要让学生经历统计概念和方法的产生、形成过程，在过程中了解和掌握统计研究问题、解决问题的一般思路，才能更深刻地理解其含义、方法和思想．

❷ 难点突破

学生对于相关系数计算公式比较陌生，是本节课的教学难点，相关系数的计算公式及其推导过程都比较复杂，教材对公式的由来做了弱化处理．本教学设计重点让学生经历数据分析的基本过程，引导学生通过数学模型观察、分析现实生活中的关系和现象．立足情境与问题

(统计视角)、知识与技能(技术运用)、思维与表达(实例分析)、交流与反思(拓展升华)这四个方面,期望给予学生一堂动手又动脑的数学概念课.

③ 效果检测

检测 1:(1) 下列两个变量之间的关系不是函数关系的是(   ).

A. 正方体的棱长与它的体积

B. 角的度数与它的正切值

C. 单产为常数时,土地面积与粮食总产量

D. 日照时间与水稻的单位产量

(2) 下列两个变量之间的关系是相关关系的是(   ).

A. 任意实数与它的平方

B. 圆的半径与它的周长

C. 正多边形的边数与它的内角度数之和

D. 天空中的云量与下雨

检测点:辨析函数关系和相关关系.

检测 2:由简单随机抽样得到的成对样本数据,它们的相关系数是否一定能确切地反映变量之间的相关关系?为什么?

检测点:对相关系数概念的理解.

检测 3:下列有关相关性分析的命题中,真命题的序号是_____.

① 当相关系数 $r=0$ 时,说明两个变量之间没有相关性;

② 当相关系数 $r>0$ 时,说明两个变量正相关;

③ 两个变量的相关性越强,相关系数 r 就越接近于 1;

④ 若相关系数 r 越接近于 1,则散点图中样本数据点都集中在一条直线上.

检测点:相关系数的几何特征.

检测 4:随机抽取 7 家超市,得到其广告支出与销售额的数据,如下表所示.

广告支出/万元	1	2	4	6	10	14	20
销售额/万元	19	32	44	40	52	53	54

请判断超市的销售额与广告支出之间相关关系的类型、相关程度和变化趋势的特征.

检测点:巩固一组成对数据的相关性分析的判断、刻画和描述.

参考答案

检测 1:(1) D.   (2) D.

检测 2:对于简单随机抽样而言,样本具有随机性,因此样本相关系数也具有随机性. 一般地,样本容量越大,用样本相关系数估计两个变量的相关系数的效果会越好.

检测 3:②③.

检测 4:通过散点图可以发现销售额与广告支出之间存在相关关系,进一步计算得到相关系数 $r≈0.83$,说明销售额与广告支出呈正线性相关且相关程度较高.实际上,广告支出的增加,可以得到销售额的增加,但是影响销售额增加的因素还有很多,例如产品质量、商户口碑、时尚程度等.

(上海市实验学校　金珉)

8.2 一元线性回归分析的基本思想

教学分析

1. 学科分支思想

统计思想:以数据分析为核心的数据整理、推断和决策的过程

2. 单元主题划分

单元主题:一元线性回归分析

单元划分:一元线性回归分析的基本思想(1课时,时长为40 min)

3. 教学主线分析

情境—定义—模型—应用

4. 知识内容结构

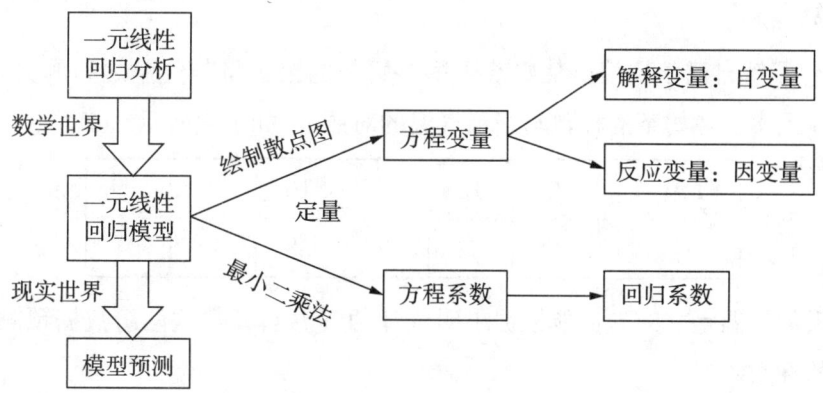

5. 核心问题思考

核心问题:什么是一元线性回归模型?

问题1:运用回归分析的两个变量之间的关系是什么?

问题2:如何建立一元线性回归模型?

问题3:如何根据一元线性回归模型进行预测?

6. 学生特征分析

(1) 学生通过必修课程中统计内容的学习及选修课程中成对数据相关性的学习,已经有了一定的数据分析能力,也能够较准确地分析出变量之间的关系,为本节建立一元线性回归模型奠定了基础.

(2) 学生从实际情境中提取出变量数据,在分析变量之间关系的基础上一步步建立一元线性回归模型,并根据要求进行预测的整个操作过程需要循序渐进.

7. 教学目标确定

(1) 在日常生活的情境中,提取出变量数据并辨析两个变量之间的关系.

(2) 结合生活情境实例,初步掌握一元线性回归模型的建立步骤.

(3) 通过代数推理,充分掌握利用一元线性回归模型对变量的变化趋势进行预测.

(4) 基于模型的建立与预测,正确理解一元线性回归分析的统计意义.

(5) 经历从现实世界提取并搜集数据、对数据进行整理与分析、建立一元线性回归模型的过程,提升学生数据分析与数学建模的数学核心素养.

8. 数学课程类型

数学概念课

教学环节1 关系引入阶段——设置情境、发现关系、概念引入

教学问题1 回归分析中两个变量之间的关系是什么?

①设置情境

情境 小明想了解自己学校门口某奶茶店里热奶茶的销售量与气温之间的关系,于是统计并制作了某6天卖出热奶茶的杯数与当天气温的对照表,如下表所示.

气温/℃	26	18	13	10	4	−1
杯数	20	24	34	38	50	64

假设某天的气温是−5℃,你能根据小明统计的气温与杯数这两组数据预测这天奶茶店卖出热奶茶的杯数吗?

设计意图:通过设置实际情境,引发学生对变量之间关系的思考与预测.

②发现关系

问题 对于一组具有某种线性关系的成对数据,之前已经利用相关系数分析了两个变量之间线性关系的方向与程度,如果还需要进一步了解其中一个变量随另一个变量变化的大致情况,能否找到一个线性方程,使得在平面直角坐标系中成对数据所确定的点尽可能地"贴近"这个线性方程所定义的直线呢?

设计意图:通过对之前所学知识的复习,引导学生思考如何建立数学模型以描述两个变量之间的具体关系.

⟨3⟩ 概念引入

离差	当变量 x 取值 $x_i(i=1,2,\cdots,n)$ 时,令 $\hat{y}_i=ax_i+b$,它是变量 y 与 x_i 对应的理想值,但数据中的 y_i 与 $\hat{y}_i$ 不一定相同,它们的差 $y_i-\hat{y}_i$ 称为在 x_i 的离差
正离差	当 $y_i-\hat{y}_i \geqslant 0$ 时,$y_i-\hat{y}_i$ 称为在 x_i 的正离差
负离差	当 $y_i-\hat{y}_i < 0$ 时,$y_i-\hat{y}_i$ 称为在 x_i 的负离差
拟合误差	描述数据与函数贴合程度的指标,拟合误差 Q 为所有离差的平方和,即 $Q=\sum_{i=1}^{n}(y_i-\hat{y}_i)^2$

⟨教学环节 2⟩ 关系分析阶段——概念分析、思辨分析、应用分析
⟨教学问题 2⟩ 如何建立一元线性回归模型?

① 概念分析

对于一组具有某种线性关系的成对数据,求其回归方程的方法称为一元线性回归分析,其中拟合误差取最小值时得到的方程称为回归方程或回归模型. 同时,通过最小二乘法可以计算得到模型中的回归系数,如下表所示.

回归方程 (回归模型)	拟合误差取最小值时得到的方程,$y=\hat{a}x+\hat{b}$,称为 y 随 x 波动的回归方程或回归模型	x:解释变量	
		y:反应变量	
		$\hat{a}$:回归系数	
		$\hat{b}$:回归系数,$\hat{b}=\bar{y}-\hat{a}\bar{x}=\dfrac{\sum_{i=1}^{n}y_i-\hat{a}\sum_{i=1}^{n}x_i}{n}$	
最小二乘法	基于所有离差的平方和取最小值的假设进行回归分析的方法叫做最小二乘法	最小二乘估计量	由最小二乘法导出的估计量
		最小二乘估计	回归系数 $\hat{a},\hat{b}$ 称为模型参数 a,b 的最小二乘估计

② 思辨分析

相关分析和回归分析作为处理变量和变量之间关系的重要统计方法,在大数据时代具有很广泛的应用,其中回归分析是在相关分析的基础上建立的回归模型. 只有两个变量具有线

性相关性时,才能进行一元线性回归分析,得到回归方程.它们之间的区别如下表所示.

	相关分析	回归分析
变量要求	一般要求两个变量的总体均服从正态分布	一般只要求反应变量的总体服从正态分布
变量关系	两个变量地位相等	一个变量随着另一个变量变化
功能	测定变量之间线性关系的方向和程度	具有一定的因果分析和预测功能,可以定量地描述变量之间的具体变动关系,也可以通过回归方程估计其他同类的观测值

设计意图:辨析两种重要的统计方法——相关分析和回归分析.

③ 应用分析

第1步	明确变量	确定研究对象,从数据出发,根据实际问题,明确自变量和因变量
第2步	分析关系	根据确定的自变量和因变量,绘制散点图,观察是否存在线性关系
第3步	建立方程	若数据呈线性相关,则选用回归方程 $y=ax+b$
第4步	估计参数	利用最小二乘法估计回归方程中的参数 a,b
第5步	检验模型	得出结果后计算离差,用统计方法检验模型是否合适
第6步	实施预测	利用所求回归方程进行预测

设计意图:规范一元线性回归模型的建立过程.

教学环节3 关系应用阶段——实际应用、拓展升华、总结联系

教学问题3 如何根据一元线性回归模型进行预测?

① 实际应用

例题1 在画两个变量的散点图时,下列叙述中正确的是(　　).

A. 反应变量在 x 轴上,解释变量在 y 轴上

B. 解释变量在 x 轴上,反应变量在 y 轴上

C. 可以选择两个变量中的任意一个变量在 x 轴上

D. 可以选择两个变量中的任意一个变量在 y 轴上

解析 散点图要求解释变量在 x 轴上,反应变量在 y 轴上,故选 B.

例题2 从某中学随机选取 8 名同学,其身高 x(单位:cm)和体重 y(单位:kg)的数据如下表所示.

身高 x	172	150	170	165	180	176	155	160
体重 y	60	47	85	70	75	80	50	65

求根据一名同学的身高预测其体重的回归方程.

解析 建立平面直角坐标系，x 轴表示身高(cm)，y 轴表示体重(kg)，散点图如图 8.2-1 所示.

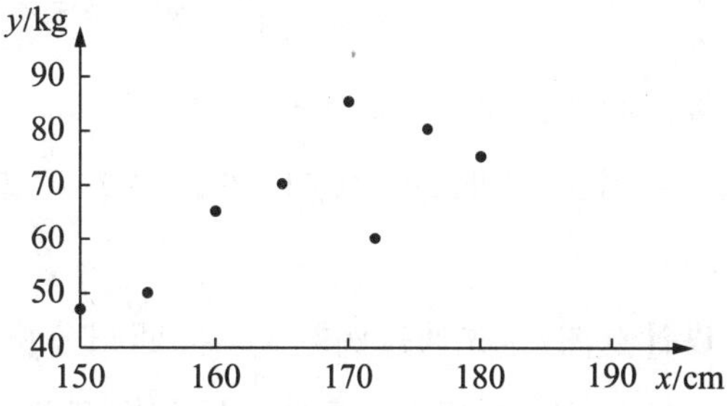

可以观察到数据呈线性相关，选用回归方程 $y = ax + b$.

$\bar{x} = \dfrac{1}{8}(172 + 150 + 170 + 165 + 180 + 176 + 155 + 160) = 166$，同理，$\bar{y} = 66.5$.

图 8.2-1

利用最小二乘法估计

$$\begin{cases} a = \dfrac{\sum_{i=1}^{8}(x_i - \bar{x})(y_i - \bar{y})}{\sum_{i=1}^{8}(x_i - \bar{x})^2} = \dfrac{\sum_{i=1}^{8} x_i y_i - 8\bar{x}\bar{y}}{\sum_{i=1}^{8} x_i^2 - 8\bar{x}^2} = 1.02, \\ b = \bar{y} - a\bar{x} = \dfrac{\sum_{i=1}^{8} y_i - a \sum_{i=1}^{8} x_i}{8} = -105, \end{cases}$$

故回归方程为 $y = 1.02x - 105$.

例题 3 为了了解飞镖爱好者小李的飞镖命中率与扔飞镖时间之间的关系，下表记录了小李某月 1 号到 5 号每天扔飞镖时间 x (单位: h) 与当天飞镖命中率 y 的数据.

时间 x	1	2	3	4	5
命中率 y	0.4	0.5	0.6	0.6	0.4

利用一元线性回归分析，预测小李该月 6 号扔 6 h 飞镖的命中率.

解析 建立平面直角坐标系，x 轴表示时间(h)，y 轴表示命中率，散点图如图 8.2-2 所示.

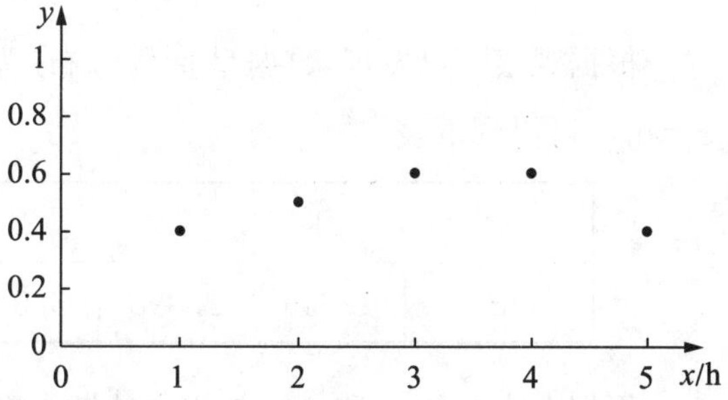

可以观察到数据呈线性相关，选用回归方程 $y = ax + b$.

$\bar{x} = \dfrac{1}{5}(1 + 2 + 3 + 4 + 5) = 3$，同理，$\bar{y} = 0.54$.

图 8.2-2

利用最小二乘法估计 $\begin{cases} a = \dfrac{\sum_{i=1}^{5}(x_i-\bar{x})(y_i-\bar{y})}{\sum_{i=1}^{5}(x_i-\bar{x})^2} = \dfrac{\sum_{i=1}^{5}x_i y_i - 5\bar{x}\bar{y}}{\sum_{i=1}^{5}x_i^2 - 5\bar{x}^2} = 0.01, \\ b = \bar{y} - a\bar{x} = \dfrac{\sum_{i=1}^{5}y_i - a\sum_{i=1}^{5}x_i}{5} = 0.47, \end{cases}$

故回归方程为 $y = 0.01x + 0.47$.

当 $x=6$ 时,$y=0.01\times 6+0.47=0.53$,因此预测小李该月6号扔6 h飞镖的命中率约为0.53.

设计意图:首先通过例题1掌握回归分析中两个变量之间的关系,接着通过例题2与例题3在实际情境中建立一元线性回归模型并利用模型进行预测.

②拓展升华

例题4 现收集了一只红铃虫的产卵数 y(单位:个)和温度 x(单位:℃)之间的7组观测数据,如下表所示.

温度 x	21	23	25	27	29	32	35
产卵数 y	7	11	21	24	66	115	325

试建立 y 与 x 之间的回归方程.

解析 根据表格中的数据建立平面直角坐标系,画出散点图,如图8.2-3所示.

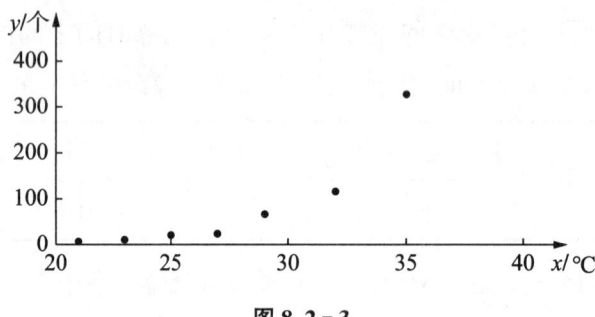

图 8.2-3

根据观察可以发现,数据呈指数分布.为了建立这组数据的拟合模型,将产卵数取对数 $z = \ln y$,可得到下表.

x	21	23	25	27	29	32	35
z	1.946	2.398	3.045	3.178	4.190	4.745	5.784

根据上表中的 x 和 z 绘制相应的散点图,如图8.2-4所示.

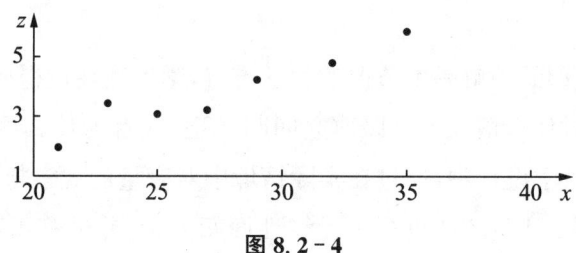

图 8.2-4

从上图可以看出,各数据点之间呈线性相关,于是进行一元线性回归分析,建立 z 与 x 之间的拟合模型 $z=\ln y=ax+b$.

$$\bar{x}=\frac{1}{7}(21+23+25+27+29+32+35)=\frac{192}{7},同理,\bar{z}=\frac{12\,643}{3\,500}.$$

利用最小二乘法估计 $\begin{cases} a=\dfrac{\sum\limits_{i=1}^{7}(x_i-\bar{x})(y_i-\bar{z})}{\sum\limits_{i=1}^{7}(x_i-\bar{x})^2}=\dfrac{\sum\limits_{i=1}^{7}x_iz_i-7\bar{x}\bar{z}}{\sum\limits_{i=1}^{7}x_i^2-7\bar{x}^2}=0.272, \\ b=\bar{z}-a\bar{x}=\dfrac{\sum\limits_{i=1}^{7}y_i-a\sum\limits_{i=1}^{7}x_i}{7}=-3.849, \end{cases}$

故 $z=0.272x-3.849$,最终得到 $y=e^{0.272x-3.849}$.

设计意图:在掌握建立一元线性回归方程的基础上,进一步探讨如何建立非线性(指数)回归方程.

③ 总结联系

知识维度	解释变量、反应变量——一元线性回归模型——变量之间的关系
方法维度	利用最小二乘法估计得到回归系数;利用一元线性回归分析对变量进行预测
思想维度	由数形结合思想初步得到变量之间的关系;利用数学建模思想对实际问题进行预测

教学评价

① 设计特色

本教学设计围绕"什么是一元线性回归模型"这一核心问题逐层展开,从现实情境问题出发,进入数学世界分析,最后回到现实情境应用,让学生体会到数学来源于生活、应用于生活,以及统计思想在生活中处处存在. 在学生掌握成对数据相关性的基础上,通过设置多个实际情境,引导学生一步步从提取数据、分析数据到建立一元线性回归模型并利用模型对变量进行预测,让学生在整个过程中感受统计的神奇魅力、积累大量数学建模经验,充分调动学生学习的主动性与积极性,从而进一步提升学生数据分析和数学建模的能力与素养.

② 难点突破

对一元线性回归模型的理解是本节课的教学难点,学生往往记得构建一元线性回归模型的几个标准步骤,但是对什么情况下可以建立回归模型,或者为什么可以通过回归模型进行正确预测不太清楚.在教学设计中,通过在实际情境中对变量的观察与分析,让学生感受到只有具有线性相关性的两个变量才能进行一元线性回归分析,并进一步对最小二乘法、回归分析法进行讲解,让学生初步体会到回归分析的合理性与科学性.

③ 效果检测

检测 1:判断命题"任意两个变量都可以利用一元线性回归分析进行分析与预测"的真假.

检测点:回归分析中两个变量之间的关系.

检测 2:某同学调查研究了学校门口六家奶茶店某月的销售情况,其中五家的销售额 x(单位:万元)和利润额 y(单位:万元)的数据如下表所示.

奶茶店名称	A	B	C	D	E
销售额 x	3	5	6	7	9
利润额 y	2	3	3	4	5

若第六家奶茶店的销售额为 4 万元,则其利润额估计是_____.

检测点:建立一元线性回归模型并利用模型进行预测.

检测 3:对两个具有非线性关系的相关变量 x,y 进行回归分析,设 $u=\ln y, v=(x-4)^2$,利用最小二乘法,得到一元线性回归方程 $u=-v+2$,则变量 y 的最大值的估计值为_____.

检测点:建立非线性回归方程.

参考答案

检测 1:假.   **检测 2**:2.4 万元.   **检测 3**:e^2.

(上海市建平中学 雷诗雨)

8.3 2×2 列联表独立性检验

教学分析

1. 学科分支思想

统计思想:以数据分析为核心的数据整理、推断和决策的过程

2. 单元主题划分

单元主题:2×2列联表

单元划分:2×2列联表独立性检验(1课时,时长为40 min)

3. 教学主线分析

情境—概念—引例—模型—应用

4. 知识内容结构

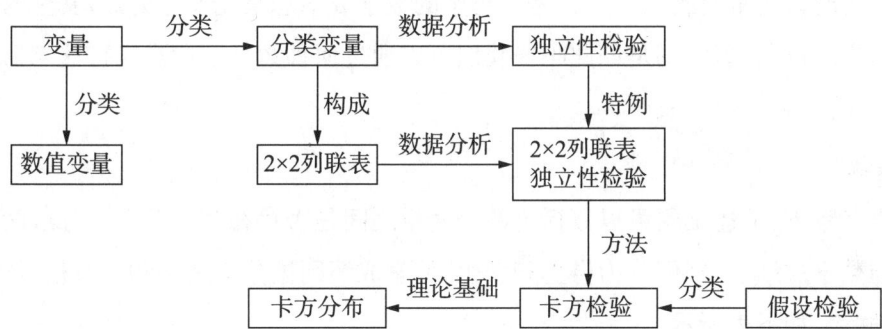

5. 核心问题思考

核心问题:两个变量之间存在何种关系?

问题1:什么是分类变量?

问题2:如何衡量两个分类变量之间的关系?

问题3:如何对两个分类变量进行独立性检验?

6. 学生特征分析

(1) 学生在此之前掌握了随机现象和样本空间的概念,知道了古典概型,能够用概率去衡量某一事件发生的可能性大小.

(2) 对于两个事件之间的关系,学生只知道独立、对立和互斥,而对更深层次的因果关系了解甚少.

7. 教学目标确定

(1) 在日常生活的情境中,正确识别分类变量.

(2) 结合随机现象的实例,正确理解分类变量的概念并熟练建立2×2列联表.

(3) 基于对卡方值公式的分析和推导,正确理解独立性检验的逻辑.

(4) 经历2×2列联表独立性检验的过程,掌握独立性检验的方法和步骤.

(5) 通过对具体实例的独立性检验,经历完整的统计过程,体会统计推断的思想,提升数据分析的核心素养.

8. 数学课程类型

数学定理(公式)课

教学设计

> **教学环节 1** 对象引入阶段——情境引入、方法实践、概念生成

> **教学问题 1** 什么是分类变量?

① 情境引入

小明在小时候经常听到的一句话是:"男生的数学成绩总是比女生的好,女生的文科成绩总是优于男生."可是,事实真是如此吗?我们可以通过何种数学手段来支持这句话或反驳这句话呢?

② 方法实践

在数学背景下,上述疑问可以概括为两个变量之间是否存在某种关系. 在此,两个分类变量为性别与数学成绩. 性别可分为男生和女生,数学成绩则被分为及格和不及格,从而构成一个 2×2 列联表,如下表所示.

性别	数学成绩		合计
	及格	不及格	
男生	①	②	
女生	③	④	
合计			

① 表示"性别是男生"且"数学成绩及格"的人数;

② 表示"性别是男生"且"数学成绩不及格"的人数;

③ 表示"性别是女生"且"数学成绩及格"的人数;

④ 表示"性别是女生"且"数学成绩不及格"的人数.

设计意图:通过实践,体会 2×2 列联表表示分类变量的便捷和清晰.

③ 概念生成

(1) 分类变量

在统计学中,每个变量都有值和类型,根据变量的类型可以将变量分为数值变量和分类变量. 前者可以取数值,可以进行加法、减法、求平均值等计算,而对后者进行上述运算操作是无意义的.

> 所谓分类变量,就是通过确定每个观察对象的某项特征的性质或类别而得到的数据. 其特点有二:(1) 变量值是定性的,无法进行运算;(2) 没有度量衡单位.

在现实生活中,分类变量比比皆是,例如从血型的角度可以将人分为 A 型血、B 型血、O 型血、AB 型血和其他,从是否有兄弟姐妹的角度可以将人分为独生子女和非独生子女,生物

学家们根据有无脊椎将动物分成脊椎动物和无脊椎动物.

(2) 列联表

> 列联表是由两个及以上的分类变量进行交叉分类的频数分布表.一个分类变量的列联表即频数分布表,两个分类变量的列联表称为 2×2 列联表,三个及以上分类变量的列联表称为高维列联表.

列联表分析涵盖两个基本任务:一是收集样本数据形成表,二是在此基础上对两个变量之间是否具有相关性进行检验.

设计意图:实例有助于学生理解分类变量和列联表,将列联表和学生之前学习的频数分布表建立起联系,以增添熟悉感、消除学习壁垒.

教学环节 2 对象分析阶段——特例分析、公式推导、问题解决

教学问题 2 如何衡量两个分类变量之间的关系?

① 特例分析

例题 1 某疾病预防控制中心随机调查了 339 名 50 岁以上的公民,研究吸烟习惯与慢性支气管炎患病的关系,调查数据如下表所示. 问:患有慢性支气管炎与吸烟是否相关?(显著性水平 $\alpha=0.01$)

(单位:人)

	不吸烟者	吸烟者	合计
未患慢性支气管炎者	121	162	283
患有慢性支气管炎者	13	43	56
合计	134	205	339

明确两组分类变量:根据是否吸烟可以分成不吸烟者和吸烟者;根据是否患病可以分成未患慢性支气管炎者和患有慢性支气管炎者.

② 公式推导

要检验两个随机变量是否相关,在统计学上先假设它们之间没有关系,即相互独立. 我们将这种假设称为原假设(或零假设),用 H_0 表示. 接下来的工作就是检验原假设是否成立,可以通过测量统计样本的实际观测值与理论预期值之间的偏离程度来验证原假设是否可靠. 所使用的统计值叫做卡方值 χ^2,即 $\chi^2 = \sum \dfrac{(观测值-预期值)^2}{预期值}$.

如果卡方值越大,那么两者之间的偏离程度越高,原假设成立的可能就越小;反之,两者之间的偏离程度越低,就越能接受原假设.

假设有两组分类变量,其 2×2 列联表如下表所示.

	A	B	合计
A′	a	b	$a+b$
B′	c	d	$c+d$
合计	$a+c$	$b+d$	$a+b+c+d$

其中 a,b,c,d 为观测值,而预期值并未在列联表中直接说明.不妨假设 $\hat{a},\hat{b},\hat{c},\hat{d}$ 是与 a,b,c,d 相对应的预期值.

令 $n=a+b+c+d$.通过列联表可知,出现 A 组的频率 $P(A)=\dfrac{a+c}{n}$,出现 B 组的频率 $P(B)=\dfrac{b+d}{n}$.而在 A′ 组中出现 A 组的频数应当为 $(a+b)\times\dfrac{a+c}{n}$,即 A-A′ 的预期值,故 $\hat{a}=\dfrac{(a+b)(a+c)}{n}$.

同理,$\hat{b}=\dfrac{(a+b)(b+d)}{n}$,$\hat{c}=\dfrac{(a+c)(c+d)}{n}$,$\hat{d}=\dfrac{(b+d)(c+d)}{n}$.

了解观测值和预期值之后,具体推导过程如下:

$$\chi^2=\dfrac{\left[a-\dfrac{(a+b)(a+c)}{n}\right]^2}{\dfrac{(a+b)(a+c)}{n}}+\dfrac{\left[b-\dfrac{(a+b)(b+d)}{n}\right]^2}{\dfrac{(a+b)(b+d)}{n}}+\dfrac{\left[c-\dfrac{(a+c)(c+d)}{n}\right]^2}{\dfrac{(a+c)(c+d)}{n}}+\dfrac{\left[d-\dfrac{(b+d)(c+d)}{n}\right]^2}{\dfrac{(b+d)(c+d)}{n}}$$

$$=\dfrac{(ad-bc)^2}{n(a+b)(a+c)}+\dfrac{(ad-bc)^2}{n(a+b)(b+d)}+\dfrac{(ad-bc)^2}{n(a+c)(c+d)}+\dfrac{(ad-bc)^2}{n(b+d)(c+d)}$$

$$=\dfrac{(ad-bc)^2(a^2+b^2+c^2+d^2+2ab+2ac+2ad+2bc+2bd+2cd)}{n(a+b)(a+c)(b+d)(c+d)}$$

$$=\dfrac{(ad-bc)^2(a+b+c+d)^2}{n(a+b)(a+c)(b+d)(c+d)}=\dfrac{n(ad-bc)^2}{(a+b)(a+c)(b+d)(c+d)}.$$

3 问题解决

解析 (1) 提出原假设:患有慢性支气管炎与吸烟无关.

(2) 确定显著性水平:$\alpha=0.01$.

(3) 计算卡方值:$\chi^2=\dfrac{339\times(121\times43-162\times13)^2}{283\times56\times134\times205}\approx7.469$.

(4) 统计推断:因为 $P(\chi^2\geq6.635)\approx0.01$,且 $7.469>6.635$,所以原假设不成立.

(5) 明确结论:患有慢性支气管炎与吸烟有关.

设计意图:本环节以讲授的方式为主,给学生展示两个分类变量独立性检验的过程,让学生经历数据分析的过程,感受数学统计在现实生活中的重要性.

> **教学环节 3** 对象理解阶段——实际应用、方法提炼、总结联系
> **教学问题 3** 如何对两个分类变量进行独立性检验?

① 实际应用

> **例题 2** 随机抽取 480 位男性和 520 位女性来研究色盲与性别的关系,测得他们是否有色盲的数据如下表所示.问:色盲与性别是否相关?(显著性水平 $\alpha=0.05$)

(单位:人)

	男性	女性	合计
正常	442	514	956
色盲	38	6	44
合计	480	520	1 000

解析 (1) 提出原假设:色盲与性别无关.

(2) 确定显著性水平:$\alpha=0.05$.

(3) 计算卡方值:$\chi^2=\dfrac{1\,000\times(442\times 6-514\times 38)^2}{956\times 44\times 480\times 520}\approx 21.139$.

(4) 统计推断:因为 $P(\chi^2\geqslant 3.841)\approx 0.05$,且 $27.139>3\,841$,所以原假设不成立.

(5) 明确结论:色盲与性别有关.

> **例题 3** 某次测验后,王老师任教的甲、乙两个班级的语文成绩情况如下表所示.判断两个班级的语文测验成绩是否有显著差异.(显著性水平 $\alpha=0.05$)

(单位:人)

	甲班	乙班	总计
优秀	15	13	28
良好	20	18	38
总计	35	31	66

解析 (1) 提出原假设:两个班级的语文测验成绩没有显著差异.

(2) 确定显著性水平:$\alpha=0.05$.

(3) 计算卡方值:$\chi^2=\dfrac{66\times(15\times 18-13\times 20)^2}{28\times 38\times 35\times 31}\approx 0.006$.

(4) 统计推断:因为 $P(\chi^2\geqslant 3.841)\approx 0.05$,且 $0.006<3.841$,所以原假设成立.

(5) 明确结论:两个班级的语文测验成绩没有显著差异.

设计意图:在实际操作过程中体会两个分类变量独立性检验的过程,体会统计的应用价值.

② 方法提炼

步骤	具体操作
第1步	确定两个分类变量,生成 2×2 列联表
第2步	提出原假设 H_0,确定显著性水平 α
第3步	计算卡方值 χ^2
第4步	统计推断(以例题3为例,若 $\chi^2<3.841$,则接受原假设,反之拒绝原假设)
第5步	明确结论

设计意图:梳理过程,明晰独立性检验的步骤.

③ 总结联系

知识维度	分类变量—2×2列联表—卡方值
方法维度	独立性检验
思想维度	统计推断

教学评价

① 核心特色

本教学设计以生活中一个常见问题为切入点,由此引发学生思考——如何判断两个变量之间的独立性关系,并借此学习分类变量、列联表的概念,以及本节课的重点——独立性检验.在此之前,学生已经学习了平均数、方差、标准差等统计值,并了解每个统计值存在的意义.为了衡量两个变量之间的独立性关系,顺理成章地引入卡方值的概念,教学过程以数学逻辑为主线,是较为自然的.此后,引入较多的生活实例,在其中深化理解独立性检验,激发学生的学习兴趣,让学生认识到统计与生活的紧密联系.

② 难点突破

本节课的难点在于如何判断两个变量之间是否具有相关性,即两个变量是否独立.统计学上,平均数可以用来衡量一组数据的平均水平,标准差可以用来衡量一组数据的离散程度.这些都是学生熟悉的统计值,在此基础上,引入卡方值这个统计值,可以用它来刻画两个变量之间的独立性.将卡方值和学生熟悉的知识建立起联系,有助于学生接纳新知识.

③ 效果检测

检测1:为了普及环保知识、增强环保意识,某大学从数学系和物理系中抽取了若干人参加环保知识测试,统计得到成绩与专业的列联表.请完善下列表格.

(单位:人)

	优秀	非优秀	总计
数学系	10	a	30
物理系	b	18	c
总计	d	e	61

检测点:分类变量,2×2列联表.

检测2:作为刚刚入职的数学老师,想要知道数学成绩与学生的性别是否有关,因此整理了任教班级的数学期中考试成绩,并将数学成绩划分为优秀和良好,具体数据如下表所示.(显著性水平 $\alpha=0.05$)

(单位:人)

	男生	女生	合计
优秀	18	14	32
良好	14	14	28
合计	32	28	60

根据上表数据,判断该班学生的数学成绩与性别是否有关?

检测点:独立性检验.

检测3:为了了解男性、女性在公共场所禁烟上所持的态度,随机调查了100名男性和100名女性.男性中有52人赞成,48人反对;而女性中有78人赞成,22人反对.那么,男性、女性在公共场所禁烟上所持的态度是否存在差异?(显著性水平 $\alpha=0.05$)

检测点:独立性检验,统计推断.

参考答案

检测1: $a=20, b=13, c=31, d=23, e=38$.

检测2:该班学生的数学成绩与性别无关.

检测3:男性、女性在公共场所禁烟上所持的态度存在差异.

(上海市建平中学　李雯)